Hans-Lothar Merten
Derivate

Portfolio

Hans-Lothar Merten

DERIVATE

Poker für Banker und Broker

Metropolitan Verlag
Düsseldorf · München

Die Deutsche Bibliothek – CIP-Einheitsaufnahme
Merten, Hans-Lothar:
Derivate: Poker für Banker und Broker / Hans-Lothar Merten.
– Düsseldorf; München: Metropolitan Verlag, 1995
(Portfolio)
ISBN 3-89623-011-5

Umschlaggestaltung: Init GmbH,
Büro für Gestaltung, Bielefeld
Satz: Heinrich Fanslau GmbH, Düsseldorf
Druck und Bindearbeiten:
Bercker, Graphischer Betrieb, Kevelaer
Printed in Germany
ISBN 3-89623-011-5

Verlagsverzeichnis schickt gern:
Metropolitan Verlag,
Uhlandstraße 50, 40237 Düsseldorf.

Alles schon dagewesen . . .

»Nach amtlichen Documenten ist die Diensteinnahme der Börsenagenten in Paris im Jahre 1855 achtzig Millionen gewesen, was eine Umlaufmasse von vierundsechzig Milliarden bedingt. Die ernstgemeinten Geschäfte betragen gewiß nicht mehr als drei bis vier Milliarden. Die Größe der Operationen, wo es sich um reines Spiel handelt, verhält sich also zu derjenigen der wirklichen Geschäfte wie achtzehn zu eins.«
»Die Börse hat zwei Schwankungen, das Steigen und das Fallen, so wie das Roulette zwei Farben hat. Beim Steigen verkaufen, beim Fallen kaufen; oder auf Roth, auf Schwarz wetten, es bleibt sich beides gleich.«
»Der Zufall ist der große Urheber der Erfolge und der Unglücksfälle. Was für ein Element ist der Zufall? Ist er eine wirtschaftliche Macht, eine Grundkraft, die nützliche Werthe schafft? – Es ist ein Mühlenrad, das sich in leerer Luft herumdreht.«
»Man darf die Misbräuche der Speculation nicht mit ihren Irrthümern verwechslen. Die ersten sind wesentlich das Werk des Betrugs und vor den Gerichten zu verurtheilen; die anderen sind nur die falschen Berechnungen eines unternehmenden, aber wenig aufgeklärten und unglücklichen Verstandes.«

P. J. Proudhon,
Handbuch des Börsen-Speculanten, 1857

Inhalt

Prolog

Derivate sind wie eine scharfe Rasierklinge. Man kann sich damit hervorragend rasieren, aber auch die Kehle durchschneiden.
Da über diese neuen Instrumente im Finanzbereich nichts mehr unmöglich ist, lassen sich über sie im Bankenbereich auch klassische Kontrollmechanismen aushebeln.
Nur allzu schnell kann sich da aus einem derivativen Feuerwerk ein Flächenbrand entwickeln. Denn Leichtsinn, Habgier und Dummheit der in diesem lukrativen Geschäft Beteiligten werden auch künftig nicht aussterben.
Barings war also noch kein echter Testfall.

Vorwort

Derivate – die unbekannten Wesen?
Spätestens seit dem spektakulären Zusammenbruch der altehrwürdigen Londoner Barings Bank im Februar 1995 sind Derivate in aller Munde. Seitdem werden sie von den Massenmedien als neuartige, gefährliche, von computerorientierten Finanzingenieuren ausgeklügelte Finanzinstrumente charakterisiert, mit denen es einzelnen Tradern innerhalb weniger Wochen gelingt, auch größte Unternehmen in wirtschaftliche Schieflagen oder gar in den Ruin zu treiben.
Dabei fing alles bereits am 26. Juni 1974 mit Dany Dattel an. Jenem Tag, an dem das Kölner Bankhaus I. D. Herstatt KG a. A. durch spekulative Devisengeschäfte seines Chef-Devisenhändlers Dattel mit 1,2 Milliarden Mark Verlusten zusammenbrach. Die größte Bankenpleite bundesdeutscher Nachkriegszeit.
Bekannt wurden in letzter Zeit neben anderen die derivativen Verlustgeschäfte des Frankfurter Rohstoffriesen Metallgesellschaft, des Steinhagener Sportbodenherstellers Balsam, des weltgrößten Waschmittelproduzenten Procter & Gamble Co., des Chemie-Gas-Unternehmens Air Product & Chemicals Inc., der Dell Computer Corporation, des Pensionsfonds des Ölkonzerns Atlantic Richfield Co., des Kalifornischen Landkreises Orange County, des britischen Pharmakonzerns Glaxo oder des größten Kupfer-Herstellers der Welt, der Chile Copper Corporation.
Und wie sich die Bilder ähneln: Während der damalige Bundesbankpräsident Karl Klasen in seinen Ausführungen auf

dem Deutschen Bankentag in Bonn im März 1974 auf die Gefahr hinweist, in der sich zum damaligen Zeitpunkt einige Privatbanken, Herstatt eingeschlossen, wegen der hohen Risiken im Devisengeschäft befinden, schmunzelt noch vier Wochen später der persönlich haftende Gesellschafter der Herstatt-Bank, die rheinische Frohnatur Iwan D. Herstatt, bei einer abendlichen Kaminrunde im Freundeskreis: »Gerade bei stärker schwankenden Devisenkursen läßt sich Erkleckliches verdienen, wenn man den richtigen Riecher hat und das Risiko nicht aus den Augen verliert.«
Zwanzig Jahre später, kurz vor Weihnachten 1994, verkündet Eddie George, Chef der Bank von England, vor einer Runde geladener britischer Wirtschaftskapitäne: »Je länger wir die Derivate beobachten, desto gelassener werden wir.«
Zu gelassen. Denn weder Dany Dattel noch Nick Leeson, General Manager der Barings-Tochter Barings Futures in Singapur, hatten den »richtigen Riecher«. Sie lagen mit ihren derivativen Transaktionen schief und hatten keine Kontrolleure.
Während dem Bankier Herstatt solche »Pingeligkeit« nicht lag, versagten die Kontrollmechanismen des Barings-Managements kläglich, da ihrem Händler Leeson sowohl der Handel als auch die Abwicklung der derivativen Geschäfte anvertraut waren.
Ob bei Dattel, Leeson oder in den meisten anderen Verlustgeschäften mit Derivaten – fehlen die Kontrollmechanismen, stehen den Tradern alle Möglichkeiten für Spekulationen, Spielsucht oder gar Betrug offen.
Nur, die Derivate deshalb zu verteufeln oder sie gar als Glücksspiel abzustempeln, wird diesen janusköpfigen Finanzinstrumenten nicht gerecht.
Zwar kann man mit ihnen spekulieren und wie im Spielcasino von Las Vegas nach einer Verlustphase anschließend wagen, diese durch doppelten Einsatz auszugleichen oder gar noch einen Gewinn einzufahren, man kann mit ihnen aber auch hervorragend risikobehaftete Geschäfte absichern, um eben diese Risiken auszuschließen.
Trotz vereinzelter Pannen mit Schäden in Milliardenhöhe sind

die derivativen Finanzinstrumente, die Kunstprodukte der Finanzingenieure der 80er und 90er Jahre, von den internationalen Finanzmärkten nicht mehr fortzudenken. Waren Ende 1990 weltweit für »nur« rund 3,07 Billionen Mark derivative Positionen offen, sind es Ende 1994 bereits 52 Billionen Mark. Und das ist erst der Anfang.

Ähnlich wie in der Menschheitsgeschichte, die mit der Entdeckung des Feuers einen Evolutionssprung machte, stehen die weltweiten Finanzmärkte derzeit erst am Beginn einer evolutionären Entwicklung, deren Ende nicht abzusehen ist. Denn mit der Schaffung derivativer Produkte stehen Banken und Industrie bei richtiger Anwendung erstmals ernsthafte Möglichkeiten zur Verfügung, Risiken vollumfänglich abzusichern.

Fehlspekulationen lassen sich wie Feuersbrünste auch in Zukunft nicht ausschließen. Die Derivate deshalb zu ächten und vom Finanzmarkt zu entfernen, wäre wenig sinnvoll. Gelingt es doch erstmals mit dem Einsatz dieser finanztechnischen Kunstprodukte, die gesamtwirtschaftliche Risikokalkulation zu verbessern, um so längerfristig ein höheres gesamtwirtschaftliches Wachstum zu sichern.

Überhaupt möglich wurde die Schaffung dieser Finanzinstrumente nur durch die internationale Vernetzung unterschiedlicher Finanzmärkte, Finanzplätze, Banken sowie anderer Marktteilnehmer und einer damit für alle Marktpartner verbundenen Möglichkeit, weltweit zur gleichen Zeit Daten abrufen, Entwicklungen erkennen, erfassen, analysieren und darauf sekundenschnell reagieren zu können. Hinzu kommt die Entwicklung immer größerer und schnellerer Rechnerkapazitäten im Computerbereich. Mit ihrer Hilfe können Prognosemodelle durchgespielt und aufgrund alternativer Berechnungen in Bruchteilen von Sekunden Entscheidungen getroffen werden.

Wenn vor zehn oder zwanzig Jahren beispielsweise in Schweden, Australien oder anderswo ein Diskontsatz verändert wurde, interessierte das weltweit kaum jemanden. Heute dagegen setzen solche Veränderungen Milliarden in Bewegung. Ohne, daß durch diese Transaktionen die jeweiligen nationalen Geldmengen ausgeweitet werden.

Möglich wird das einerseits dadurch, daß beim jeweiligen Geschäftsabschluß nur ein bis drei Prozent des tatsächlichen Endwertes eingesetzt werden, und andererseits durch die spezielle Struktur der Derivate.

Das ist es, was sie für Banker so interessant macht.

Das ist es aber auch, was sie bei falschem Einsatz so gefährlich werden läßt. Denn durch die Hebelwirkung kann man mit einem geringstmöglichen Aufwand sowohl Risiken absichern oder viel Geld in kurzer Zeit verdienen. Man kann in gleicher Zeit aber noch mehr verlieren.

Effiziente Überwachungs- und Kontrollmechanismen der nationalen Aufsichtsbehörden und der Banken sind gefragt wie nie zuvor. Denn gerät der Handel mit den derivativen Produkten außer Kontrolle, kann er das ganze Finanzsystem ins Wanken bringen.

Hans-Lothar Merten
München, Juli 1995

Vom Termingeschäft mit Rohstoffen zum Handel mit derivativen Finanzinstrumenten

Mit Hafer, Weizen, Sojabohnen, Rindern, Schweinen, Holz und Metallen fing es Anfang des 19. Jahrhunderts an, der Handel per Termin für agrarische und industrielle Rohstoffe an speziell dafür eingerichteten Warenbörsen.
Die Warenterminkontraktmärkte entstanden für Güter, die sich hinsichtlich Menge und Qualität standardisieren ließen und deren Preise innerhalb kurzer Zeiträume starken Schwankungen unterliegen können. Produzenten und Abnehmer der Rohstoffe wollten sich so zunächst einmal gegen starke Preisschwankungen absichern.
Die Marktteilnehmer erkannten aber auch, daß die Terminmärkte über die Risikoabsicherung hinaus ein ausgeprägtes spekulatives Element enthielten. Denn während der Verkäufer (Hedger) im Zeitablauf des Kontrakts fallende Preise erwartet und versucht, dieses Risiko abzusichern (Hedging), rechnet der Käufer (Spekulant) gleichzeitig mit steigenden Preisen und versucht, Gewinnchancen zu realisieren (Spekulation).
In Deutschland wurden Termingeschäfte gerade wegen ihres stark spekulativen Charakters im Jahr 1931 untersagt. Dieses Verbot gilt für Warentermingeschäfte auch heute noch.
Im Gegensatz zur angelsächsischen Welt stoßen Termingeschäfte hierzulande immer noch auf Vorbehalte. Teils ist das wegen des Verbots aus den 30er Jahren historisch bedingt. Teils aber auch deshalb, weil es in der Zwischenzeit findigen Anbietern von Warentermingeschäften immer wieder gelungen ist, unwissende Anleger mit betrügerischen Angeboten um Milliardenbeträge zu erleichtern.

Mit dem Übergang vom Bretton-Woods-System der fixen Wechselkurse zum freien Floating im Jahr 1973 und der damit einhergehenden Globalisierung der Finanzmärkte erhöhte sich das Devisen-Handelsaufkommen beträchtlich. Gleichzeitig unterlagen die Devisenkurse wachsenden Schwankungen.

Ursprünglich standen Devisengeschäfte zur Begleichung von Im- und Exportgeschäften im Vordergrund. Heute dagegen werden sie vermehrt für Portfolioumschichtungen, Direktinvestitionen und Arbitrage eingesetzt. Mit dem Ergebnis, daß Anfang 1995 das weltweite Volumen der *täglichen* Devisentransaktionen bei rund 2 Billionen Mark liegt – das 80fache des Welt-Handelsvolumens.

Gleichzeitig führte die weltweite Ausdehnung des Handelsvolumens zu einer zunehmenden Ausweitung und Bedeutung des Geldmarktes. Jenem Ort, wo sich Anbieter und Nachfrager von kurzfristigen Geldern treffen. Sei es, um Überschuß-Liquidität zinsbringend anzulegen, oder aber, um Liquiditätsengpässe zu überbrücken.

Nur, auf der Zinsseite glaubte man weltweit bis in die achtziger Jahre, daß die Zinsentwicklung von den jeweiligen Nationalbanken gemacht sei, und die würden es schon richtig machen.

Das ging, von wenigen Ausnahmen abgesehen, gut. Über viele Jahre waren die Zinsmärkte ruhig. Im Händlerdeutsch heißt das, sie waren nicht volatil. Die Veränderung der Preise bzw. Kurse über die Zeit war also relativ gering.

Das hat sich mit dem Zusammenwachsen der Weltwirtschaft jedoch völlig verändert. Was früher nur für Devisenmärkte galt, gilt eben, wie man in den letzten Jahren beobachten konnte, heute auch für die Zinsmärkte.

Preise ändern sich heute schneller und mit kräftigeren Ausschlägen als man es in der Vergangenheit gewohnt war. Man denke beispielsweise nur an die Zinsentwicklung im Zusammenhang mit der deutschen Wiedervereinigung oder an das Jahr 1994, in dem weltweit die Zinsmärkte ins Strudeln gerieten, nachdem sie sich noch im Laufe des Vorjahres über alle Maßen positiv entwickelten.

Während früher wie auch heute von den Kapitalanlegern häufig sogenannte Vorkäufe getätigt wurden, d. h. der Kauf von Wertpapieren per Termin, waren andere Termingeschäfte im Zinsbereich dagegen nicht üblich. Das änderte sich erst mit dem Aufkommen der Futures, die an den Börsen gehandelt wurden, und ihren Pendants, den Swaps und Forward Rate Agreements, die außerhalb der Börsen im over-the-counter- oder OTC-Markt gehandelt werden.

Forward Rate Agreements sind kurzfristige Zinstermingeschäfte, bei denen die Vertragspartner einen Zinssatz vereinbaren, der für einen bestimmten Zeitpunkt in der Zukunft verbindlich ist und auf einen nominellen Kapitalbetrag berechnet und ausgeglichen wird. Ein Zinsswap – also Zinstausch – funktioniert im Tausch von variablem Zinssatz und Festsatz wie eine Kette solcher Forward Rate Agreements.

Während die an den Börsen gehandelten Termingeschäfte, die Futures, Geschäfte zwischen jeweils einem Marktteilnehmer und einer Börse sind, sind Swaps Tauschgeschäfte zwischen zwei Kontrahenten ohne Einschaltung eines Clearing Hauses, das über seine Mitglieder die Erfüllung der Geschäfte garantiert. So können im over-the-counter-Bereich, in dem diese Swaps gehandelt werden, Kreditrisiken zwischen den Geschäftspartnern immer dann entstehen, wenn sich Marktsätze verändern.

Kreditrisiken entstehen im over-the-counter-Markt da, wo zwei Parteien direkt – ohne dazwischengeschaltete Clearing-Haus-Funktion – miteinander kontrahieren. Betrachtet man einen Swap, so hat dieser zum Zeitpunkt des Abschlusses kein Kreditrisiko. Erst über sich verändernde Marktsätze entwikkeln sich die Kreditrisiken. Dabei entsteht das Kreditrisiko immer für die Partei, zu deren Gunsten sich die Marktsätze verändern. Das wiederum bedeutet, daß aus einem Geschäft mit zwei Marktteilnehmern immer nur einer der beiden in eine Kreditrisikoposition geraten kann. Das Kreditrisiko bestimmt sich aus den Wiederbeschaffungskosten, also den Eindeckungskosten bei Ausfall des Vertragspartners, die

letztlich den gleichen Charakter wie eine klassische Kreditvergabe haben.
Nach dem Motto der Norddeutschen Landesbank »Intuition ist nicht alles. Aber alles ist nichts, ohne Intuition«, entwickelten weltweit Mathematiker und Physiker neue Finanzinstrumente, um mögliche Risiken in diesen Geschäften abzudekken. Es war die Geburtsstunde der hybriden Finanzinstrumente – der Derivate.
Zu ihrer Entwicklung waren drei Voraussetzungen erforderlich:

- Die Märkte, auf die ein Derivat aufgesetzt wird, müssen volatil sein, d. h. es müssen ausreichend Nachfrager, die sich gegen die volatilen Märkte absichern wollen, vorhanden sein.
- Es müssen Anbieter vorhanden sein, die über die Technik und Ausstattung verfügen, die Derivate als Risikomanagement-Instrumente anzubieten.
- Die Märkte, auf die Derivate aufsetzen, müssen homogen und liquide sein.

Die Zinssätze beispielsweise sind homogen. Über eine fiktive Anleihe wird von den Finanzingenieuren ein homogenes Produkt entwickelt, auf das sich alle Marktteilnehmer einigen, und in dem alle Marktteilnehmer handeln. So einfach ist das.
Wie im Bereich der Commodities, den agrarischen und industriellen Rohstoffen – neben den oben bereits erwähnten beispielsweise auch Erdöl, Orangensaft oder Elektrizität –, die an den Warenterminbörsen in Form standardisierter Kontrakte gehandelt werden, um Terminrisiken abzusichern, können heute auch auf den Finanzmärkten durch den Einsatz derivativer Finanzinstrumente Risiken abgesichert werden.
Die Finanzmärkte entstanden Anfang der 70er Jahre zunächst an den Terminbörsen in den USA. Waren es zu Beginn nur Währungsterminkontrakte, die dort gehandelt wurden, setzte nur wenige Jahre später auch der Handel mit Zinsterminkontrakten ein. Dieser hat sich seit Mitte der 80er Jahre sprunghaft ausgeweitet.

Ende 1982 kam dann der Handel mit Optionen auf Terminkontrakte jeglicher Art hinzu.

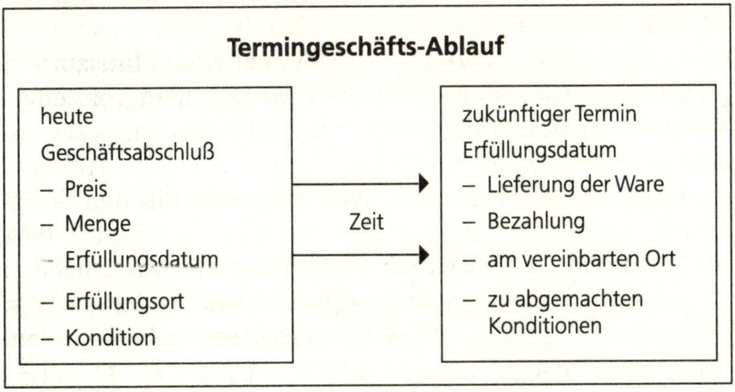

Im Gegensatz zu den Warentermingeschäften ist der Handel mit Devisen-, Zins- und Optionsterminkontrakten in Deutschland erlaubt. Aber, auch wenn die deutschen Großbanken im Geschäft mit den Derivaten heute bereits kräftig mitmischen, international sind ihnen die amerikanischen und schweizerischen Geldhäuser klar überlegen. »Wir sind weit hinter dem zurück, wo wir eigentlich hingehören«, heißt es denn auch selbstkritisch von der Deutschen Bank AG in Frankfurt, die ja normalerweise keinen Vergleich mit den Besten des Geldgewerbes scheut.
Bei den Derivaten handelt es sich also um künstliche Finanzinstrumente, mit denen die Kurs-/Preis-Änderungsrisiken von Devisen, Zinsen im Einlagen- und Kreditbereich, Aktien oder anderer Indizes getrennt von sonstigen Risiken, wie Liquiditäts- und Bonitätsrisiken gesteuert werden.
Drei Arten derivativer Finanzinstrumente kommen zum Einsatz: Swaps, Finanzterminkontrakte und Optionen.

Für die Finanzindustrie bedeutet ihre Entwicklung den Vorstoß in eine völlig neue Dimension. In der Evolutionstheorie spricht man in solch einer Situation von einem Entwicklungssprung.

Als der Homo sapiens das Feuer entdeckte, konnte er sich erstmals vor seinen natürlichen Feinden schützen. Der Homo oeconomicus kann sich mit Derivaten heute erstmals effizient vor ökonomischen Marktrisiken schützen.
Denn über die Zinsderivate, vor allem über den Einsatz von Swaps, ist erstmals ein getrenntes Management von Zins-, Bonitäts- und Liquiditätsrisiken möglich geworden.
Dieser Entwickungssprung setzt große Energien frei. Da überrascht es nicht, daß die Nominalbeträge in den Swap-Märkten gewaltig ansteigen. Der Swap-Markt ist Ende 1994 bei 13 Billionen US-Dollar Gegenwert an ausstehenden Transaktionen angekommen. Insgesamt beläuft sich das ausstehende Volumen an offenen Kontrakten für Derivate am Jahresende 1994 auf rund 30 Billionen US-Dollar. Damit ist das Kontraktvolumen gegenüber dem Jahresende 1993 um mindestens 20 Prozent gewachsen.
Solche evolutionären Sprünge müssen verarbeitet werden. Das bedeutet für die Finanzindustrie den Aufbau einer Infrastruktur, die dieser Situation gerecht wird.
An dieser Stelle ist ein Vergleich mit der Dampfmaschine angebracht, mit der das industrielle Zeitalter eingeläutet wurde. Aber um die physikalische Kraft dieser Erfindung beispielsweise im Transportwesen zu nutzen, brauchte man Schienen, Bahnhöfe und synchronlaufende Uhren. Und man brauchte neue Mitarbeiter. Ein Arzt konnte bei mechanischen Problemen nicht mehr helfen, man brauchte den Mechaniker.
Beim Einsatz derivativer Finanzinstrumente kann der klassische Banker auch nicht mehr helfen. Das Derivativ-Geschäft ist zur Domäne der Trader und Finanzingenieure geworden.
Was 1972 nach dem Zusammenbruch des Bretton-Wood-Währungssystems an der Börse von Chicago mit ersten kleinen Kontrakten in Währungs-Futures begann, entwickelte sich durch den Einsatz immer neuer Finanzinstrumente innerhalb von nur zwei Jahrzehnten in kaum vorstellbare Dimensionen.

So erreichte beispielsweise das Volumen derivativer Transaktionen aller deutschen Finanzinstitute Ende 1994 knapp 9 000 Milliarden Mark. Spitzenreiter waren neben der Deutschen Bank – 2 186 Milliarden, die Dresdner Bank – 732 Milliarden, Commerzbank – 607 Milliarden, Vereinsbank – 447 Milliarden und die Hypo-Bank mit immerhin noch 176 Milliarden Mark. Aber auch die Privatbanken wie Trinkaus & Burkhardt – 98 Milliarden oder Sal. Oppenheim – 66 Milliarden Mark mischen zwischenzeitlich im Konzert mit den derivativen Produkten kräftig mit.
International gesehen aber gilt es für die deutschen Geldhäuser kräftig aufzuholen. Denn derzeit laufen ihnen der Schweizerische Bankenverein mit 3 110 Milliarden, Bankers Trust – 3 069 Milliarden, Schweizerische Bankgesellschaft – 2 660 Milliarden, Schweizerische Kreditanstalt – 2 478 Milliarden oder das amerikanische Investmenthaus Merrill Lynch mit 2 013 Milliarden Mark noch auf und davon.
Das gilt umso mehr, stellt man das Geschäftsvolumen der Großbanken mit den Derivaten in Relation zur jeweiligen Konzernbilanzsumme. Da bringen es der amerikanische Bankers Trust auf 2 043 Prozent, Schweizerischer Bankenverein – 1 240 %, Schweizerische Kreditanstalt – 905 %, Merrill Lynch – 794 %, Schweizerische Bankgesellschaft – 689 %, Deutsche Bank – 381 %, Dresdner Bank – 183 %, Commerzbank – 177 %, Vereinsbank – 140 %, DG Bank – 68 % sowie die Hypo-Bank auf nur 64 Prozent.
Im Vergleich dazu schlagen sich die Privaten beachtlich: Trinkaus & Burkhardt mit 701 und Sal. Oppenheim mit immerhin noch 235 Prozent.
Nicht viel besser schneiden die deutschen Großbanken im internationalen Vergleich auch bei den aus dem Derivativgeschäft erwirtschafteten Erträgen ab (»Woher die Erträge kommen«). Dabei ist aufgrund der gesamtwirtschaftlichen Situation im Jahre 1994 im Vergleich zum Bilanzjahr 1993 weltweit bei allen Finanzinstituten ein erheblicher Erlöseinbruch festzustellen.
Ein Vergleich macht deutlich, welche Größenordnung das

Derivativgeschäft mittlerweile erreicht hat. So beläuft sich beispielsweise das gesamte Bruttosozialprodukt der Bundesrepublik Deutschland auf 3 297 Milliarden Mark, 328 Milliarden weniger als der Ende 1994 von Deutsche Bank, Dresdner Bank und Commerzbank erzielte Gesamtumsatz mit den neuen Finanzinstrumenten.
Vergleicht man die Entwicklung auf europäischer Ebene, so erwirtschafteten im Jahr 1994 alle 12 EU-Staaten ein Gesamt-Bruttosozialprodukt von 10 544 Milliarden Mark. Das schaffen nur die drei deutschen und schweizerischen Großbanken mit einem Derivativumsatz von insgesamt 11 775 Milliarden Mark leicht. Ende 1994 waren von den rund 3 700 deutschen Kreditinstituten 850 im Derivativgeschäft aktiv. Der von ihnen getätigte Handelsumsatz belief sich Mitte 1994 auf 5,6 Billionen Mark. Das entspricht im Vergleich zum Gesamt-Geschäftsvolumen dieser Banken einer durchschnittlichen Quote von 120 Prozent.
Das Volumen im Handel einzelner Geldhäuser mit den Derivaten mag für Außenstehende ja schon kaum vorstellbare Dimensionen angenommen haben. Die Brisanz liegt letztlich aber in der jeweiligen prozentualen Relation dieser Geschäfte im Vergleich zur Bilanzsumme der einzelnen Bank. Denn kommt es trotz aller Kontrollmaßnahmen plötzlich zur Schieflage, fehlt es an der dann erforderlichen Unterlegung mit Eigenkapital, um negative Engagements in den Griff zu bekommen.
Zunehmend verstoßen immer mehr Finanzinstitute auch gegen die goldene Bankenregel, nicht mit eigenem Kapital zu spekulieren. So laufen beispielsweise laut Marcel Ospel, Generaldirektor des Schweizerischen Bankvereins, rund zwei Drittel der Derivativgeschäfte seines Hauses – Ende 1994 stolze 3,1 Billionen Mark – auf eigene Rechnung. Bei den beiden anderen schweizerischen Großbanken SBG und SKA bewegt sich der Eigenhandel auf vergleichbarem Niveau. Darüber hinaus setzen die schweizerischen Banken bei ihrem Poker mit den Derivaten mehr Geldmittel ein, als sie eigenes Vermögen in ihren Büchern ausweisen. Während die gesam-

ten Eigenmittel der drei Großen Ende 1994 zusammen rund 52,7 Milliarden Franken betrugen, belief sich der Wiederbeschaffungswert – das entspricht den Kosten, die die Banken hätten, wenn sie ihre Derivativkontrakte auf einen Schlag verkaufen müßten – der bei den drei Großbanken Ende 1994 ausstehenden Kontrakte auf rund 57 Milliarden Franken. Dieser Wert erhöht sich, da in den Abschlußberichten auf den Wiederbeschaffungswert kotierter Produkte verzichtet wird. Bei diesen Produkten müssen täglich Nachschußleistungen erbracht werden.

Welche Dimensionen das Risikomanagement mittels derivativer Finanzinstrumente mittlerweile bereits bei Großunternehmen angenommen hat, zeigen spätere Kapitel. Dazu ist anzumerken, daß, wenn die Unternehmen schon Daten aus diesem Bereich veröffentlichen, sie in der Regel damit derzeit noch äußerst vorsichtig operieren.
Unabhängig davon, gewinnt der Einsatz der Derivate im Unternehmensbereich zunehmend an Bedeutung. Dabei werden die derivativen Finanzinstrumente in der verarbeitenden Wirtschaft ausschließlich zur Absicherung von Zins- und Währungsrisiken, die im Rahmen kommerziell begründeter Grundgeschäfte entstehen, eingesetzt. Es werden also weder isolierte spekulative Geschäfte noch Transaktionen, die ausschließlich dem Handel mit diesen Instrumenten dienen, durchgeführt. Die Geschäfte werden, wie beispielsweise bei der Volkswagen AG, in der Regel konzernweit zentralisiert. Dabei gehört eine transparente Dokumentation aller Transaktionen mit strikter Funktionstrennung in Handel, Abwicklung und Kontrolle sowie einer zeitnahen und umfassenden Berichterstattung an das Management bereits zu den Grundregeln im Umgang mit den derivativen Produkten.

Die nachfolgenden Tabellen und Schaubilder verdeutlichen die Entwicklung im Bereich der derivativen Produkte sowohl im nationalen Bereich als auch auf den weltweiten Finanzmärkten.

Derivatives Geschäft ausgewählter deutscher Banken in Mio. DM per 31. 12. 1994						
Institut	Konzern-Bilanz-summe	Derivativ-geschäft gesamt	Zins-bezogene Geschäfte	Währungs-bezogene Geschäfte	Aktien-/Index-bezogene/Sonstige Geschäfte	Derivatives Geschäfts-volumen in Relation zur Bilanz-summe in %
Deutsche Bank	573 022	2 186 011	1 252 261	840 640	93 110	381
Dresdner Bank	400 134	732 738	385 446	342 911	3 031	183
Commerzbank	342 056	607 481	300 846	304 370	2 265	177
Vereinsbank	318 169	446 556	265 279	180 197	—	140
Hypo-Bank	275 446	175 892	103 228	71 101	1 563	64
DG Bank	248 165	168 457	99 524	66 184	2 749	68
Bank Gesellschaft Berlin	246 154	146 735	119 881	26 810	44	60
Sal. Oppenheim	28 166	66 160	30 992	30 165	5 004	235
Vereins- und Westbank	27 859	12 958	9 130	3 783	45	46
Trinkaus & Burkhardt	14 060	98 615	58 822	33 446	6 347	701

Derivativumsätze ausgewählter schweizerischer Banken per 31. 12. 1994 in Mio. sFr.						
Institut	Konzern-Bilanz-summe	Derivativ-geschäft gesamt	Zins-bezogene Geschäfte	Währungs-bezogene Geschäfte	Aktien-/ Index-bezogene/ Sonstige Geschäfte	Derivatives Geschäfts-volumen in Relation zur Bilanz-summe in %
Schweizerische Bankgesellschaft	326 374	2 250 544	1 156 392	943 655	150 497	689
Schweizerische Kreditanstalt	231 557	2 096 400	1 265 000	725 500	105 900	905
Schweizerischer Bankverein	212 210	2 631 500	1 623 100	896 500	111 900	1 240
Bär Holding	7 526	17 495	2 431	14 809	255	232

Derivativumsätze ausgewählter österreichischer Banken per 31. 12. 1994 in Milliarden ÖS						
Bank Austria	638,3	keine Angaben	keine Angaben	469,7	keine Angaben	—
Creditanstalt Bankverein	617,4	1 139,5	930,9	201,3	7,3	184,6

Die großen US-Derivatehändler Derivativumsatz 1994 (30. September) in Billionen US-Dollar	
Chemical Bank	3,3
Citicorp	2,7
J. P. Morgan	2,3
Bankers Trust	2,0
Bank America	1,5
Chase Manhattan	1,5
Merrill Lynch	1,4
Salomon Brothers	1,3

Quelle: Sheshunoff Information Services

Woher die Erträge kommen – Bankbilanzen per 31. 12. 1994 unter der Lupe

Name	Konzern-Bilanz-Summe in Mio. DM	Zinsen in Mio. DM	Provisionen in Mio. DM	Eigenhandel in Mio. DM
Deutsche Bank	573 022	11 539	5 917	537 (1 997) *)
Dresdner Bank	400 134	6 472	2 997	43 (650) *)
Commerzbank	342 057	5 099	1 827	105 (549) *)
Vereinsbank	318 169	4 315	1 088	7 (318) *)
Hypobank	275 446	4 060	865	./. 117 (251) *)
Im Vergleich dazu die Ergebnisse ausgewählter schweizerischer Banken – Angaben in sFr.				
Schweizerische Bank-gesellschaft	326 374	3 675	4 157	1 045 (2 915) *)
Schweizerische Kreditanstalt	231 557	2 589	2 485	1 726 (3 362) *)
Schweizerischer Bankverein	212 210	2 771	2 570	990 (2 918) *)

( ) *) der in der Klammer angegebene Wert gibt das Ergebnis für das Kalenderjahr 1993 wieder.

Derivatives Geschäftsvolumen ausgewählter Banken per 31. 12. 1994 in Relation zur Konzern-Bilanz-Summe		
Bank	Relation in Prozent	Volumen in Mrd. DM
Bankers Trust	2 043	3 069
Schweizerischer Bankverein	1 240	3 110
Lehman Brothers [1]	1 039	1 795
Schweizerische Kreditanstalt	905	2 478
Merrill Lynch	794	2 013
Morgan Stanley [2]	716	1 260
Trinkaus & Burkhardt	701	14
Schweizerische Bankgesellschaft	689	2 660
Deutsche Bank	381	2 186
Sal. Oppenheim	235	66
Bär Holding	232	20
Creditanstalt Bankverein	185	162
Dresdner Bank	183	733
Commerzbank	177	607
Vereinsbank	140	447
DG Bank	68	168
Hypo-Bank	64	176
Bank Gesellschaft Berlin	60	147
Vereins- und Westbank	46	13

1) Geschäftsjahr endet am 31. 1. 1995 2) endet am 30. 11. 1994 und umfaßt nur elf Monate.

Umsatz börsengehandelter derivativer Finanzinstrumente in Billionen US-Dollar (weltweit)

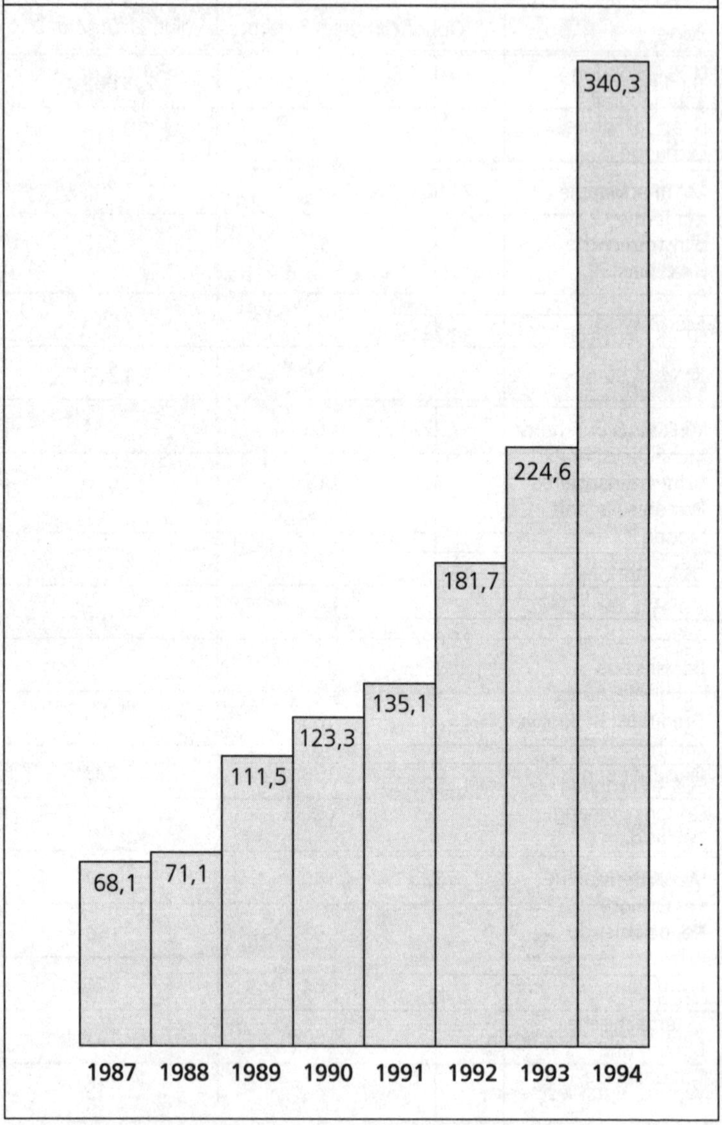

Quelle: BIZ, Basel 1995

Umsätze europäischer Terminbörsen 1994 in gehandelten Kontrakten			
Börse	Optionen	Futures	Gesamt
LIFFE – London International Financial Futures Exchange	28 090 322	124 944 149	153 034 471
MATIF – Marché à la Terme d'Instruments Financiers, Paris	21 687 502	71 412 731	93 100 233
DTB – Deutsche Terminbörse, Frankfurt	33 741 842	25 466 788	59 208 630
MEFF R.V. – Mercado Español Futuros Financieros Rentable Variable, Madrid	7 772 431	27 647 280	35 419 711
OM – Options Market, Stockholm	15 954 220	16 039 252	31 993 472
SOFFEX – Swiss Options and Financial Futures Exchange, Zürich	25 094 657	2 643 917	27 738 574
EOE – European Options Exchange, Amsterdam	12 523 383	1 283 019	13 806 402
MONEP – Marché des Options Negociables de Paris	8 825 151	0	8 825 151
ÖTOB – Österreichische Termin- und Optionsbörse, Wien	2 423 070	472 362	2 895 432

Quelle: Deutsche Börse, Frankfurt, 1995

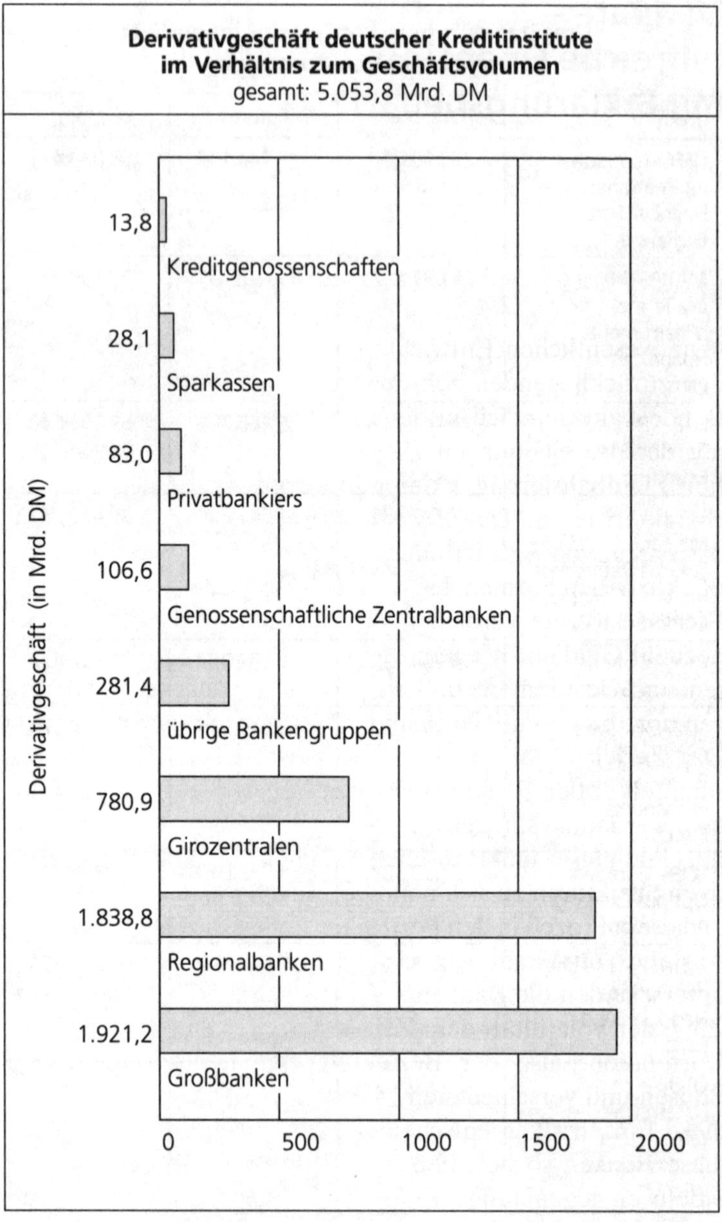

Stand: 30. 06. 1994 Quelle: Deutsche Bundesbank

Derivate – hilfreiche Finanzinstrumente mit Erklärungsbedarf

»Die wesentlichen Entwicklungslinien der Finanzmärkte in den zurückliegenden zehn Jahren«, schreibt die Deutsche Bundesbank kürzlich in einem Monatsbericht, »lassen sich mit den Bezeichnungen Innovation, Verbriefung (securisation), Globalisierung, Computerisierung und Deregulierung charakterisieren. Das Zusammenwachsen der Märkte und das Fallen von Schutzräumen setzen die nationalen Finanzmärkte neuen Formen des Wettbewerbs aus.«

Nichtsdestotrotz verdienen die Banken auch heute immer noch ihr Geld mit Wiegen, Messen, Vergleichen, Kompensieren und Bestimmen, und sie simulieren Marktveränderungen, um das potentielle Risiko richtig einzuschätzen.

Das Zerlegen von Marktrisiken in die einzelnen Risikobestandteile oder Risikokennziffern läßt sich am ehesten mit dem Verdauungsprozeß vergleichen. Denn was auch immer die Geldhäuser im klassischen Geschäft und heute an derivativen Strukturen zu sich nehmen, wird nach strengen Regeln in diesem Prozeß in den Portfolien zerlegt.

Anstelle von Vitaminen, Ballaststoffen und Kohlehydraten unterscheiden die Banken nach Risiken aus dem Preis, dem Zins, der Volatilität, dem Zeitverlauf, der Stabilität und der Korrelation, also der Beziehung zwischen verschiedenen Preisen und verschiedenen Märkten. Nach der Zerlegung in diese Einzelrisiken entscheidet der Portfoliomanager, ob er diese Risiken so behalten will oder ob er sie neutralisiert, indem er gegenläufige Positionen eingeht oder sie an den Markt weiterverkauft.

Wenn eine Bank also eine Orange einkaufen würde, wird sie in aller Regel nicht versuchen, die gleiche Orange weiterzuverkaufen. Sie wird stattdessen aus der Orange das Vitamin C extrahieren und dann erst entscheiden, ob sie es, beispielsweise weil es saisonal bedingt besonders preiswert ist, behalten will, um es dann, wenn die Preise gestiegen sind, weiterzuverkaufen.

So in etwa muß man sich den bankinternen Risiko-Management-Prozeß vorstellen mit der gleichzeitigen Möglichkeit, durch den Handel des Extraktes, dem Derivat, Geld zu verdienen.

Darüber hinaus nutzen die Banken die Derivate beispielsweise auch im Aktiv-/Passivgeschäft, um Risiken aus der Fristentransformation zu beseitigen. Man stelle sich dazu nur vor, daß eine Bank erklärt, ein fünfjähriger Kredit ist im Moment nicht darstellbar, weil das Institut nicht über ausreichend fünfjährige Spareinlagen verfügt.

Da hilft den Banken ein Zinsswap, wo ein gewährter Fünf-Jahres-Festkredit über eine kurzfristige Geldmarkt-Finanzierung refinanziert wird. Um hier nun das Zinsänderungsrisiko aus dieser zinskongruenten Finanzierung herauszunehmen, wird seitens der Bank ein Zinsswap aufgesetzt. Somit ist das Zinsrisiko beseitigt.

»Man kann«, wie Gerhard Eberstadt, Mitglied des Vorstands der Dresdner Bank AG anläßlich eines Vortrags vor dem Wirtschaftsclub Rhein-Main e.V. in Frankfurt ausführte, »das Derivativgeschäft mit der Elektronik im Auto vergleichen. Man stelle sich vor, die Automobil-Industrie hätte vor fünfzehn Jahren, als die ersten mit Elektronik revolutionierten Autos auf den bundesdeutschen Autobahnen liegenblieben, darauf verzichtet, die Entwicklung konsequent fortzusetzen. Wir hätten heute kein ABS, kein elektronisches Motoren-Management und keine Airbags. Die Sicherheit im Autoverkehr wäre mit dem heute erreichten Standard nicht zu vergleichen. Gleichermaßen wären die Automobilhersteller, die sich der Elektronik im Auto verschlossen hätten, zwischenzeitlich vom Markt verschwunden.«

Ähnlich stellt sich die Situation im heutigen Bankenbereich dar. Sie verkaufen immer noch das Sparbuch, das Termingeld auf der einen Seite und den amortisierenden Kredit auf der anderen Seite. Trotzdem gibt es erste Entwicklungen in die richtige Richtung. So hat beispielsweise die Dresdner Bank einen zinsvariablen Hypothekenbarkredit mit Zinsobergrenze im Programm, mit dem den individuellen Risikobedürfnissen und Risikostrukturen der Privatkunden begegnet werden kann.

Während ein Studienrat mit festem Einkommen eine Hypothek zu Festsatzkonditionen finanzieren sollte, sollte ein selbständiger Unternehmer, beispielsweise ein Architekt oder Handwerksmeister, seinen Hypothekarkredit zinsvariabel – allerdings mit Zinsobergrenze – aufnehmen können, um eine Maximalbelastung festzuschreiben. Denn sein berufliches und persönliches Wohlergehen hängt genauso an der Konjunktur wie das kurzfristige Zinsniveau. Ist die Konjunktur freundlich, so sind die Zinsen tendenziell höher, aber auch das Einkommen des Selbständigen – und umgekehrt. Der Hypothekarkredit paßt sich der jeweiligen konjunkturellen Situation an.

Im Vergleich zur konditionellen Ausgestaltung von Krediten früherer Jahre sicherlich ein großer Fortschritt. Trotzdem, vergleicht man die heutige Situation im Bankenbereich mit der Entwicklung im Automobilbau, so sind die Finanzingenieure der Geldhäuser heute erst beim elektronischen Fensterheber angekommen. Für die Finanzingenieure – Wirtschaftswissenschaftler, Informatiker, Mathematiker und Physiker – in den Banken gibt es noch viel zu tun.

Die Geldhäuser stehen vor einem großen Potential, wenn sie es denn verstehen, ökonomisch sinnvolle Anwendungen standardisiert in ihre Kundschaft zu tragen, mit denen die individuellen Bedürfnisse der Kunden befriedigt werden können.

Dazu aber bedarf es nicht nur der neuen Finanzprodukte, der Derivate. Dazu gehört auch, daß

- das Verständnis für diese neuen Finanzinstrumente bei den Bankkunden – vor allem aber bei den Kundenbetreuern der

Finanzinstitute – in der Breite so ausgeprägt sein muß, daß es zu keiner Fehlberatung kommen kann.

Darüber hinaus ist erforderlich, daß
- der Apparat der Banken mit dem neuen Denken, wie es derzeit bei den Großbanken noch isoliert in den Derivate-Abteilungen Einzug gehalten hat, vertraut gemacht wird.

Denn diese neuen künstlichen Finanzinstrumente sind schon nach so kurzer Zeit von den weltweiten Finanzmärkten nicht mehr fortzudenken.
Also keine verglühenden Sternschnuppen, sondern notwendige Sicherungsinstrumente im Finanzbereich, mit denen bei richtiger Handhabung auch gutes Geld verdient werden kann.
Dazu scheint es sinnvoll, die Integration der Derivate innerhalb der Geldhäuser voranzutreiben. Fraglich ist aber, ob dabei die von einer Reihe von Banken praktizierte Auslagerung – teilweise ins Ausland (s. Barings) – der Derivativ-Gruppen auf Dauer der richtige Weg ist. Ob es nicht effizienter und sinnvoller ist, diese Spezialabteilungen in den Zentralen zu belassen. Denn mit den over-the-counter-Derivaten, insbesondere den Swaps, sind die verschiedenen Finanzmärkte nicht nur global miteinander verknüpft, sondern auch die Märkte und Marktteilnehmer innerhalb einer Bank. Dadurch werden die derivativen Finanzinstrumente künftig sowohl in die Handelsabteilungen als auch in die Nutzerabteilungen der Banken einziehen.
Welche Dimension das derivative Geschäft Ende 1994 bereits bei den deutschen Banken im Verhältnis zu ihrer jeweiligen Bilanzsumme einnimmt, verdeutlicht Tabelle S. 27.
Im allgemeinen aber werden Umfang und Bedeutung von Geschäften mit den derivativen Finanzinstrumenten für das Privatkundengeschäft überschätzt. Denn derzeit kommt für solche Engagements nur eine kleine Kundengruppe in Frage.
Der Bereich der derivativen Finanzinnovationen stößt praktisch nirgendwo an Grenzen, die der Erfindungsreichtum der

Finanzingenieure nicht doch überspringen könnte. Ermöglicht wird ihnen das aber erst durch:

- die globalen News-Networks von Reuter, Dow Jones, Bloomberg und anderen;
- hohe Rechnerkapazitäten im Computerbereich mit speziell entwickelten Computerprogrammen, um in sekundenschnelle Risikoanalysen durchzuspielen;
- die Entstofflichung der zu handelnden Produkte.

Denn mit realen Warenströmen haben diese riesigen, nur computererfaßten Geldströme schon längst nichts mehr zu tun.

So existieren zum Beispiel die bei Anlegern so geschätzten Anleihen nur noch als abstrakte Wertrechte im Computer der Bundesschuldenverwaltung in Bad Homburg. Und bei der Deutschen Terminbörse in Frankfurt kennt man weder einen Handelssaal noch wild gestikulierende Makler oder Händler auf einem Börsenparkett. Die ganze Terminbörse ist nichts anderes als ein großer Computer, mit dem die Händler in den Banken über Standleitungen verbunden sind. Die an den Terminbörsen gehandelten Finanzprodukte existieren daher auch nur noch als elektronische Signale.

Neue Finanzprodukte können aber nur entstehen, wenn sie bestimmte Aufgaben besser erfüllen als schon bestehende Konstruktionen. Beispielsweise, wenn sie:

- bei den Preis- oder Kreditrisiken flexibler sind,
- zusätzliche flüssige Mittel schaffen und/oder
- die Kreditmöglichkeiten insgesamt erweitern.

Dabei gilt:

- preisrisikoverteilende Innovationen entstehen, je intensiver bestehende Finanztitel dem Risiko von Preis- bzw. Kursänderungen ausgesetzt sind;
- kreditrisikoverteilende Innovationen erhalten ihren Schub durch den Verfall der Bonität der Schuldner;
- liquiditäts- oder kreditsteigernde Innovationen leben vom Liquiditätsbedarf der Wirtschaft.

Tagtäglich entwickeln die Finanzingenieure immer kunstvollere und gewagtere Finanz-Derivate, die den Anwendern immer zahlreichere und immer kompliziertere Möglichkeiten sowohl zur Risikominimierung als auch zur Geldvermehrung bieten. Dabei tangieren die Hybrid-Instrumente übergreifend unterschiedliche Finanzmarktteilgebiete mit dem Ziel, einerseits mittels Geldmarktanlagen eine Mindestrendite zu garantieren und andererseits mittels Anlagen in derivativen Instrumenten von einer Marktentwicklung überdurchschnittlich zu profitieren.

Bei ihren ersten Gehversuchen spiegelten diese Finanzinnovationen zunächst vor allem das Bemühen wider, staatlichen Reglementierungen auszuweichen. So

- wurden zum Beispiel als Folge nationaler Zinsobergrenzen Einlagen am Euromarkt statt im Inland getätigt. Denn seit Anfang der 80er Jahre ergab sich durch die hohen Zinssätze, vor allem aber durch die starken Schwankungen von Zinsen und Wechselkursen ein Bedarf an Instrumenten zur gezielten Steuerung ausgewählter Vermögensrisiken aus Einlagen, Krediten und Wertpapieren;
- kam der erste Swap-Kontrakt zustande, als es der Weltbank aufgrund der Interventionen deutscher und schweizerischer Finanzbehörden nicht möglich war, Schweizer Franken in den nationalen Märkten aufzunehmen;
- begann die Börse in Singapur den Handel mit Futures auf den japanischen Nikkei-Index, da dieser in Japan selbst von den Aufsichtsbehörden untersagt war.

Bedingt durch den starken Wettbewerb versuchten die Banken zugleich, ihren Kunden flexiblere und preisgünstigere Produkte anzubieten sowie ihnen neue Märkte zugänglich zu machen. Dabei wurden Entwicklung und Verbreitung der derivativen Finanzinstrumente durch den raschen Fortschritt der elektronischen Informations- und Kommunikationstechnik begünstigt.

Gleichzeitig aber nimmt das Mißtrauen von Politik und Öffentlichkeit spätestens seit dem Zusammenbruch der

Barings-Bank zu. Denn das Geschäft mit den Derivaten bleibt unverstanden und gilt daher schnell als unseriös und spielkasinoartig.

Natürlich wird an Finanzmärkten übertrieben, und Teilnehmer verspekulieren sich wie eh und je. Dank neuer Techniken und Handelsformen sowie der Abschaffung von Kapitalverkehrskontrollen sind die Reaktionen der Märkte auch schneller, die Umsätze größer und die Kursausschläge heftiger geworden. Und nicht jede einzelne Kursbewegung läßt sich ökonomisch und rational erklären. So bleibt denn vieles irrational an den Märkten, die Zukunftserwartungen handeln.

Der Vormarsch der Derivate ist Teil einer tiefgreifenden Umwälzung in der Art und Weise, wie Unternehmen ihre finanziellen Risiken steuern. Diese Entwicklung wurde durch die starken Schwankungen bei Wechselkursen und Zinssätzen der letzten Monate begünstigt. Denn durch den Einsatz derivativer Finanzinstrumente erhalten Unternehmen und Banken die Möglichkeit, Risiken in diesen Bereichen zu einem Bruchteil der Kosten abzusichern, die bei einem entsprechenden Engagement im Grundkontrakt anfallen würden. Der Unterschied variiert je nach Instrument und ist umso größer, je schwerer der Grundkontrakt handelbar ist. Die neuen Finanzprodukte erschließen damit sonst nicht vorhandene Möglichkeiten, sich gegen das Eintreffen von Ereignissen abzusichern oder darauf zu spekulieren.

Da in jedem einzelnen Derivativgeschäft der Gewinn des einen Partners jeweils durch den Verlust eines anderen ausgewogen wird, könnte man annehmen, der Handel mit den Derivaten sei ein sinnloses Nullsummenspiel. Das ist jedoch ein Trugschluß. Wirtschaftlich gesehen, kann man die Derivate mit einer Versicherung vergleichen. Ihr Sinn liegt im Handel mit dem Risiko.

Wer sein Risiko verringern (hedgen) will, kann Sicherheit kaufen. Wer spekulieren will, kann Sicherheit verkaufen. Die Möglichkeit, zu tauschen, führt dabei in der Regel zu einem höheren Nutzen beider Beteiligten. Dieses Motiv ist die eigentliche Triebkraft des Wachstums der Märkte mit den derivativen Finanzinstrumenten.

Die Verringerung des Risikos kommt durch den Ausgleich zwischen Marktteilnehmern mit komplementären Interessen zustande. Wer beispielsweise vom Anstieg eines Rohwarenpreises profitieren würde, kann mit jemanden, der daraus Verlust erleiden würde, einen Terminkontrakt abschließen. So können beide Parteien mit einem festen Preis kalkulieren und das Preisrisiko ausschließen. Das führt dazu, daß durch den Einsatz der Derivate zum Beispiel Investitionen überhaupt erst möglich werden, die normalerweise wegen eines damit einhergehenden Risikos sonst gar nicht durchgeführt würden.

Derivate ermöglichen also eine kostengünstige Gestaltung individueller Risikopositionen. Sie begünstigen Handels- und Anlagestrategien, die im Ergebnis die Vernetzung zuvor separierter Marktsegmente und gleichzeitig eine marktübergreifende Diffusion von Preisänderungen fördern. Ihr Einsatz ist daher grundsätzlich dazu geeignet, den Preisfindungsprozeß zu verbessern.

Hinzu kommt, daß, wie die jüngsten Währungsturbulenzen und teilweise dramatische Wechselkursänderungen binnen kürzester Zeit zeigen, sich die Finanzmärkte von der Realwirtschaft in hohem Maße gelöst haben. So erschweren beispielsweise die extremen Wechselkurs- und Zinspreisvolatilitäten zunehmend realwirtschaftliche Investitions- und Unternehmensplanungen. Darüber hinaus ist zu beobachten, daß sich das Verhalten der Akteure auf den Finanzmärkten qualitativ verändert. Denn vermehrt kurzfristig angelegte Transaktionen und ein spekulatives Gewinnstreben werden auf den Märkten immer bestimmender.

Diese Entwicklungen werfen ernstzunehmende Fragen für die Sicherung von Stabilität und stetigem Wachstum auf, denen die Regierungen und Notenbanken erhöhte Aufmerksamkeit schenken müssen. Aber auch die Kreditwirtschaft ist gefordert. Finanzinnovationen müssen daher mit Augenmaß gehandelt werden.

Gerade in Phasen erhöhter Marktunsicherheit und abrupter Stimmungsumschwünge kann es sehr schnell auch zu einem Überschießen von Preisanpassungen auf einzelnen Märkten kommen, die sich auf andere Märkte übertragen. Finanzderivate sind in diesem Fall zwar nicht Ursache einer solchen Entwicklung, sie können diese jedoch beschleunigen und verstärken. Denn aufgrund der zunehmenden Erwartungsabhängigkeit der Finanzmärkte und ihrer wachsenden Vernetzung werden beispielsweise im Zinsbereich nicht nur Tendenzen, sondern auch kurzfristige Ausschläge stärker übertragen. Dem müssen heute bereits die Notenbanken bei der Formulierung und Umsetzung der Geldpolitik Rechnung tragen.

In einer Zeit vernetzter Finanzmärkte und hochmobilen Anlagekapitals ist für eine weitere Entwicklung von Wechselkursen und Zinsen in immer stärkerem Maße die Glaubwürdigkeit der nationalen Wirtschaftspolitik ausschlaggebend. Die Unsicherheiten und spekulativen Übertreibungen an den Finanzmärkten haben derzeit jedenfalls weltweit erhebliche Anspannungen verursacht.

Wenn also die Finanzmarktpreise nicht nur die Erwartungen der ökonomischen Daten widerspiegeln, sondern eine zusätzliche Eigendynamik aufweisen, dann können sich Derivate negativ auf die Finanzmärkte auswirken. Es können nämlich spekulative Blasen entstehen.

Derivative Instrumente					
Unterteilung	Futures		Optionen		Kombinationen
	Commodities Futures	Financial Futures	Traded Options	Optionsscheine CW's-Stillhalteoptionen Optionsstrategien CMM, COP	Geldmarkt + Option, Obligation + Option
Eigenschaft	standardisierte Terminkontrakte		standardisiert	nicht standardisiert	nicht standardisiert, garantierte Mindestrückzahlung
Börsenhandelsplätze	z. B.: CBT, CME, COMEX, LIFFE		CBOE, SOFFEX, DTB	Börsen- und Telefonhandel	Telefonhandel, Börsenhandel
zugrundeliegende Anlage	Rohstoffe Agarprodukte Edelmetalle		Indizes Anleihen Währung	Aktien, Zinsen, Indizes, Baskets, Währungen, Rohstoffe, Optionen, Futures	festverzinsliche Basisanlage plus Indizes CIP, GROI, IGLU, KISSMI, SMILE

Quelle: Rüfli, Andreas, Finanz- und Wirtschaft, 1993

Volatilität – Gradmesser für Preisschwankungen eines Basiswertes.

Einer der wichtigsten Faktoren bei der Bestimmung des Zeitwertes und damit des Optionspreises als ganzes ist die Volatilität. Sie ist Gradmesser für die Preisschwankungen eines Basiswertes während einer bestimmten Zeitperiode. Je höher die Volatilität, desto höher liegt bei sonst gleichen Gegebenheiten der Optionspreis. Das ist einleuchtend, denn je mehr der Kurs der zugrundeliegenden Aktien

schwankt, um so größer ist die Wahrscheinlichkeit, daß die Option sich während der Laufzeit für den Käufer vorteilhaft entwickeln wird – um so höher muß der Preis der Option sein.
Allerdings bedeutet eine zunehmende Volatilität auch eine höhere Wahrscheinlichkeit für eine ungünstige Kursentwicklung. Da aber der Verlust des Käufers einer Option auf den Optionspreis beschränkt ist, dominieren die positiven Auswirkungen bei einer Volatilitätszunahme. Da die zukünftige Volatilität nicht bekannt ist, werden die historische und/oder implizite Volatilität als Hilfsgrößen herangezogen, um einen marktgerechten Optionspreis zu ermitteln.
Die historische Volatilität basiert auf vergangenen Aktienkursänderungen. Sie wird mit Hilfe des statistischen Maßes der Standardabweichung berechnet. Die sogenannte implizite Volatilität entspricht der augenblicklich vom Markt empfundenen und in den Marktpreisen der Optionen sich widerspiegelnden Volatilität. Sie kann mit Hilfe einer mathematischen Optionspreisformel aus dem aktuellen Optionspreis ermittelt werden.
Verändert sich die vom Markt erwartete zukünftige Volatilität, verändern sich die Optionspreise. Optionshändler kaufen und verkaufen auf der Basis dieser sich ständig ändernden Volatilitäten. Der Handel mit Optionen könnte somit auch als Handel mit Volatilitäten bezeichnet werden.

Unterschiedliche Volatilitäten

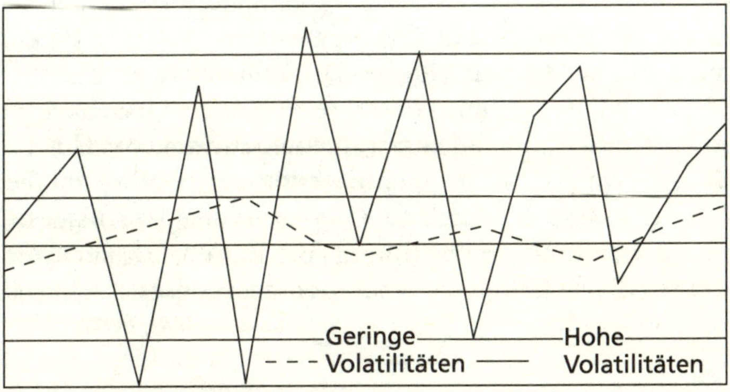

Märkte für ausgewählte derivative Finanzinstrumente						
Instrument	Ausstehender Nominalbetrag					
	1989	1990	1991	1992	1993	1994
	Mrd. US-Dollar					
Börsengehandelte Instrumente	1 766,6	2 290,2	3 518,8	4 632,5	7 760,8	8 837,8
Zinsfutures	1 200,8	1 454,5	2 156,7	2 913,0	4 942,6	5 757,4
Zinsoptionen[1]	387,9	599,5	1 072,6	1 385,4	2 362,4	2 622,8
Währungsfutures	15,9	16,9	17,9	24,9	32,2	33,0
Währungsoptionen[1]	50,2	56,5	62,8	70,9	75,4	54,5
Aktienindexfutures	41,3	69,1	76,0	79,7	109,9	127,7
Aktienindexoptionen[1]	70,6	93,7	132,8	158,6	238,3	242,4
Außerbörsliche Instrumente[2]	...	3 450,3	4 449,4	5 345,7	8 474,6	...
Zinsswaps	1 502,6	2 311,5	3 065,1	3 850,8	6 177,3	...
Währungsswaps[3]	449,1	577,5	807,2	860,4	899,6	...
Sonstige swapbezogene Derivate[4]	...	561,3	577,2	634,5	1 397,6	...

1 Calls und Puts. 2 Nur von der International Swaps and Derivates Association (ISDA) erhobene Daten; Kontrakte zwischen ISDA-Mitgliedern nur einmal gezählt. 3 Bereinigt um Meldungen beider Seiten; einschl. Zins-/Währungsswaps. 4 Caps, Collars, Floors, Swaptions.

Quelle: BIZ, Basel, 1995

Die Volatilität an den Finanzmärkten bildete 1994 einen starken Anreiz, Geschäfte an den organisierten Märkten für derivative Instrumente zu tätigen. Die zahlenmäßige Zunahme der gehandelten Finanzkontrakte entfiel hauptsächlich auf die Zins- und Aktienindexinstrumente, während das Geschäft mit den Währungsinstrumenten gedrückt blieb. Stimuliert wurde das Geschäft durch die Globalisierung der Anlageströme, die Eröffnung neuer Börsen, die Einführung neuer Produkte und eine Erweiterung des Benutzerkreises.

An organisierten Börsen gehandelte derivative Finanzinstrumente						
	Anzahl der gehandelten Kontrakte in Millionen					
Instrument	1990	1991	1992	1993	1994	1. Quartal 1995
Futures						
– insgesamt	288,2	315,4	413,4	537,2	806,4	220,0
– Zinsen	219,1	230,9	330,1	427,1	627,7	161,9
– Währungen	29,7	30,0	31,3	39,0	69,7	26,8
– Aktienindex	39,4	54,6	52,0	71,2	109,0	31,3
Optionen						
– insgesamt	190,0	195,0	222,2	250,8	333,8	84,5
– Zinsen	52,0	50,8	64,8	82,9	114,5	27,1
– Währungen	18,9	22,9	23,8	23,8	21,3	4,4
– Aktienindex	119,1	121,4	133,9	144,1	197,9	53,0

Quelle: BIZ, Basel, 1995

Die von der ISDA/BIZ erhobenen Daten geben nur einen Teil des Geschäfts an den außerbörslichen Märkten wieder. Denn das Geschäft ist viel umfassender. Dazu gehören beispielsweise vielfältige Forward-Instrumente und optionsähnliche Produkte auf Währungen, festverzinsliche Wertpapiere und Aktien sowie eine breite Palette von produktübergreifenden Swaps und strukturierten Wertpapieren.

Derivative Umsätze an der Deutschen Terminbörse

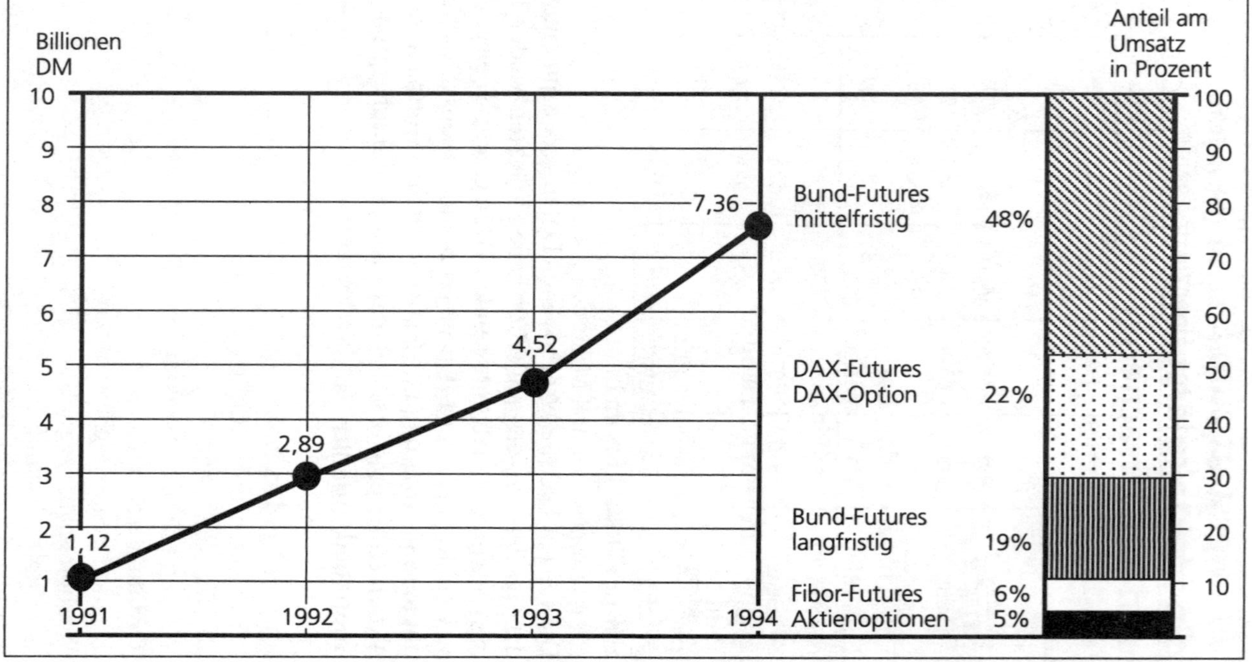

Von Herstatt zum Barings-Kollaps – die spektakulärsten Unfälle und ihre Ursachen

Die Ursachen des Barings-Debakels weisen erstaunliche Parallelen zu den Vorgängen beim Bankhaus Herstatt im Jahre 1974 auf. Neue Finanzprodukte – damals aufgrund der Freigabe der Devisenkurse – und das Unterlaufen interner Kontrollen durch junge Händler besiegeln das Schicksal einer Bank.
Begonnen hat das alles mit vergleichsweise simplen Devisengeschäften. Erwartet etwa ein deutscher Händler morgens, daß der Dollarkurs im Laufe des Tages steigt, kauft er auf dem Devisenmarkt schnell Millionen-Beträge zusammen und legt die Dollars als Tagegeld bei einer amerikanischen Bank an. Klettert die amerikanische Währung tatsächlich, geht seine Spekulation auf. Abends verkauft er die Devisen wieder. Fällt der Dollarkurs jedoch, macht die Bank Verluste.
Im Februar 1974 teilt Günter Dürre, damaliger Präsident des Bundesaufsichtsamtes für das Kreditwesen der Kölner Herstatt Bank brieflich mit: »Geschäftsleiter von Banken, die durch spekulative Devisengeschäfte die Gelder von Gläubigern gefährden, haben persönliche Konsequenzen zu erwarten.« In der unterkühlten Banker-Sprache heißt das: Entzug der Bankerlaubnis.
Während für den Bankier Iwan D. Herstatt die Welt noch in Ordnung war, hielt man die Herstatt Bank in der City von London schon nicht mehr für eine erste Adresse. Wenige Wochen später segnet der Essener Wirtschaftsprüfer Karoli den Jahresabschluß der Bank für 1973 zwar mit vollem Testat ab, gleichzeitig richtet er aber an die Verantwortlichen der

Bank die Warnung, den Umfang der Devisentermingeschäfte nicht zu groß werden zu lassen.
Im Mai findet der Aufsichtsrat der Bank, Anton Weiler, damaliger Finanzchef des Gerling-Konzerns, bei einer Prüfung der Bücher einen Bilanzposten von rund einer Milliarde Mark aus Devisengeschäften (Bilanzsumme der Bank Ende 1973: 2,075 Milliarden Mark). Auf seine Frage nach den näheren Umständen gibt Herstatt ihm die beruhigende Antwort, daß »sich aus dem Posten ein Gewinn von vier Millionen Mark ergebe.« Nach nochmaliger Prüfung teilen Herstatt und sein Generalbevollmächtigter Bernhard Graf von der Goltz schließlich statt des zu erwartenden Gewinns einen Verlust aus diesem Geschäft von sechzig Millionen Mark mit.
Während Hans Gerling, Chef der damaligen Gerling-Versicherungsgruppe und mit 81,4 Prozent Mehrheitsaktionär der Herstatt-Bank, noch überlegt, diesen Verlust durch Auflösen stiller Reserven in der Herstatt-Bilanz zu tilgen, überschlagen sich die Ereignisse. Am 16. Juni registriert man 470 Millionen, am 26. Juni schließlich schließt das Bankhaus mit 1,2 Milliarden Mark Verlusten aus Devisentransaktionen seines Chef-Devisenhändlers Dany Dattel die Pforten.
Neben den 850 Angstellten gehören rund 30 000 Kunden und viele Banken zu den Herstatt-Geschädigten. Darunter auch das benachbarte Bankhaus Ferdinand Schröder & Co., das durch den Herstatt-Zusammenbruch finanziell ins Schlingern gerät und nur durch schnelle Hilfe der Deutschen Bank vor dem Konkurs gerettet werden kann.
Der Bankier Herstatt galt bei allen, die ihn kannten, als großartiger Akquisiteur. In seiner umgänglichen Art hat er sich viele Freunde zu schaffen gewußt, was der Expansion der Herstatt-Bank förderlich war. Aber wer konnte sich diese rheinische Frohnatur bei trockener Schreibarbeit vorstellen? Mit dem Bleistift in der Hand Posten für Posten des Journals abhaken, die Aufzeichnungen seiner Devisenhändler kritisch überprüfen – soviel »Pingeligkeit« lag diesem Mann nicht. Sonst hätte er sicherlich rechtzeitig feststellen müssen, daß Chef-Devisenhändler Dattel die Einbuchung von Devisen-

Termingeschäften mit einer Reihe von ausländischen Großbanken in großem Umfang unterlassen hatte.
Damit aber nicht genug. Hinter der Bürofassade an der Kölner Geschäftsstraße Unter Sachsenhausen 6 verbarg sich ein wahres Spekulations- und Manipulationskarussel von Angestellten, die Gewinne der Bank auf ihre eigenen Konten verschoben und von den Geschäften, die sie auf Rechnung des Hauses abschlossen, in den Büchern diskret nur die Spitze des Eisbergs erkennen ließen. Den Höhepunkt bildete das »tiefe Sozialbewußtsein« der Bankmitarbeiter. So lagen beispielsweise Anfang 1974 einige Angestellte des Hauses mit ihren Devisentermingeschäften schief. Auf Vorschlag der Devisenhändler wurde Anfang Juni 1974 – angeblich mit Zustimmung der Bankleitung – das »Sonderkonto Devisenhandel H. Theeven« eingerichtet. Der Devisenhandel sollte versuchen, im Namen und auf Rechnung der Herstatt-Bank Gewinngeschäfte zu tätigen, und den Erlös diesem Konto gutschreiben. Der so aufgebaute »Sozialfonds« sollte später an »durch Fehlspekulation in Not geratene Angestellte« ausgeschüttet werden. Am 10. und 12. Juni 1974 wurden diesem Konto aus drei Devisengeschäften 79 886,70 Mark gutgeschrieben. Zur Ausschüttung kam es dann jedoch nicht mehr.
Allen Mitarbeitern des Hauses Herstatt war genehmigt, Devisengeschäfte – auch auf Kreditbasis – abzuschließen. Das Höchstlimit für Einzelengagements wurde zunächst auf zehn, später dann auf »nur« eine Million US-Dollar festgesetzt. Bei Schließung der Bank entdeckte man bei einigen Angestellten noch laufende Engagements von über hundert Millionen Mark, insbesondere bei den Mitarbeitern der Abteilung Devisenhandel. Durch Einschalten der Ehepartner und/oder »Strohmänner« wurden die Limits doppelt ausgenutzt. Darüber hinaus fielen bei stichprobeweisen Prüfungen sieben Geschäftskomplexe auf, bei denen sich jeweils über dreißig Angestellte und Bankkunden en bloc mit Beträgen von teilweise über hundert Millionen Mark pro Komplex an vorher abgeschlossenen und inzwischen gut gelaufenen Eigengeschäften von Herstatt angehängt hatten. Das sogenannte

Anhängen war damals ohne große Schwierigkeiten möglich, da sich aufgrund der Dattel'schen Zettelwirtschaft – Abschlüsse wurden zu jener Zeit nur zu oft im Hause Herstatt noch auf Zetteln und nicht computermäßig erfaßt – nur sehr schwer feststellen ließ, wann die einzelnen Transaktionen und deren Gegengeschäfte abgeschlossen waren.
Mit dem Kursverfall des Dollars im ersten Halbjahr 1974 um bis zu dreißig Prozent bauten sich bei Herstatt im gleichen Maße große Verlustpositionen auf. Um diese zu verschleiern, hatte man ein raffiniertes System ausgeklügelt und praktiziert:

- Dem eigentlich maßgeblichen Devisenkonto wurde ein besonderes Verrechnungskonto vorgeschaltet.
- Die Devisenabteilung schloß manipulierte Termingeschäfte zu nicht marktkonformen, willkürlich gegriffenen Kursen ab. Solche »Geschäftsbeziehungen« bestanden mit einer Vielzahl von Banken, insbesondere der Züricher Econ-Bank. Bei gleichzeitiger Einschaltung dritter Institute war eine totale Verschleierung gesichert.
- Durch das Drücken einer sogenannten Abbruchtaste in der Computeranlage war es zudem möglich, eine Bestätigung der Transaktion für den Geschäftspartner zu erstellen, ohne das Geschäft für die eigenen Bücher zu erfassen.

Durch diesen erstmals in dieser Form bekanntgewordenen Computermißbrauch wurden Beträge von mehreren Milliarden US-Dollar überhaupt nicht oder aber nicht ordnungsgemäß verbucht.
Die Gewinne aus diesen Manipulationen flossen in der Regel auf anonyme Nummernkonten. Allein bei schweizerischen Großbanken konnten davon mehr als achtzig Millionen Franken sichergestellt werden.
Während die Herstatt-Devisenhändler bis November 1973 auf einen fallenden Dollarkurs spekulierten, nahmen sie von diesem Zeitpunkt an in Erwartung einer Stärkung des Dollars Terminkäufe auf Dollar-Pluspositionen vor. Aber, wie das Schaubild zeigt, von da an ging's mit dem Dollarkurs erst recht bergab.

Auswirkung der Dollar-Kurs-Entwicklung auf die Herstatt-Devisen-Geschäfte im Zeitraum Januar bis Juni 1974

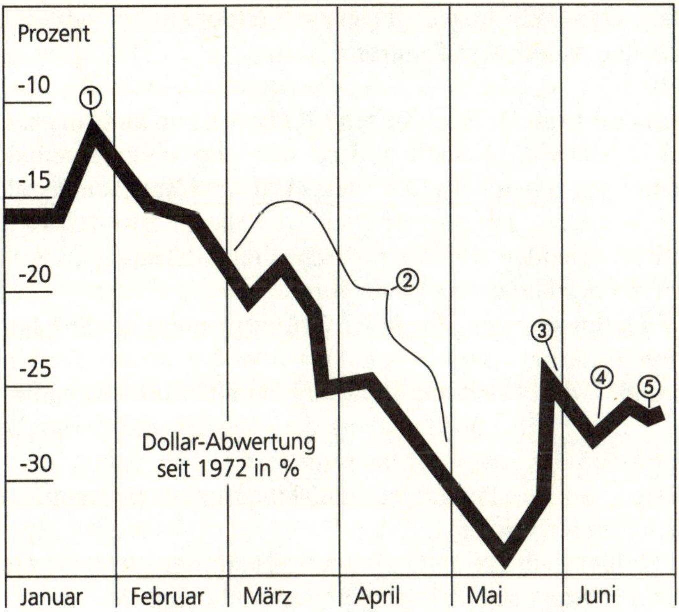

① Januar	Dany Dattel, Chef der Devisen-Abteilung von Herstatt, meldet einen Gewinn von 50 Millionen Mark.
② März u. April	Für Dattel entsteht eine Schieflage. Der Dollar sinkt gegenüber der D-Mark – statt zu steigen. Verluste sollen durch ständige Vergrößerung der eingesetzten Devisenmenge ausgebügelt werden. Insgesamt müssen zwischen fünf und zehn Milliarden Mark Devisen bewegt werden. Der Dollar ist weiter gefallen.
③ 31. Mai	Die Verluste werden unter der Position > Täglich fällige Ausleihungen an ausländische Kreditinstitute < verschleiert. Umfang der Position: 846 Millionen Mark.
④ 10. Juni	I.D. Herstatt erfährt von Dattel, daß ein Verlust > in Höhe von 64 Millionen Mark< entstanden sei. Kurz darauf gibt Dany Dattel zu, daß der Verlust > zwischen 460 und 520 Millionen Mark< liegt.
⑤ 26. Juni	Die Bank wird geschlossen.

Dany Dattels »schlechter Riecher« und betrügerische Manipulationen führten dann innerhalb weniger Monate zur größten Bankenpleite in der bundesdeutschen Nachkriegszeit. Der Bankier Herstatt wurde verurteilt. Chefdevisenhändler Dany Dattel erschien dagegen nie vor Gericht. Er gab vor, er habe ein Ausschwitz-Syndrom.

Während Iwan D. Herstatt sein Banker-Leben in Köln genoß, keine Festivität ausließ und es sich und seinen Freunden immer gut gehen ließ, fährt Peter Baring, Chairman der ältesten britischen Investment-Bank, der Baring Brothers & Co. Ltd., bescheiden, wie der englische Geldadel nun mal ist, täglich mit der Underground ins Büro.
Bald kann sich der Sproß der Gründerfamilie der 232 Jahre alten Traditions-Bank, nach Ansicht von Sigmund Warburg, Gründer der Londoner Warburg-Bank, »das anständigste Haus in der City und Hausbank der englischen Königin«, den Weg in die City sparen. Denn seine Bank ist pleite und jetzt im Besitz der holländischen Bankengruppe Internationale Nederlanden Groep (ING).
In Holland gilt die ING als große Bank der kleinen Leute. Denn mit fast 50 000 Beschäftigten und einem Eigenvermögen von rund 20,5 Milliarden Mark ist sie im Heimatland führend. Auf den internationalen Finanzplätzen spielte sie dagegen bis zur Übernahme der Barings Bank keine Rolle.
Noch wenige Wochen zuvor war Peter Baring mal wieder mit der Underground zu einem Treffen mit illustren britischen Bankern und Wirtschaftskapitänen unterwegs. Gastredner des Treffens war Eddie George, Chef der Bank von England. Zum Thema derivative Finanzinstrumente erklärte dieser in seiner Rede: »Je länger wir die Derivate beobachten, desto gelassener werden wir.«
Zu gelassen, denn seit dem letzten Februarwochenende 1995 wissen er und Peter Baring, daß nicht nur sie einer Illusion erlegen waren. Unter ihren Augen führten gewaltige Fehlspekulationen mit Derivaten zum Zusammenbruch des ehrwürdigen Londoner Bankhauses.

Darüber hinaus löste dieser Banken-Kollaps auf den internationalen Kapitalmärkten einen nachhaltigen Schock aus. Denn einem einzelnen Trader, dem 28jährigen Nicholas (Nick) Leeson, war es gelungen, die »Finanzblase« platzen zu lassen.
Ihm gelang es innerhalb weniger Wochen, Milliarden Mark in den Sand zu setzen und durch seine Transaktionen Kurseinbrüche an den Börsen von Tokio und Singapur sowie beim britischen Pfund auszulösen.
Das alles wurde möglich, weil Leeson als General Manager bei der Konzern-Tochter Barings Futures in Singapur sowohl für den Handel als auch für die Abwicklung der derivativen Handelsgeschäfte zuständig war.
Das entspricht nicht der Banken-Norm. Normalerweise besteht bei den Finanzinstituten eben wegen einer möglichen Betrugsgefahr eine strikte Trennung zwischen der Händler- und der Abwicklungsabteilung.
Da dem in Singapur bei Barings Futures nicht so war, konnte Nick Leeson Ende 1994 und in den ersten Wochen des Jahres 1995 massiv Futures-Kontrakte auf den japanischen Nikkei-Aktien-Index kaufen. Dabei spekulierte er auf ein Steigen des Index. Als der Kurs stattdessen jedoch sank, vergrößerte er seine Positionen und untermauerte seine Spekulation mit dem Verkauf von entsprechenden Put-Optionen.
Um anfängliche Verluste aus dem Geschäft mit den derivativen Produkten auszugleichen, kaufte er immer größere Positionen Futures-Kontrakte. Diese verteilte er auf die Börsen Osaka und Singapur. Zum Schluß waren 28 000 Futures-Kontrakte zu je 180 000 US-Dollar an der Börse von Singapur und 16 000 Kontrakte zu je 180 000 US-Dollar an der Börse Osaka. Insgesamt 44 000 Kontrakte mit einem Gesamtvolumen von 7,9 Milliarden US-Dollar oder rund 11,8 Milliarden Mark. Hinzu kam, daß Leeson die hohen Margin-Einschüsse, die er bis zum bitteren Ende pünktlich bediente, aus dem Geld zahlte, das er mit der Zeichnung von Put-Optionen als Prämien einnahm. Insgesamt hatten sich schließlich bei Barings in Singapur Transaktionen von 42 Milliarden Mark angehäuft.

Kommt es dann zu einer spekulativen Schieflage, haut das auch eine so renommierte und alte Bank wie Barings um.
Der Kurs-Zusammenbruch in Tokio hatte auch für das Bankhaus Barings selbst verheerende Folgen. Beliefen sich die Verluste in der Nacht zum 27. Februar 1995 noch auf »nur« 500 Millionen Pfund Sterling, kletterten sie durch den Kurssturz an der Börse von Tokio und dem damit einhergehenden Nikkei-Einbruch von 3,8 Prozent nur wenige Stunden nach Börsenöffnung in Fernost auf über 700 Millionen Pfund Sterling, umgerechnet mehr als 1,7 Milliarden Mark.
Schuld an dem Barings-Desaster waren nicht die derivativen Instrumente an sich, schuld war die aggressive und spekulative Strategie des Traders Leeson. Er war in Singapur verantwortlich für Arbitrage und nutzte durch Kauf und Verkauf von Terminkontrakten auf den japanischen Aktienindex Nikkei die Kursunterschiede zwischen Osaka und Singapur. Dabei waren wegen der winzigen Differenzen riesige Summen nötig, »um«, so Englands Notenbankpräsident Eddi George, »ernsthaftes Geld zu machen«.
Seit dem 26. Januar unterließ Leeson immer häufiger die sichernden Gegengeschäfte und ließ damit Positionen offen. In Casino-Manier setzte er auf steigende Aktienkurse in Japan und sinkende Zinsen, die dann nicht kamen. Als er verschwand, hinterließ er offene Positionen in Terminkontrakten auf den Nikkei von sieben Milliarden US-Dollar und von zwanzig Milliarden Dollar bei Yen-Anleihen und auf dem Geldmarkt, dazu einen Gesamtverlust von 2,1 Milliarden Mark für seinen Arbeitgeber Barings.
Größenwahn, Pech, Absicht – fest steht, Leeson erwischte bei seinen Wetten mit Future-Kontrakten die falsche Seite. Statt zu steigen, fiel der Nikkei.
Leeson kam aus einfachen Arbeiterverhältnissen. Er arbeitete zunächst bei den Geldhäusern Coutts und Morgan Stanley bevor er den Sprung zu Barings, der allerfeinsten Londoner Bankadresse fand. Seinen Aufstieg krönte der damals 26jährige 1992 mit dem Wechsel auf den prestigeträchtigen Außenposten Singapur.

Dort wurde er schnell die Nummer eins der lokalen Banken-Szene. Der etwas pausbäckige und trinkfreudige Börsen-Profi mit den schütteren Haaren, der eine Schwäche für rauschende Partys und ausgelassene Barbesuche hatte, kassierte nun als 28jähriger eine halbe Million Gehalt sowie Erfolgsausschüttungen in siebenstelliger Dollar-Höhe.

Das Ergebnis einer erfolgreichen Anfangstätigkeit bei der Barings Bank. Schaffte er doch 1993 mit seinen Handelsgeschäften für die Bank einen Gewinn von 20,3 Millionen US-Dollar. Seitdem galt er als Star im Hause, wurde hofiert, und niemand wagte, ihn zu sehr zu kontrollieren, geschweige denn – falls erforderlich – ihn in seine Schranken zu verweisen.

So also, vom Mutterhaus nicht kontrolliert, setzt Leeson schließlich zum großen Coup an. Nur wegen fallender Kurse an der Börse von Tokio wird daraus nichts. Der gefeierte Star fällt mit seinen Geschäften ins Bodenlose und weiß keinen Ausweg mehr. Stattdessen taucht er mit seiner Frau Lisa überraschend in Kuala Lumpur unter. Wenige Tage später wird er am 2. März 1995 um 6.23 Uhr auf der Landebahn des Frankfurter Flughafens an Bord einer Maschine aus dem Sultanat Brunei verhaftet.

Die Frage bleibt, wie konnte ein einzelner Händler so große Positionen aufbauen, die nicht nur eine angesehene Bank in den Ruin stürzte, sondern im asiatischen Raum die Börsen und in Großbritannien den Kurs des englischen Pfunds einbrechen ließ.

Von Leesons Schieflage im Handel mit den Derivaten mußte die Zentrale in London wohl gewußt haben. Denn, wie die Wirtschaftsprüfer von Price Waterhouse feststellten, hatte Barings in den letzten Monaten vor dem Zusammenbruch 1,8 Milliarden Mark nach Singapur transferiert, um die massiven Verluste von Barings Futures Singapur aufzufangen. Davon allein im Januar und Februar 1995 rund 1,4 Milliarden Mark.

Die Kontrollen in der Londoner Barings Zentrale hatten trotz massiver Hinweise auf Fehlspekulationen und Warnungen der

Behörde für internationale Devisen- und Geldgeschäfte in Singapur (SIMEX) kläglich versagt. Und das um so mehr, da sie spätestens seit Anfang Februar täglich über die hohen Abschlüsse Leesons unterrichtet war.
Trotzdem konnte Leeson auch in den letzten Wochen vor dem Kollaps unkontrolliert agieren. Obwohl bereits im Juli 1994 ein bankinternes Prüfungsgutachten die Manager der Bank-Zentrale warnte, daß im Büro Singapur gefährliche Schwachstellen in der Kontrolle des Personals und dessen Kompetenz vorlägen. So kritisierte der Report unter anderem, daß Leeson sowohl für den Handel als auch für die Abwicklung mit den Derivaten verantwortlich sei. Der Report legt zudem nahe, die Verantwortung von Leeson unbedingt auf mehrere Personen zu verteilen. Doch diese Vorschläge werden nicht umgesetzt. So wurden denn auch in den Folgemonaten Leesons Berichte an die Zentrale, wie schon in der Zeit zuvor, von keiner unabhängigen Kontrollstelle geprüft.
Noch immer ist unklar, wer in der Bank wieviel über die Spekulationen von Nick Leeson wußte. Es ist davon auszugehen, daß zumindest einige Mitglieder der Geschäftsführung über die Transaktionen informiert waren, da die Bank aus London in den letzten Wochen vor dem Exitus 560 Millionen Pfund für die Spekulationsgeschäfte nach Singapur überwies. Damit hat Barings nach Angaben der Bank von England gegen die EG-Richtlinie über Großkredite und entsprechende Vorschriften der Notenbank gehandelt. Nach diesen Regelungen darf eine Bank nicht mehr als 25 Prozent ihrer haftenden Eigenmittel an eine Kreditadresse ausleihen. Bei mehr als zehn Prozent muß bereits die Bank von England informiert werden. Barings überwies mit den 560 Millionen Pfund aber deutlich mehr als die gesamte Höhe seiner Eigenmittel. Werden Notenbanken über derartige Transfers von Bankiers wider besseren Wissens nicht informiert, droht ihnen der Entzug ihrer Lizenz als Bankier.
Kein Wunder also, daß mit Übernahme der Barings Bank durch die ING die Securities and Futures Authority (SFA) bekanntgab, daß den früheren Geschäftsführern der Bank

zumindest solange die Lizenz entzogen bleibt, bis endgültig geklärt ist, wer von ihnen von den Spekulationen in Singapur gewußt hat.

Nick Leeson wurde Opfer eines Phänomens, das die Wirtschaftspsychologen als »gelernte Sorglosigkeit« bezeichnen.

»Gelernte Sorglosigkeit beschreibt einen Zustand, der sich bei Menschen einstellt, die oft massiv Erfolg gehabt haben. Der so Erfolgreiche hat dabei nicht nur erwünschte positive Konsequenzen für sich selbst erfahren. Auch negative Folgen, mit denen er rechnen mußte, sind nicht eingetreten oder wurden von anderen abgemildert«; so Professor Dieter Frey von der Münchener Ludwig-Maximilians-Universität. Gemeinsam mit Carsten Lüthgens und Stefan Schulz-Hardt arbeitet er zur Zeit an einem Forschungsprojekt über fehlerhafte Entscheidungen.

Das Team stellt weiter fest, »daß Sorglosigkeit begünstigt wird, wenn andere Personen mit risikoreichem Handeln erfolgreich sind und diese Erfahrungen dann generalisiert werden. Der Sorglosigkeit förderlich sind auch Normen, die Risikoverhalten als wünschenswert erscheinen lassen – ›wer wagt, gewinnt!‹ Kommt all das zusammen, sieht der Betreffende die Welt unter der Monopolyhypothese: ›Alles ist gut und wird auch gut bleiben!‹

Ein solcher Zustand hat Folgen. Der Sorglose ist nicht mehr motiviert, über Risiken des eigenen Handelns nachzudenken. Schlimmer: Er hat auch die Fähigkeit zu solcher Reflexion verlernt. Hinzu kommt eine unangemessene Euphorie und eine verkürzte Zeitperspektive: Der Sorglose denkt nur noch an kurzfristige Folgen seines Handelns, nicht aber an mittel- oder langfristige.«

Die Voraussetzungen für eine solche Entwicklung waren bei Leeson optimal: Aufgewachsen in einfachen Verhältnissen und mit mäßiger Schulbildung, fand er sich bei Barings auf einem Posten wieder, der ihn in kürzester Zeit exorbitante Beträge verdienen ließ. Allein für 1994 sollen es rund 1,4 Millionen US-Dollar gewesen sein.

Ablauf des Geschäfts

Barings hatte Termingeschäfte abgeschlossen und war gleichzeitig als Stillhalter für Verkaufsoptionsgeschäfte aufgetreten.
Mit Termingeschäften verpflichtet sich ein Handelspartner, in der Zukunft Kontrakte zu einem festgelegten Preis zu kaufen. Steigt der Preis der Kontrakte in der Zwischenzeit, profitiert der Händler, da der festgelegte Terminpreis günstiger ist. Fällt der Preis jedoch, muß der Händler die Kontrakte viel teurer bezahlen, als sie zur gleichen Zeit am Markt gehandelt werden.
Eine Verkaufsoption gibt dem Optionskäufer das Recht, die Kontrakte zu verkaufen, wenn die Marktpreise unter den Optionspreis gefallen sind. Eine Verkaufsoption wirkt also wie eine Versicherung. Sie schützt den Optionskäufer gegen den Kursrutsch. Bei dem Verkäufer einer solchen Option, der auch »Stillhalter« genannt wird, ist es umgekehrt. Der Verkäufer muß passiv abwarten, ob die Option ausgeübt wird. Wenn dem so ist, muß der »Stillhalter« die Kontrakte teurer bezahlen, als sie am Markt gehandelt werden.

Seine Derivativgeschäfte waren so erfolgreich, daß er in der Branche bald als »Mann mit dem richtigen Riecher« galt. Und er lernte im boomenden südostasiatischen Finanzmarkt, daß auch seine Trader-Kollegen mit riskanten Spekulationen Erfolg hatten – nicht zuletzt deshalb, weil sich Trader in hohem Maß über Erfolg definieren und Mißerfolge verschweigen. Die sozialen Normen in Leesons Umfeld förderten die Risikobereitschaft: Wer im Derivativgeschäft vorsichtig handelt, gilt nahezu als Feigling.
Das Team um Professor Frey stellt dazu fest, »daß es aus wirtschaftspsychologischer Sicht nicht erstaunlich ist, daß Leeson in einen Zustand der Sorglosigkeit geriet. Vor allem aber überschätzte er bei weitem seine eigenen Kontrollmöglichkeiten. Ein zentraler Punkt, denn dieses Gefühl ist weit verbreitet«.
»Menschen«, stellen die Wissenschaftler weiter fest, »taxieren ihren eigenen Einfluß generell falsch. Selbst bei reinen Zufallsergebnissen glauben sie, Einfluß nehmen zu können. Die Psychologie bezeichnet das als ›Kontroll-Illusion‹. Das Ge-

fühl, Kontrolle zu haben, bedeutet dreierlei: Ich kann Ereignisse beeinflussen, ich kann sie erklären, und ich kann sie vorhersagen. Genau die Kontroll-Illusionen sind bei Tradern stark ausgeprägt und begünstigen risikoreiches Handeln. Diese Fehleinschätzung wird geradezu potenziert, wenn dazu noch Sorglosigkeit vorliegt. In diesem Fall ist der Betreffende immunisiert gegen Kritik und Risikosignale. Er hält sich für unfehlbar und glaubt, auch sehr gefährliche Situationen im Griff zu haben.«

Leeson war offenbar in dieser Situation. Und so verfiel er auf eine gefährliche Straddle-Strategie, gab massiv »long calls« und »long puts« aus und setzte dabei ohne jedes Rettungsnetz auf einen steigenden Nikkei-Index.

Auf diese Sicherheits-Illusion traf am 17. Januar 1995 mit dem Erdbeben von Kobe ein Ereignis, das Leesons Kalkulation völlig aus dem Gleichgewicht brachte, – die Kurse an den japanischen Börsen rutschten in den Keller.

Im gleichen Moment hätte Leeson seine Positionen glattstellen und die Verluste realisieren können. Dagegen sprachen nach Meinung des Frey-Teams jedoch drei Gründe:

- »Er hätte vor sich selbst zugeben müssen, kein ewiger Gewinner zu sein.
- Er hätte vor seinem Umfeld, in dem nur Gewinner zählen, sein Gesicht verloren und als Versager gegolten.
- Seine Bank hätte ihn bei Verlusten in dieser Höhe zur Verantwortung gezogen und eventuell entlassen.

Leeson blieb also nur eine ›Alles oder nichts‹-Reaktion: den Einsatz verdoppeln und darauf hoffen, am Ende wieder die Nullinie zu erreichen.«

Genau das hat Leeson durch den massiven Kauf von Long-Futures versucht. Mit diesen Käufen wollte er den Nikkei-Index stützen. »Er verfiel der Kontroll-Illusion, die ihn glauben machte, er könne den Lauf der Kurse maßgeblich mitbestimmen.«

In dieser Ansicht wurde er bei seinen Transaktionen zunächst bestärkt, denn durch seine Stützkäufe stieg der Nikkei-Index

Leesons Debakel

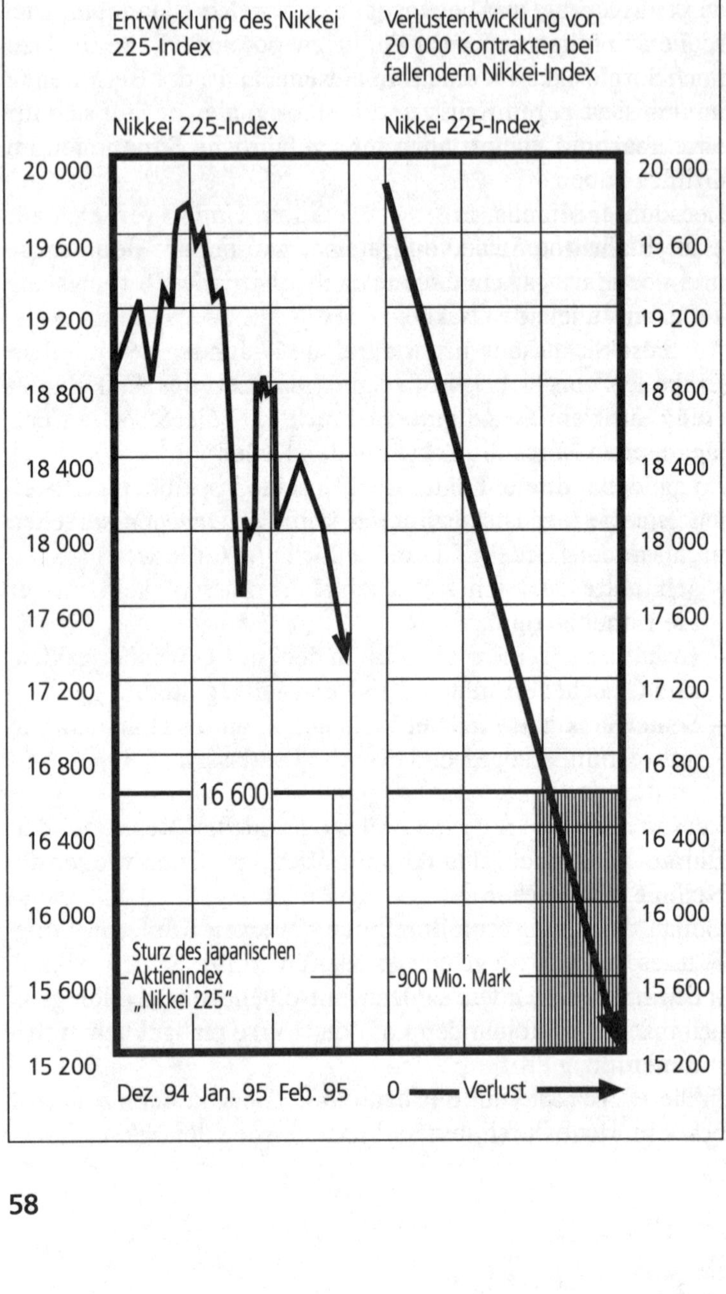

kurzfristig an. Dann aber brach er endgültig ein. Da aber hatte Leeson den »Point of no return« längst überschritten.
Er mußte seine Strategie durchstehen. Also versuchte er, durch Ausgabe von »over-the-counter«-Put-Optionen die Liquidität für seine Kontrakte zu sichern und mit noch höherem Einsatz alles auf eine Karte zu setzen.
Wie das Beispiel Barings zeigt, kann ein einzelner Trader also eine gesamte Bank ruinieren. Aber war das allein seine Schuld?
Fest steht jedenfalls, daß
- die Risikopotentiale von Finanzderivaten für alle Beteiligten bei Barings kein Geheimnis waren,
- Barings allein in Osaka seit Ende Januar 1995 weit mehr Kontrakte als der nächstplazierte Marktteilnehmer hielt (am 17. Februar 1995 etwa achtmal so viele),
- die Kontraktmenge innerhalb eines Monats um etwa 600 Prozent wuchs – die Zahlen waren öffentlich,
- angesichts dieser Zahlen an den Finanzplätzen in Südostasien eine rege Diskussion über die Aktivitäten von Barings entstand, die der Zentrale in London nicht verborgen geblieben sein kann,
- aus London von der Barings-Zentrale nachweislich Gelder an Leeson geflossen sind, damit er die Sicherheitsleistungen für die eingegangenen Kontrakte erbringen konnte und
- erste Warnsignale im August 1994 seitens der Barings-Zentrale ignoriert wurden. Nick Leeson genoß offenbar Narrenfreiheit.

Daraus kann man schließen, daß auch in der Zentrale von Barings ein hohes Maß an Sorglosigkeit geherrscht haben muß. Das ist kein Zufall, denn auch bei Barings waren alle Voraussetzungen für gelernte Sorglosigkeit gegeben:
- Barings verzeichnete seit Jahren steigende Gewinne.
- Im ersten Halbjahr 1994 kletterte der Gewinn sogar um rund fünfzig Prozent.
- Die Bank hatte mit den Transaktionen ihres Traders Nick Leeson zuvor sehr positive Erfahrungen gemacht.

- Der Finanzmarkt in Südostasien boomte, und er versprach allen Marktteilnehmern hohe Gewinnaussichten.

»Aus dieser Sorglosigkeit heraus«, ist nach Auffassung von Professor Frey zu erklären, »daß keiner gewillt war, Leesons Handeln näher zu hinterfragen. Es ist auch typisch, daß sich die Banker nach ersten Bedenken mit Alibierklärungen zufrieden gaben. Sie vertrauten offenbar Leesons Aussage, die Positionen seien abgesichert.«

»Wir glauben jedoch nicht«, fährt Frey fort, »daß nur die Motivation zur Kontrolle fehlte. In einem Geschäft, das ständig komplexer wird, geht den Banken schlicht die Fähigkeit zur Kontrolle verloren.«

Wäre Leesons Strategie aufgegangen, hätten ihn alle für seine Risikobereitschaft bewundert – selbst wenn er dabei seine Grenzen überschritten hätte. So aber – das Ende ist bekannt.

Nick Leeson sitzt seit seiner Festnahme auf dem Frankfurter Flughafen in deutscher Auslieferungshaft. Die Behörden in Singapur bemühen sich derzeit, ein endgültiges Auslieferungsgesuch mit den Originaldokumenten zu erstellen und in Frankfurt abzuliefern. Reicht das Beweismaterial nicht aus, kommt er frei. Denn Großbritannien zeigt kein Interesse an Leeson.

Noch bevor das endgültige Gutachten der Bank von England über die tatsächlichen Hintergründe des Barings-Desasters vorliegt, treten Anfang April 1995 einundzwanzig leitende Mitarbeiter der Bank freiwillig zurück, darunter der Chairman Peter Baring und sein Stellvertreter Andrew Tucker.

Ein unrühmliches Ende der 1762 von Bremer Kaufleuten in London gegründeten Bank. Sie galt bereits um 1800 als das führende Emissionshaus von Regierungsanleihen in Europa und wurde wenige Jahre später als die sechstgrößte Macht in Europa nach England, Frankreich, Österreich, Preußen und Rußland bezeichnet.

Bankiers vom Feinsten. Bankiers, die für ihre Verdienste für Krone, Staat und Londoner City in der Vergangenheit mit fünf Adelstiteln belohnt worden waren.

Haftbefehl aus Singapur

WARRANT OF ARREST
(CRIMINAL PROCEDURE CODE SECTION 46 & 47 CAP 68)

TO THE COMMISSIONER OF POLICE
AND ALL OTHER POLICE OFFICERS OF SINGAPORE

WHEREAS MR/MS NICHOLAS WILLIAM LEESON

ID NO 500006692 (BRITISH PASSPORT)

OF MALAYSIA

STANDS CHARGED WITH THE OFFENCE OF:
S 468 OF THE PENAL CODE CHAPTER 224

YOU ARE DIRECTED TO ARREST THE SAID ACCUSED AND TO PRODUCE HIM/HER BEFORE COURT NO 26

IF THE SAID ACCUSED SHALL GIVE BAIL HIMSELF/HERSELF IN THE SUM OF DOLLARS WITH SURETY/SURETIES TO ATTEND BEFORE THE COURT AT THE NEXT SITTING OF THE COURT FOLLOWING THE DAY OF HIS ARREST AND TO CONTINUE TO ATTEND AS THEREAFTER DIRECTED BY A COURT, HE MAY BE RELEASED.

NO BAIL

DATED 27 February 1995

SUBORDINATE COURTS SINGAPORE

CHEW SIONG TE DAVID
MAGISTRATE

For execution out of the Jurisdiction

WARRANT NO: W00442/95

IO: SEAH LYE HUAT

DIVS: CAD

Auslieferungsvertrag von 1872

Reichs-Gesetzblatt.

№ 21.

(Nr. 849.) Auslieferungs-Vertrag zwischen dem Deutschen Reiche und Großbritannien. Vom 14. Mai 1872.

Nachdem Seine Majestät der Deutsche Kaiser, und Ihre Majestät die Königin des Vereinigten Königreichs von Großbritannien und Irland behufs besserer Verwaltung der Rechtspflege und zur Verhütung von Verbrechen innerhalb der beiden Reiche und deren Gerichtsbarkeiten es für zweckmäßig befunden haben, daß Personen, welche der in diesem Vertrage aufgeführten strafbaren Handlungen beschuldigt oder wegen solcher verurtheilt und vor der Justiz flüchtig geworden sind, unter bestimmten Umständen gegenseitig ausgeliefert werden sollen; so haben Ihre eben gedachten Majestäten behufs Abschließung eines desfallsigen Vertrags zu Ihren Bevollmächtigten ernannt:

Seine Majestät der Deutsche Kaiser,

Allerhöchstseinen Staats-Minister und Kämmerer, Albrecht Grafen von Bernstorff-Stintenburg, Ritter des hohen Ordens vom Schwarzen Adler, Großkreuz des Rothen Adler-Ordens mit Eichenlaub, Groß-Komthur des Kaiserlichen und Königlichen Haus-Ordens von Hohenzollern in Brillanten, Ritter des Kronen-Ordens dritter Klasse mit dem Rothen Kreuz, Großkreuz des Ordens der Bayerischen Krone

Reichs-Gesetzbl. 1872.

Ausgegeben zu Berlin den 8. Juli 1872.

(Nr. 849.) Treaty of Extradition between the Empire of Germany and Great Britain. Of the 14. May 1872.

His Majesty the Emperor of Germany and Her Majesty the Queen of the United Kingdom of Great Britain and Ireland, having judged it expedient, with a view to the better administration of Justice, and to the prevention of crime within the two Countries and their jurisdictions, that persons charged with or convicted of the crimes hereinafter enumerated, and being fugitives from justice, should, under certain circumstances, be reciprocally delivered up; their said Majesties have named as their Plenipotentiaries to conclude a Treaty for this purpose, that is to say:

His Majesty the Emperor of Germany,

His Minister of State and Chamberlain, Albert Count of Bernstorff-Stintenburg, Knight of the Exalted Order of the Black Eagle, Grand Cross of the Order of the Red Eagle with Oak Leaves, Grand Commander of the Order Imperial and Royal House of Hohenzollern in Diamonds and Knight of the Order of the Crown with the Red Cross; Grand Cross of the Order of

34

Als feine Adresse in der deutschen Industrie-Landschaft galt lange Jahre auch die Frankfurter Metallgesellschaft AG. Mit rund 45 000 Mitarbeitern und Beteiligungen u. a. an der Dynamit Nobel AG, Buderus, Lurgi, der Metallbank, Kolbenschmidt, Sachtleben Chemie, der Rheinischen Zinkgesellschaft oder der Lehnkring Montan Transport AG hatte sie sich in den 80er Jahren zu einem Mischkonzern mit bis zu 26 Milliarden Mark Umsatz entwickelt. Hinzu kamen eigene Tochtergesellschaften, wie beispielsweise die mit großem Erfolg als Broker und im Eigenhandel an der Londoner Metal Exchange (LME) tätige Metallgesellschaft Ltd. oder die amerikanische Tochter MG Refining and Marketing Inc. (MGRM).

Und wie im wirklichen Leben bereiten Töchter ihren Müttern nicht nur Freude. Ende 1991 begann die MG Refining and Marketing Inc. damit, unabhängigen Groß- und Einzelabnehmern Festpreisliefervertäge – insbesondere für Heizöl und Benzin – mit Laufzeiten bis zu zehn Jahren anzubieten. Bei den langfristigen Lieferverträgen handelte es sich zum größten Teil um sog. »Firm-Fixed-Verträge« und um sog. »Firm-Flexible-Verträge«. Daneben wurden sog. »Guaranteed-Margin-Verträge« abgeschlossen, die den jeweiligen Kunden ebenfalls gegen das wirtschaftliche Risiko aus Preisschwankungen absichern sollten. Keiner dieser Vertragstypen war bis dahin in solcher Ausgestaltung im Markt anzutreffen gewesen, und bis heute ist die MGRM der einzige Anbieter derartiger Verträge geblieben.

In den Firm-Fixed-Verträgen wurde die Lieferung einer festgelegten Gesamtmenge über eine feste (lange) Laufzeit zu einem festen Preis – insofern »Firm« – vereinbart. Die Gesamtmenge war von dem Kunden zu fest vereinbarten Zeitpunkten in fest vereinbarten Teilmengen – insofern »Fixed« – abzunehmen. Die Laufzeit betrug meistens fünf oder zehn Jahre. In der Regel hatte der Kunde monatlich eine vereinbarte Teilmenge abzunehmen.

Kalkuliert wurde der in den Firm-Fixed-Verträgen vereinbarte Festpreis unter Bezugnahme auf die Preise der bei Vertrags-

abschluß an der Börse gehandelten Terminkontrakte mit Fälligkeiten zu den zwölf nächsten Monatsenden. Bei Vertragsabschluß etwa im September 1992 wurden die dann maßgeblichen, an der NYMEX notierten Preise für Terminkontrakte mit Fälligkeitszeitpunkt Ende September 1992, Ende Oktober 1992, Ende November 1992 usw. bis Ende August 1993 herangezogen. Als Festpreis wurde der Durchschnitt dieser Preise für Terminkontrakte mit einem Aufschlag von 5 Cents pro Gallone, d. h. 2,10 US-Dollar pro Barrel (1 Barrel = 42 Gallonen), vereinbart. Dieser Festpreis galt dann für die gesamte Laufzeit (von fünf oder zehn Jahren, obwohl er lediglich auf dem Durchschnitt der NYMEX-Preise für Terminkontrakte der nächsten zwölf Monate basierte). Die Festpreise für Fünfjahresverträge unterschieden sich nicht von denen für Zehnjahresverträge, obwohl mit der Gewährung einer Festpreiszusage über einen doppelt so langen Zeitraum deutlich größere Risiken verbunden sind.
Aus dieser Art der Kalkulation des Festpreises ergab sich bereits insoweit ein Risiko, als sich die Preisfindung für langfristige Verträge an den Preisen für kurzfristige Verträge an der Börse orientierte.
Zu dem Preisrisiko kamen andere aus der Langfristigkeit der Verträge resultierende Risiken hinzu:
Bei den Abnehmern handelte es sich weitgehend um mittelständische Unternehmen, bei denen auf Sicht von zehn Jahren nicht unerhebliche Bonitätsrisiken bestehen können, insbesondere dann, wenn sie aufgrund der Langfristigkeit des Vertrages gezwungen sind, Öl zu einem Festpreis von circa 24 US-Dollar pro Barrel abzunehmen, während der Marktpreis beispielsweise auf 15 US-Dollar pro Barrel gefallen ist.
Ebenso übernahm die MGRM in den Verträgen das Risiko, fünf bzw. zehn Jahre lang einen von gesetzlichen Vorschriften abhängigen Qualitätsstandard einzuhalten. Im Fall von Benzin beispielsweise mußte das langfristig an die Kunden verkaufte Benzin den jeweiligen gesetzlichen Mindestanforderungen (Oktanzahl, Umweltschutzvorschriften) genügen.

Welche Auswirkungen dies haben kann, zeigte sich beispielsweise zum 1. Januar 1995, als in den USA durch Gesetz neue Anforderungen an die Zusammensetzung von Benzin gestellt wurden (»Reformulated Gasoline«). Um diese Anforderungen zu erfüllen, bedarf es erheblicher technischer Zusatzaufwendungen. Die dadurch entstehenden Zusatzkosten konnten aufgrund der langfristigen Lieferverpflichtungen und der eingegangenen Festpreiszusagen nicht an die Abnehmer weitergegeben werden.*

Da die Firm-Fixed-Verträge dem Kunden auf lange Sicht Preissicherheit und Qualitätskonstanz (auf Risiko der MGRM) boten, waren sie (natürlich) im Markt ein großer »Erfolg«. Immerhin trat Mitte 1993 eine Marktsättigung ein, die MGRM veranlaßte, verstärkt die Firm-Flexible-Verträge anzubieten. Auch mit diesen Verträgen ging die MGRM eine langfristige Lieferverpflichtung von fünf oder zehn Jahren zu Festpreisen – insofern »Firm« – ein. Die Abnahmepflicht des Kunden war dagegen nach Zeitpunkt und Menge der Abnahme gelockert – insofern »Flexible«. Der Kunde war nicht mehr verpflichtet, monatlich bestimmte Mengen abzunehmen, sondern konnte das gesamte vereinbarte Volumen jederzeit mit 45tägiger Ankündigung ganz oder teilweise abrufen. Eine gewisse Einschränkung ergab sich nur daraus, daß der Kunde in keinem Jahr mehr als 20 Prozent seines gesamten Jahresbedarfs an Öl oder Ölprodukten abrufen konnte.

Es liegt auf der Hand, daß diese Verträge für den Kunden noch attraktiver waren als die Firm-Fixed-Verträge. Der Kunde konnte die vereinbarten Mengen dann abrufen, wenn der

* Marktbeobachter rechnen damit, daß die Herstellung von »Reformulated Gasoline« um 5 bis 10 Cents pro Gallone teurer ist als von herkömmlichem Benzin. Dies entspricht einer Verteuerung um 2,10 bis 4,20 US-Dollar je Barrel. Die Lieferverpflichtung der MG Refining and Marketing betrug Ende 1993 rund 98 Mio. Barrel. Insofern wären dem Unternehmen zusätzliche Kosten in Höhe von rund 200 bis 400 Mio. US-Dollar entstanden. Die unrealisierten Buchgewinne aus der physischen Position wären entsprechend verringert oder im ungünstigsten Falle sogar ganz aufgezehrt worden.

Festpreis für ihn günstig erschien, d. h. unter dem Marktpreis lag. Lag der Festpreis über dem Marktpreis, konnte der Abnehmer die Möglichkeit nutzen, sich am Markt günstiger einzudecken.

Dies erhöhte umgekehrt das Preisrisiko für MGRM: Gerade wenn die Marktpreise über den vereinbarten Festpreisen lagen, würde der Abnehmer am ehesten geneigt sein, Lieferungen abzurufen, also gerade dann, wenn sich MGRM für die Lieferung nur zu höheren Marktpreisen – und daher mit Verlust – eindecken konnte. Der Festpreis wurde in der gleichen Weise wie bei den Firm-Fixed-Verträgen kalkuliert.

Nur der Aufschlag (7–10 Cents pro Gallone) auf den durchschnittlichen Terminpreis der nächsten zwölf Monate brachte das gegenüber den Firm-Fixed-Verträgen (Aufschlag 5 Cents) höhere Risiko – allerdings unzureichend – zum Ausdruck.

Ein Teil der Festpreis-Lieferverträge räumte den Kunden ein Kündigungsrecht ein für den Fall, daß der Marktpreis den vertraglich garantierten Festpreis überstieg. Ein anderer Vertragstyp sah für diesen Fall eine automatische Vertragsauflösung vor. In beiden Fällen sollte die Hälfte des Gewinns aus der Hedge-Position dem Kunden zustehen.

In einem Guaranteed-Margin-Vertrag garantierte die MGRM dem Kunden, z. B. einer Tankstelle, eine feste Gewinnmarge je Gallone, jeweils bezogen auf die Verkaufspreise seiner drei nächsten Konkurrenten. Dies sollte ihn gegen sinkende Preise, zum Beispiel infolge eines Preiskampfs, absichern. MGRM glich in diesem Fall die Differenz zur garantierten Marge aus, partizipierte aber umgekehrt an höheren Margen. Auch bei den Guaranteed-Margin-Verträgen sollte die Hälfte des Gewinns aus der Hedge-Position dem Kunden zustehen. Das Recht der Vertragsverlängerung lag bei MGRM; dies wurde Anfang 1994 nicht mehr in Anspruch genommen, so daß die Verträge automatisch ausliefen.

Um sich gegen das Preisrisiko der eigenen Lieferverpflichtungen abzusichern, schloß die MGRM Gegengeschäfte in Form von Swap-Transaktionen, individuell ausgehandelten Termingeschäften (sogenannten Forward-Kontrakten) und

an der NYMEX gehandelten Termingeschäften (Futures) ab.
Swaps werden außerhalb der Börse vereinbart und begründen keine Lieferpflichten, sondern stellen gegenläufige und unterschiedlich definierte Zahlungspflichten einander gegenüber. Bei Fälligkeit der Transaktion werden lediglich die vereinbarten Zahlungen gegeneinander verrechnet und der Saldo ausgezahlt.*
Neben den individuell ausgehandelten Warentermingschäften zur Absicherung zukünftiger Lieferverpflichtungen (Forward-Kontrakten) stehen in der Praxis die an einer Warenbörse, hier der NYMEX, gehandelten Terminkontrakte (Futures) im Vordergrund. Es handelt sich dabei um Kauf- oder Verkaufsverträge, die an der Börse zu standardisierten Bedingungen (Menge, Qualität der Ware, Lieferbedingungen, Ort der Lieferung) abgeschlossen werden.
Bei an der NYMEX gehandelten Futures über Rohöl und Rohölprodukte wird die Laufzeit jeweils in vollen Monaten bemessen. Laufzeiten von einem bis drei Monaten sind die Regel. Laufzeiten bis zu 12 Monaten werden wesentlich seltener gehandelt. Verträge mit längeren Laufzeiten kommen ausnahmsweise vor, sind aber nur eingeschränkt handelbar.
Die gleiche Aussage gilt grundsätzlich auch für Swaps und Forward-Kontrakte. Die Unmöglichkeit, die eingegangenen Festpreislieferverpflichtungen mit Termingeschäften (Swaps, Forward Kontrakte, Futures) laufzeitkongruent absichern zu können, stellt das Basisproblem des von der MGRM getätigten Ölgeschäftes dar. Da Terminkaufverträge mit einer den

* Beispiel: A hat sich am 1 Januar 1993 verpflichtet, am 31. März 1993 an C 12 Mio. Barrel Rohöl zum Festpreis von 21 US-Dollar je Barrel zu liefern. Gleichzeitig vereinbart A mit B eine Swap-Transaktion. A verpflichtet sich, am. 31. März 1993 an B einen Betrag von 228 Mio. US-Dollar (= Preis der genannten Rohölmenge am 1. Januar 1993) zu zahlen. B verpflichtet sich, am 31. März 1993 an A einen Betrag zu zahlen, der dem Kurswert von 12 Mio. Barrel Rohöl an der Börse am 31. März 1993 entspricht. Das Risiko der Entwicklung des Rohölpreises bis zum 31. März 1993 liegt bei B, gleichgültig ob der Preis fällt oder steigt: A hat seine Marge gesichert.

eigenen Lieferverpflichtungen entsprechenden Laufzeit nicht verfügbar waren, mußten die kurzfristigen Absicherungsverträge nach ihrem Ablauf revolvierend neu abgeschlossen werden. In der Börsenpraxis wird typischerweise die auf Termin gekaufte Warenmenge nicht physisch ausgeliefert, sondern der Terminkontrakt wird zum Ablauftermin verkauft (»glattgestellt«). Die Differenz zwischen dem im Terminkontrakt vereinbarten Kaufpreis für die betreffende Warenmenge einerseits und dem zum Glattstellungstermin geltenden Marktpreis für die betreffende Warenmenge andererseits wird ohne physische Lieferung der Ware durch einen Zahlungsvorgang ausgeglichen.
Da bei der Glattstellung eines Termingeschäftes ein Verlust oder Gewinn entsteht, d. h. durch die eine oder andere Vertragsseite eine Kaufpreisdifferenz auszugleichen ist, verlangt die NYMEX bei Vertragsabschluß eine erste Sicherheitsleistung (»Initial Margin«) in Höhe von 3 Prozent des Vertragskaufpreises (entsprechendes wird auch bei Swaps und Forward-Kontrakten vereinbart). Die NYMEX stellt nicht erst bei Glattstellung, sondern bereits am Ende eines jeden Handelstages für jede offene Position auf der Grundlage des Tagespreises fest, welche Gewinne oder Verluste für ein Termingeschäft eintreten würden, wenn an diesem Tage glattgestellt würde. Dabei berechnete Verluste werden zunächst mit der bereits geleisteten Sicherheit (Initial Margin) verrechnet. Ist die Initial Margin zu 25 Prozent oder mehr durch Verrechnung mit Verlusten verbraucht, so muß der Vertragspartner einen Nachschuß (»Variation Margin«) leisten, um die ursprüngliche Höhe der Sicherheitsleistung wiederherzustellen.
Die Nachschuß-Forderungen belaufen sich somit auf die volle Höhe des bei täglicher Bewertung erlittenen Verlustes.*

* Rechenbeispiel: A verkauft an B Futures-Kontrakte mit einmonatiger Laufzeit über 50 000 Barrel Rohöl zu einem Terminpreis von 20 US-Dollar je Barrel. Die Initial Margin, die er bei Vertragsabschluß zu leisten hat, beträgt 30 000 US-Dollar. Während der Laufzeit sinkt der Terminpreis plötzlich an einem Tag um 10 Cents je Barrel. Der Verlust von A auf

Endgültig stehen die Verluste aus einem Terminkontrakt erst fest, wenn die Glattstellung tatsächlich erfolgt, also am Ende der Laufzeit. Der Liquiditätsabfluß aufgrund von Margin Calls hat sich aber schon über die gesamte Laufzeit des Terminkontraktes in entsprechender Höhe aufgebaut. Ergeben sich umgekehrt während der Laufzeit eines Terminkontraktes durch Anstieg der Tagespreise Gewinne, kann der Vertragspartner den überschüssigen Teil seiner Sicherheitsleistung auf Verlangen von der NYMEX zurückerhalten.

Wie in der von der außerordentlichen Hauptversammlung der Metallgesellschaft AG am 24. Februar 1994 veranlaßten Sonderprüfung der C&L Treuarbeit Deutsche Revision und der Wollert-Elmendorff Deutsche Industrie-Treuhand festgestellt wird, basierte das Ölgeschäft der MGRM auf mehreren Annahmen über historische Gesetzmäßigkeiten der Ölmärkte. Erwartet wurde insbesondere, daß

- die Ölpreisentwicklung durch regelmäßige Ausschläge nach oben gekennzeichnet ist,
- der Ölmarkt sich überwiegend in einer Backwardation-Situation** befindet, die Absicherung der langfristigen Lieferverpflichtungen durch den revolvierenden Neuabschluß (»Vorwärtsrollen«) kurzfristiger Terminkontrakte also zusätzliche Gewinnchancen birgt,
- ausreichend Liquidität für etwaige Marginzahlungen zur Verfügung steht und

die Position beträgt 5 000 Dollar; auf dem Margin-Konto steht nur noch ein Guthaben von 25 000 Dollar. Da der Maintenance Margin Level (22 500 Dollar) jedoch noch nicht unterschritten ist, fordert die Börse von A keine Nachschußzahlungen. Tags darauf sinkt der Terminpreis noch einmal um 8 Cents je Barrel; aufgrund der neuerlichen 4 000 Dollar Verlust sinkt das Margin-Guthaben auf 21 000 Dollar. Weil jetzt der Maintenance Margin Level unterschritten ist, muß A das Konto wieder auf 30 000 Dollar auffüllen, also 9 000 Dollar nachschießen.

** Liegt z. B. in Zeiten der Knappheit des sofort verfügbaren Öls der Marktpreis hierfür (Spot-Preis) höher als der Preis für später zu lieferndes Öl (Terminpreis), so befindet sich der Markt in einer Situation, die als »Backwardation« bezeichnet wird. Im umgekehrten Fall, also bei einem Spot-Preis, der niedriger als der Terminpreis liegt, spricht man von »Contango«.

– es relativ schnell zu einem starken Anstieg der Ölpreise kommt, und die Kunden in diesem Fall von ihren Kündigungsoptionen Gebrauch machen.

Im Verlauf des Jahres 1993 erfüllte sich keine dieser Erwartungen. Der Spotpreis für West Texas Intermediate Rohöl lag im Januar 1993 bei 19,03 US-Dollar je Barrel. Nach einem kurzen Zwischenhoch im März 1993 (20,35 US-Dollar) fiel der Preis im September 1993 auf 17,48 US-Dollar je Barrel. Im Dezember 1993 war der Preis auf 14,43 US-Dollar je Barrel gesunken.*
Hierdurch waren – bei einem gleichzeitig dramatisch anwachsenden Umfang der Termingeschäfte der MGRM – stark steigende Margin-Zahlungen zu leisten.
Da außerdem während des Kalenderjahres 1993 fast ausnahmslos der Terminpreis über dem Spot-Preis lag, also nicht eine Backwardation, sondern eine Contango-Situation herrschte, erfüllte sich die Erwartung nicht, daß beim revolvierenden Neuabschluß kurzfristiger Terminkontrakte Glattstellungsgewinne erzielt werden könnten. Bis einschließlich Dezember 1993 entstanden hierdurch Barverluste von rund 1,27 Mrd. US-Dollar. Zur Finanzierung dieser Barverluste mußte die Metallgesellschaft AG der Metallgesellschaft Corp. bis zum 31. Dezember 1993 direkt und indirekt Darlehen in Höhe von 2,414 Mrd. DM gewähren. Zusätzlich war die Metallgesellschaft Corp. am 31. Dezember 1993 direkt bei Banken mit 994 Mio. US-Dollar verschuldet; am 30. September 1993 hatte die Direktverschuldung noch 683 Mio. US-Dollar betragen.
Die Metallgesellschaft Corp. hatte ihrerseits gegen MGRM zum Ende des Geschäftsjahres 1992/93 (30. September 1993) eine Darlehensforderung in Höhe von 1 002 Mio. US-Dollar. Am 31. Dezember 1993 war das Volumen dieser Forderung auf 1 906 Mio. US-Dollar angewachsen, also um 904 Mio. US-Dollar gestiegen.

* Die jeweiligen Monatsdurchschnitte sind dem »Annual Statistic Bulletin 1993« der OPEC entnommen.

Zwar führten die niedrigen Ölpreise dazu, daß bei der sukzessiven Auslieferung der kontrahierten Mengen unter den Festpreisverträgen an die jeweiligen Kunden erhöhte Gewinne erzielt wurden. Da aber die kurzfristigen Absicherungspositionen (Swaps, Forward-Kontrakte und Futures) sich auf die gesamte in den Fünf- bzw. Zehn-Jahresverträgen auszuliefernden Warenmengen erstreckten, standen den durch die Auslieferung realisierten Gewinnen extrem hohe Barverluste durch Margin-Zahlungen und Glattstellungsverluste (Contango-Situation) gegenüber. Insbesondere ist darauf hinzuweisen, daß den aus den Absicherungstransaktionen resultierenden Verpflichtungen zu Margin-Zahlungen keine entsprechenden Zahlungsverpflichtungen der Ölabnehmer unter den Festpreisverträgen gegenüber standen. Das Preisrisiko und damit auch die Kosten der Absicherung sowie die Liquiditätsbelastung lagen ausschließlich bei dem Lieferanten MGRM.

Wegen der Ölpreisentwicklung machte auch kaum ein Kunde von seiner Kündigungsoption Gebrauch. MGRM war davon ausgegangen, daß aufgrund eines steigenden Ölpreises ein Gewinn aus der Hedge-Position entsteht und der Kunde sich die Hälfte dieses Gewinns durch Kündigungen des Vertrags sichern möchte. Die andere Hälfte wäre dann MGRM zugefallen.

Als verhängnisvoll erwies sich bei dieser für die MGRM ungünstigen Konstellation, daß sich die inkongruente Preissicherung auf eine Absicherungsposition mit immensem Umfang bezog. Eine Volumen-Ausweitung in dieser Dimension war erst durch eine Garantie gegenüber der NYMEX möglich geworden, welche die Metallgesellschaft AG am 18. Dezember 1992 für die MGRM abgegeben hatte.

Am Ende des Geschäftsjahres 1991/92 (30. September 1992) bestanden Lieferverpflichtungen auf der physischen Seite von lediglich rund 20 Mio. Barrel. Im darauffolgenden Geschäftsjahr 1992/93 folgte eine rasante Ausweitung: Nach den ersten drei Quartalen, also bis zum 1. Juli 1993, erreichte das Volumen der Lieferverpflichtungen 97 Mio. Barrel.

Im Sommer 1993 hatte die MGRM aufgrund der genannten Faktoren bereits Verluste in erheblicher Größenordnung realisiert. Ihr Management entschied sich zu diesem Zeitpunkte jedoch nicht für eine Reduzierung des Geschäfts, sondern – im Gegenteil – für eine weitere Geschäftsausweitung.
Zum Zweck der Geschäftsausweitung bot die MGRM – im ursprünglichen Geschäftsplan nicht enthaltene – Firm-Flexible-Verträge an. Im September 1993 allein wurden neue Lieferverträge mit einem Volumen von 50 Mio. Barrel abgeschlossen. Wie bereits erwähnt, waren diese Verträge für die Kunden der MGRM vorteilhaft, während sie die MGRM einem Verlustrisiko aussetzten. Trotzdem wurden »unrealisierte Gewinne« aus diesen Verträgen mit den bereits realisierten Verlusten der MGRM verrechnet.*
Am 17. Dezember 1993 betrug das Gesamtvolumen des physischen Geschäfts 210 Mio. Barrel; hiervon entfielen auf die Firm-Fixed-Verträge 98 Mio. Barrel, auf die Firm-Flexible-Veträge 58 Mio. Barrel und auf die Guaranteed-Margin-Verträge 54 Mio. Barrel.
Die Absicherungsposition über Swaps, Forward-Kontrakte und Futures betrug zum gleichen Zeitpunkt rund. 180 Mio. Barrel. Zur Verdeutlichung: Alle OPEC-Staaten zusammengenommen benötigen sieben Tage, um diese Menge zu produzieren. Ein nicht unbeträchtlicher Teil dieser Menge wurde direkt an der NYMEX gehandelt und dort in monatlichem Abstand vorwärtsgerollt. Der Anteil der MGRM am gesamten NYMEX- Kontraktvolumen war erheblich.
Nicht wenige Marktbeobachter sind überzeugt, daß die MGRM auf diese Weise die Contango-Situation an der Börse verschärft, wenn nicht selbst geschaffen hat.

* Die von der MGRM im August und September 1993 abgeschlossenen besonderen Swap-Verträge über Rohöl, Heizöl und Benzin dienten »ausschließlich dem Versuch einer Gestaltung des Jahresabschlusses, indem sie vermeintlich realisierte Gewinne und unrealisierte Verluste schaffen sollten«. – Dabei ging es um ein Volumen von über 650 Mio. US-Dollar. Zu Sicherungszwecken waren diese Swaps laut Gutachten nicht geeignet, »da sie selbst bereits geschlossene Positionen darstellten«.

Für den – bis zum 17. Dezember 1993 amtierenden sowie den danach bestellten – Vorstand bestand in Übereinstimmung mit dem Aufsichtsrat kein Zweifel darüber, daß unter den im Dezember 1993 gegebenen Umständen das Ölgeschäft der MGRM zwar nicht aufgegeben werden sollte, daß es aber einer grundlegenden Neustrukturierung dieses Geschäfts, insbesondere einer Aufgabe der Firm-Flexible-Verträge sowie einer drastischen Reduzierung des Geschäftsvolumens einschließlich einer neuen Hedge-Strategie bedurfte. Bei dieser Entscheidung wurde berücksichtigt, daß die erforderliche Liquidität zur Fortführung des Geschäfts in bisherigem Umfang nicht zur Verfügung stand; die ursprünglich gewählte inkongruente Absicherung hätte aber auch bei ausreichender Liquidität aufgegeben werden müssen. Die Cash-Abflüsse waren dramatisch: Ein von der Deutschen Bank AG und der Dresdner Bank AG im Dezember 1993 ad-hoc gewährter Überbrückungskredit in Höhe von insgesamt 900 Mio. US-Dollar (umgerechnet rund 1,5 Mrd. DM) wurde noch im Dezember fast vollständig verbraucht. Ferner war zu berücksichtigen, daß auch die NYMEX einen Abbau der Position der MGRM verlangte; dies wurde in einer schriftlichen Direktive ausdrücklich bestätigt.
Die Maßnahmen zur grundlegenden Neustrukturierung des Geschäfts wurden nach der Sitzung des Vorbereitungsausschusses des Aufsichtsrats am 13. Dezember 1993 durch den alten Vorstand begonnen. Schon am 10. Dezember 1993 mußte die MGRM der NYMEX gegenüber die Verpflichtung eingehen, die Positionen nicht mehr auszuweiten und höhere Margin Calls als bisher zu leisten. Am 28. Dezember 1993 teilte die NYMEX der MGRM mit, daß die Sicherungspositionen vermindert werden müssen und bestimmte Obergrenzen nicht überschritten werden dürfen. Der neue Vorstand führte die Neustrukturierung des Geschäfts fort und realisierte sie bis Ende Januar 1994 vollständig. Die während der Durchführung dieser Maßnahme notwendige Liquidität wurde zunächst durch den genannten Überbrückungskredit und dann durch die im Rahmen der Restrukturierung bei der

Metallgesellschaft AG und der Metallgesellschaft Corp. getroffenen Kapitalmaßnahmen gewährleistet.
Der forcierte Aufbau und die Beibehaltung dieser gewaltigen Absicherungsposition erforderte finanzielle Mittel, die die Vermögens- und Ertragslage der MGRM und der Metallgesellschaft Corp. bei weitem überstiegen. Im Zeitraum von Januar bis Dezember 1993 entstanden Barverluste durch Variation Margins in Höhe von 1 265,6 Mio. US-Dollar; dies entspricht bei einem Umrechnungskurs von 1,60 DM/US-Dollar 2,025 Mrd. DM. Im Oktober 1993 allein waren für die Aufrechterhaltung der Absicherungsposition 116,8 Mio. US-Dollar, im November 1993 sogar 267,1 Mio. US-Dollar zu zahlen. Die Contango-Verluste werden im Sonderprüfungsbericht bis Ende 1993 auf 226 Mio. US-Dollar (umgerechnet 362 Mio. DM) veranschlagt.
Bereits im Geschäftsjahr 1992/93 (30. September 1993) realisierte die MGRM nach vorläufigen Zahlen einen Verlust vor Steuern in Höhe von 465 Mio. US-Dollar.
Eine Fortführung der Position in der bisherigen Weise war nicht mehr finanzierbar. Die kurzfristige Verschuldung der Metallgesellschaft Corp. betrug am 30. November 1993 905 Mio. US-Dollar, die Kurzfristverschuldung des MG-Konzerns insgesamt 6,2 Mrd. DM. Nach Bekanntwerden der Liquiditätsprobleme in New York war die Aufnahme neuer Mittel auf dem freien Kapitalmarkt praktisch nicht mehr möglich. Die NYMEX drohte den Ausschluß der MGRM vom Handel an, wenn nicht bis zum 10. Dezember 1993 der Nachweis einer frei verfügbaren Kreditlinie in Höhe von mindestens 100 Mio. US-Dollar nachgewiesen würde. Dieser Auflage konnte die MGRM nur mit Hilfe einer sofortigen Überbrückungskreditlinie bei der Deutschen Bank New York entsprechen.
Ab dem 6. Dezember 1993 drohte nicht nur der Metallgesellschaft Corp., sondern auch der Metallgesellschaft AG insgesamt täglich die Illiquidität. Ein Überleben der Metallgesellschaft konnte nur dadurch gesichert werden, daß die Deutsche Bank AG und die Dresdner Bank AG am 9. Dezember

Barverluste der MGRM durch Variation Margins im Jahr 1993 (in Mio. US-Dollar)

	Börse	SwapPartner	Summe
Januar	– 12,4	– 71,6	– 84,0
Februar	– 22,0	– 17,1	– 39,1
März	– 5,2	+ 1,3	– 3,9
April	– 3,8	– 0,8	– 4,6
Mai	– 28,5	– 5,0	– 33,5
Juni	– 55,9	– 46,8	– 102,7
Juli	– 46,2	– 57,5	– 103,7
August	+ 19,0	– 36,3	– 17,3
September	+ 13,8	– 38,0	– 24,2
Oktober	– 90,4	– 26,4	– 116,8
November	– 129,3	– 137,8	– 267,1
Dezember	– 81,6	– 387,1	– 468,7
Summe	– 442,5	– 823,1	– 1 265,6

NYMEX-Position der MGRM in % der gesamten NYMEX-Kontrakte

	Einmonats-Futures	Zweimonats-Futures
31. Dezember 1992	20,7	6,4
28. Mai 1993	19,8	7,3
30. Juni 1993	19,8	10,0
30. September 1993	17,9	15,8

Darlehen von Metallgesellschaft AG, MG Management Service GmbH (MGMS) und MG Finance B.V. an Metallgesellschaft Corp. in Mio. DM:

	Metallgesell-schaft AG	MGMS	MG Finance	Summe
30. 9. 1993	1 025	—	561	1 586
31. 10. 1993	1 537	—	273	1 810
30. 11. 1993	1 856	—	190	2 046
31. 12. 1993	1 885	366	163	2 414

1993 eine Überbrückungskreditlinie zur Verfügung stellten, die zunächst 500 Mio. US-Dollar betrug und bis Ende Dezember auf 900 Mio. US-Dollar erhöht wurde (die 100 Mio. US-Dollar Überbrückungskreditlinie für die Metallgesellschaft Corp. sind in dieser Summe enthalten).
Die Liquiditätsprobleme des Metallgesellschaft-Konzerns wurden dadurch verschärft, daß Anfang 1994 kurzfristige Schuldscheindarlehen (Commercial Papers), welche die Metallgesellschaft AG und MG Finance B.V. begeben hatten, in Höhe von 834 Mio. DM fällig wurden. Auch hierfür mußte die erwähnte Überbrückungskreditlinie von der Deutschen Bank AG und der Dresdner Bank AG in Anspruch genommen werden.
Die der Metallgesellschaft AG am 26. Juni 1992 gewährte sogenannte Multi-Currency-Facility in Höhe von umgerechnet 1,5 Mrd. DM konnte die Metallgesellschaft unter den gegebenen Umständen aus Rechtsgründen nicht mehr in Anspruch nehmen. Gemäß den vertraglichen Auszahlungsbedingungen mußte bei jeder Inanspruchnahme dieser Kreditlinie seitens der Metallgesellschaft AG rechtsverbindlich versichert werden, daß seit dem 30. September 1991 kein »material adverse change«, also keine materielle Verschlechterung ihrer Vermögens- und Ertragslage eingetreten war. Diese Versicherung konnte angesichts der deutlichen Verschlechterung der Ertragslage des Metallgesellschaft-Konzerns seit dem 30. September 1991 aufgrund erheblicher Aufzehrung der vormals noch vorhandenen stillen Reserven sowie aufgrund der dramatischen Liquiditäts- und Verlustentwicklung in der Metallgesellschaft Corp.-Gruppe zum damaligen Zeitpunkt nicht mehr abgegeben werden.
Es hätte zwar theoretisch die Möglichkeit bestanden, daß die 46 Gläubigerbanken dieser Kreditlinie auf die Einhaltung der genannten vertraglichen Auszahlungsbedingung verzichtet hätten. Das Vertrauen der Kapitalmärkte in die Bonität des Metallgesellschaft-Konzerns war zu diesem Zeitpunkt durch die Entwicklung in den USA aber bereits derart nachhaltig erschüttert, daß ein Verzicht der Gläubigerbanken auf diese

vertragliche Auszahlungsvoraussetzung nicht mehr erzielbar war.
Aus dieser Erkenntnis heraus hatte auch der bis zum 17. Dezember 1993 amtierende Vorstand zur Bewältigung der Liquiditätsprobleme nicht die Inanspruchnahme dieser Kreditlinie erwogen, sondern am 3. Dezember 1993 in direkten Gesprächen mit der Deutschen Bank AG und der Dresdner Bank AG die Einräumung einer neuen, hiervon unabhängigen Kreditlinie in Höhe von 500 Mio. DM erbeten. Hierüber ist wegen der sich überstürzenden Ereignisse nach dem 6. Dezember 1993 nicht mehr entschieden worden; vielmehr führten die Gespräche zur Gewährung der vorerwähnten Überbrückungskreditlinie in Höhe von insgesamt 900 Mio. US-Dollar durch die Deutsche Bank AG und die Dresdner Bank AG.
Festzuhalten ist nach alldem, daß die immer wiederholte Behauptung, der Metallgesellschaft AG sei im Dezember 1993 interessenwidrig keine neue Liquidität gewährt worden, falsch ist. Obwohl die 1,5 Mrd. DM-Kreditlinie aus Rechtsgründen nicht mehr in Anspruch genommen werden konnte, ist der Metallgesellschaft über die Überbrückungskreditlinie von der Deutschen Bank AG und der Dresdner Bank AG praktisch der gleiche Betrag zugeflossen, ohne daß dies ausgereicht hätte, die bisherige Position über den Zeitraum bis Ende Dezember 1993 fortzuführen. Bis zu diesem Zeitpunkt war die genannte Überbrückungskreditlinie fast vollständig aufgebraucht. Die Fortführung der Ölposition in der bisherigen Form war nicht mehr finanzierbar. Ihre Neustrukturierung und drastische Reduzierung war unabweisbar.
Eine von der Metallgesellschaft Corp. im Januar 1994 mit einer Bewertung der Festpreisverträge (physisches Geschäft) beauftragte namhafte Investmentbank kam zu dem Ergebnis, daß die MGRM aus ihren physischen Verträgen bei deren Fortführung einen Verlust von insgesamt 99 Mio. US-Dollar erleiden würde, wobei einem positiven Wert der Firm-Fixed-Verträge in Höhe von 61 Mio. US-Dollar ein Verlustbetrag für die Firm-Flexible-Verträge von 160 Mio. US-Dollar gegenüberstand. Die erforderlichen immensen Mittel für die Fort-

führung der Ölposition in der bisherigen Form hätten nach dieser Bewertung lediglich die Erwirtschaftung erheblicher Verluste finanziert.
Bei dem Entschluß, das Ölgeschäft weder auf der physischen Seite noch in der Absicherungsposition in der bisherigen Form fortzuführen, spielten die unterschiedlichen bilanziellen Bewertungsvorschriften in den Vereinigten Staaten und der Bundesrepublik Deutschland keine Rolle. Die Metallgesellschaft AG praktiziert seit langem in ihrem Handelsgeschäft eine Bewertung, die realisierten Verlusten noch nicht realisierte Gewinne gegenüberstellt, wenn die hierfür erforderlichen bilanzrechtlichen Kriterien erfüllt sind. Dies ist dann der Fall, wenn die physischen Geschäfte den Sicherungsgeschäften nach Art und Menge des Produkts sowie Zeitpunkt der Lieferung und Absicherung klar zugeordnet werden können. Im Ölgeschäft der MGRM war dies nur zum Teil möglich. Darüber hinaus wäre bei korrekter Berechnung der unrealisierten Gewinne bei der MGRM auch nach amerikanischen Bilanzierungsregeln ein dreistelliger Millionenverlust bei der Metallgesellschaft Corp. entstanden.
Die Barverluste überstiegen die unrealisierten Gewinne bei weitem. Die Metallgesellschaft AG und ihre Wirtschaftsprüfer hatten daher keine andere Wahl, als die entsprechende Risikovorsorge auch in den deutschen Büchern zu treffen. Dies hat aber in dem Entscheidungsprozeß, ob das Ölgeschäft der MGRM in der bisherigen Form weiterbetrieben werden sollte, keine Rolle gespielt. Vielmehr waren hierfür die oben erwähnten Gründe allein maßgeblich, nämlich die mangelnde Finanzierbarkeit der Fortführung sowie die Verlusterwartung aus den bestehenden physischen Geschäften.
Es traf zu diesem Zeitpunkt nicht zu, daß andere Finanzinstitute wie etwa die Chemical Bank oder die J. P. Morgan-Bank zu einer Zwischenfinanzierung bereit gewesen wären. Und die Kuwait Petroleum Corporation hatte schon am 12. Dezember 1993 schriftlich mitgeteilt, daß sie zum damaligen Zeitpunkt kein Rohöl verfügbar hatte und daher nicht helfen könne.

Nach Bekanntwerden der Liquiditätsprobleme Anfang Dezember 1993 nahm die NYMEX unmittelbar Gespräche mit der MGRM auf. Am 10. Dezember forderte die NYMEX bereits die doppelten Margin-Zahlungen und verlangte, daß MGRM keine neuen Positionen mehr aufbaute. Dadurch wurde es schwer, wenn nicht sogar unmöglich, die auslaufenden Dezemberverträge weiterzurollen und die Position so durch Neuabschlüsse aufrecht zu erhalten. Die Reduzierung der Gesamtposition begann, als die Handelspartner sich weigerten, mit der MGRM neue Verträge abzuschließen und somit ein Weiterrollen zu ermöglichen.
Am Abend des 12. Dezember 1993, in einer Sitzung des Vorstandes der Metallgesellschaft AG in Anwesenheit von Vertretern des Aufsichtsrates wie auch in der Sitzung des Vorbereitungsausschusses am 13. Dezember 1993 wurde eine Reduzierung der Hedge-Position durch den Vorstand der Metallgesellschaft AG angekündigt. Die NYMEX wurde am 15. Dezember darüber informiert, daß MGRM die auslaufenden Verträge nicht weiterrollen werde.
Man kam zu dem Ergebnis, daß die Firm-Flexible-Verträge nicht zu verantworten waren – nicht nur wegen ihres negativen wirtschaftlichen Wertes, sondern auch wegen der bei ihnen bestehenden Unmöglichkeit einer börsenmäßigen oder anderweitigen Absicherung. Bis auf einen kleinen Rest wurden daher die Firm-Flexible-Verträge zurückverhandelt.
Um die Finanzierbarkeit der Absicherungsposition sicherzustellen, wurde die physische Position von rund 210 Mio. Barrel am 17. Dezember 1993 bis Ende Februar 1994 auf rund 109 Mio. Barrel reduziert, also etwa halbiert.
Die Absicherungsposition wurde diesem reduzierten Volumen des physischen Geschäfts entsprechend angepaßt und zeitlich gestreckt.
Der neue Vorstand veranlaßte eine kritische Überprüfung des zum damaligen Zeitpunkt vorliegenden vorläufigen Jahresabschlusses der Metallgesellschaft AG und ihres Konzerns zum 30. September 1993. In diese Prüfung waren die erheblichen Verluste einzubeziehen, die bei der Metallgesellschaft Corp.

nach dem Ende des Geschäftsjahres 1992/93 infolge des Ölgeschäfts der MGRM entstanden waren. Dies und die dramatische Zunahme der Bankverbindlichkeiten durch den Liquiditätsabfluß im Dezember 1993, der durch die Überbrückungskreditlinie der Deutschen Bank AG und der Dresdner Bank AG finanziert wurde, führte zu der vom Vorstand in der Versammlung der Gläubigerbanken am 5. Januar 1994 bekanntgegebenen Feststellung, daß die Metallgesellschaft AG als überschuldet anzusehen ist.
In einer dramatischen Rettungsaktion wurden mit den Gläubigerbanken sowohl der Metallgesellschaft AG wie der Metallgesellschaft Corp. Stillhalteabkommen vereinbart. Im Rahmen einer Restrukturierung der Metallgesellschaft AG wurde das Grundkapital der Gesellschaft um insgesamt nominal 280 Mio. DM gegen Bareinlagen von insgesamt 1,4 Mrd. DM (Ausgabekurs 500 %) erhöht. Außerdem wurden von der Metallgesellschaft AG an ihre Gläubigerbanken Genußrechte mit Einräumung von Wandlungsrechten auf Aktien der Gesellschaft über insgesamt nominal 267 Mio. DM ausgegeben, und zwar gegen Umtausch von Forderungen in einer Größenordnung von 1,335 Mrd. DM bzw. gegen entsprechende Bareinlagen (Ausgabekurs ebenfalls 500 %). Die Eigenmittel des Konzerns erhöhten sich damit um 2,7 Mrd. DM.
Ein Musterbeispiel dafür, wie es einem Unternehmen ergehen kann, wenn dessen Vorstandschef, in diesem Fall Dr. Heinz Schimmelbusch, über einen Gemischtwaren-Konzern die Kontrolle verliert und ihn eher wie eine Investmentbank denn als Industrieunternehmen führt. Nur »Banker sein«, das hatte Schimmelbusch bei seinen jeweils vier Monate dauernden Praktika bei Morgan Stanley, Goldman-Sachs und der Chase Manhattan in New York dann doch nicht gelernt. Statt seiner Vision: »Die Welt wird wieder sauber, die Metallgesellschaft wieder groß und stark« – war der Schiffbruch der MGRM aufgrund des Mißgriffs mit den Derivaten vorprogrammiert. Dieses »Spiel« hatten ihm die amerikanischen Banker nicht beigebracht.
Noch im Dezember verlassen er und seine Vorstandskollegen

Dr. Karlheinz Arras, Dr. Reinhold Forster, Helmut Maczek, Dr. Heinrich Binder und Dr. Norbert Sondermann das sinkende Schiff.
Seitdem steht Dr. Karl-Josef (Kajo) Neukirchen am Ruder.
Mit brutaler Konsequenz und neuer Vorstandsmannschaft hat er bei der Metallgesellschaft aufgeräumt. Mit Erfolg. Der drohende Konkurs des über hundertjährigen Unternehmens konnte abgewendet, die Schulden drastisch reduziert, Mitarbeiter abgebaut, Kosten gesenkt und der Gesamtkonzern umstrukturiert werden. Eine neue Strategie wurde erarbeitet, die zur Definition neuer Kernbereiche, zur Bündelung von Aktivitäten und zur Bereinigung durch Desinvestitionen führte. Die Konzern-Organsiation wurde entsprechend angepaßt. Eine kleine und effiziente Holding führt nunmehr den Konzern.
Neukirchen und seinem Team gelang es, aus der für den Gesamtkonzern verheerenden Milliarden-Derivaten-Krise, die auch andere Schwächen der veralteten Unternehmensstruktur der Metallgesellschaft offen zu Tage treten ließ, bei der MG Veränderungsprozesse in Gang zu setzen, die ohne voraufgegangene Krise nicht in diesem Umfang stattgefunden hätten.
Derweil sich bei der MG Ex-Vorstand und Neu-Vorstand mit Schadenersatzklagen überziehen, hat der Kollaps der Metallgesellschaft aufgrund seiner Einzigartigkeit eine Lawine von Expertisen und wissenschaftlichen Abhandlungen ausgelöst. Diagramme, Kurven und komplizierte mathematische Formeln sollen die zentrale Frage beantworten: War die Metallgesellschaft durch ihre Aktivitäten im Ölttermingeschäft im Herbst 1993 nur in eine behebbare Klemme geraten oder in ein schweres Finanzgewitter?
Wie dem auch sei – die Zeche zahlen letztendlich die Aktionäre. Neben den großen, der Deutschen Bank, der Dresdner Bank, der Allianz, Daimler Benz und dem Emirat Kuwait, die insgesamt rund 66 Prozent des MG-Grundkapitals halten, sind auch tausende von Kleinaktionären und Investmentanlegern betroffen. Sie hatten bei ihrer Investition darauf ver-

Drastische Entschuldung
Bankschulden und Liquidität der Metallgesellschaft (in Milliarden Mark)

	31. 12. 1993		30. 9. 1994		30. 9. 1995	
	AG	Konzern	AG	Konzern	AG	Konzern
Bankschulden	2,57	7,54	1,35	3,18	0,39	2,01
Flüssige Mittel	0,28	4,10	1,04	3,40	0,10*	2,10*

* 600 Millionen Mark erwarteter Zinsfluß aus Kapitalmaßnahmen

Quelle: MG

Wirtschaftliche Sanierung
Projekte zu Kostensenkung und Mittelfreisetzung (in Millionen Mark)

Projekt/Maßnahme	tatsächlich erreicht* (Geschäftsjahr 1993/94)	Ziel 1994/95
KOSTENSENKUNGSPROGRAMM		
Personalaufwand	162	438
Sonstiger Aufwand	161	330
Materialaufwand	164	249
Gesamt	487	1 017
LIQUIDITÄTSPROGRAMME		
Kürzung bei den Investitionsausgaben (nur 93/94)	205	
Reduzierung der Kapitalbindung	1 050	1 030
Reduzierung der Forderungen	140	215
Reduzierung von Vorräten	230	300
Desinvestitionen	2 300	2 560
Nicht betriebsnotwendiges Vermögen	580	650
Gesamt	4 505	4 755

* Einsparungen im Vergleich zum Geschäftsjahr 1992/93.

Quelle: Roland Berger & Partner, Metallgesellschaft

Der Rumpfkonzern
Die Struktur der neuen Metallgesellschaft*

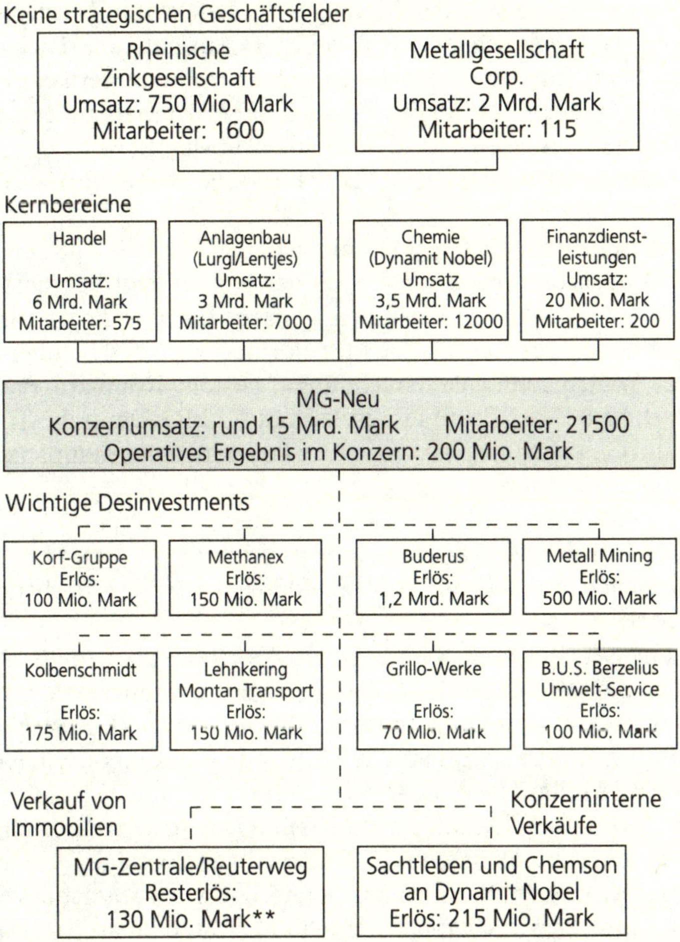

* Die Zahlen des Konzerns und der Töchter beziehen sich auf das Geschäftsjahr 1994/95.

** Verkaufspreis abzüglich bereits vereinnahmter 320 Millionen Mark aus Safe & Lease-Back in 1992/93.

traut, daß die ehemalige Nummer 13 der deutschen Industrie niemals Opfer von Dilettanten werden könnte. Da dem doch so war, verloren sie rund 80 Prozent ihres Aktienvermögens.
Der derivative Fall der Metallgesellschaft ist ein Musterbeispiel dafür, wie schnell und in welchem Ausmaß sich »Fachleute« beim Einsatz dieser neuen Finanzprodukte vergaloppieren können. Zum Leidwesen auch der Wirtschaftsprüfer, die Bilanzen testieren, bei denen ihnen in der Bewertung und Risikoeinschätzung derartiger Positionen aber meist der Durchblick fehlt.
Deutsche Wirtschaftsprüfer, die sich so gern allwissend geben, sind nach den testierten Eklats der letzten Zeit bescheiden geworden. »Wir haben einen ganzen Tag mit Professoren geübt, von der Renten-Barwert-Formel bis zu den Feinheiten der Wahrscheinlichkeitsrechnung«, gesteht Reinhard Prahl, Partner bei der Prüfungsgesellschaft KPMG Deutsche Treuhand Gesellschaft, »bis wir solche Positionen überhaupt nachrechnen konnten.«

Der Fall der Metallgesellschaft ist noch nicht vergessen, da erreichen uns weitere Hiobsmeldungen von der Derivaten-Front:
Zum Beispiel vom Steinhagener Sportbodenhersteller Balsam, der statt mit Bodenbelägen zur Vortäuschung von Umsätzen mit Devisen-Optionen handelt, mit diesen »Luftgeschäften« im Kontraktwert von 66 Milliarden Mark einen Schaden von 2,1 Milliarden Mark »erwirtschaftet« und die Wiesbadener Factoring-Gesellschaft Procedo GmbH mit in den finanziellen Strudel reißt. Schützenhilfe bei der Abgabe von falschen Jahresabschlußberichten, Bilanzen und Budgets kam dabei vom Frankfurter Wirtschaftsprüfer Rolf Muscat, dem die Staatsanwaltschaft Verletzung seiner Berufspflichten zur Last legt.
Meistens ist es menschliche Schwäche, die sich wie ein roter Faden durch alle »Derivativ-Unfälle« zieht und die betroffenen Unternehmen oder Banken in finanzielle Schieflagen treibt:

- Fehlerhafte Abwicklung beim Geschäft war es bei der Bank of New York. Hier mußte die New York Fed bereits 1985 dem Bankhaus (Bilanzsumme knapp 40 Milliarden US-Dollar) einen Overnight-Kredit von 24 Milliarden US-Dollar gewähren, weil ein falsch programmierter Computer innerhalb eines Tages eine gigantische Schieflage produziert hatte.
- Der Waschmittelproduzent Procter & Gamble Co. aus Cincinnati (P & G), mußte unlängst für Verluste auf zwei »gehebelte« Zins-Swap-Kontrakte 157 Millionen US-Dollar abschreiben. Die hauseigenen Finanzexperten hatten in Zusammenarbeit mit Bankers Trust für einen 200 Millionen-Dollar-Kredit vereinbart, daß P & G in den ersten sechs Monaten 0,75 Prozentpunkte unter dem marktüblichen Zinssatz zahlen sollte. In den verbleibenden viereinhalb Jahren sollte dieser Vorzugszins aber nur gelten, falls die Marktzinsen am Stichtag in einer definierten Bandbreite bleiben würden. Damit übernahm P & G die Rolle des Versicherers. Gegen eine 7,5 Millionen-Dollar-Prämie in Form einer Zinsverbilligung übernahm der Waschmittelkonzern damit das Risiko von Zinsschwankungen. P & G wurde zum Verhängnis, daß im ersten Quartal 1994 die Zinsen unerwarteterweise sowohl in Deutschland als auch in den USA stiegen.

Millionenschwere Verluste erlitten in letzter Zeit unter anderem auch:

- der amerikanische Grußkarten- und Geschenkpapier-Produzent Gibson Greetings Inc. – annähernd 23 Millionen Dollar;
- das Chemie-Gas-Unternehmen Air Product & Chemicals Inc. – 60 Millionen US-Dollar;
- der Mischkonzern Mead Corp. – 7,4 Millionen US-Dollar;
- ein Pensionsfonds des Ölkonzerns Atlantic Richfield Co. – 22 Millionen US-Dollar;
- der kalifornische Landkreis Orange County, der im Dezember 1994 Gläubigerschutz beantragt, da sein Beteiligungs-

vermögen durch Fehlspekulationen um rund 1,7 Milliarden US-Dollar geschmälert wird;

- der britische Pharmakonzern Glaxo verliert rund 130 Millionen Pfund Sterling – gut 300 Millionen Mark –, da man Derivativgeschäfte eingegangen war, »ohne zu wissen, was das bedeutet«;
- der weltweit größte Kupfer-Produzent, die Chile Copper Corp. mit 200 Millionen US-Dollar, weil ihr Trader Juan Pablo Davila vergeblich versuchte, seine Fehlspekulationen mit immer neuen Geschäften auszugleichen. Als dies mißlang, erschütterte das Chiles Finanzmärkte und den weltweiten Kupfer-Markt erheblich;
- eine Gruppe angesehener Banken, darunter Goldman Sachs und J. P. Morgan verloren mehrere hundert Millionen US-Dollar, weil sich britische Lokalbehörden zunächst mächtig verspekulierten und dann das Oberhaus im nachhinein die Swap-Verträge zwischen den beteiligten Finanzhäusern und den Behörden für unrechtmäßig erklärte;
- die amerikanische Geschäftsbank Bankers Trust New York Corp., die für das erste Quartal 1995 125 Millionen US-Dollar Verlust aus Transaktionen mit lateinamerikanischen Finanzinstrumenten meldet;
- die Deutsche Bank Niederlassung in Paris verliert Anfang März 1995 22 Millionen Mark, nachdem ein junger Händler eine größere Position französischer Staatsanleihen aufgebaut hat und dabei von einer Zinserhöhung der Banque de France überrascht wird. Das elektronische Überwachungssystem funktioniert und löst Alarm aus, nachdem die Risk-Management-Software für das Paket ein Marktrisiko – Value at Risk – von 22 Millionen Mark ermittelt.
  Nur wenige Minuten später landet die Hiobsbotschaft auf dem Tisch von Thomas Fischer, Chef des konzernweiten Risikomanagements der Deutschen Bank in Frankfurt.
  Als erste Gerüchte über eine 500-Millionen-Mark-Schieflage des größten deutschen Geldhauses an der Börse die Runde machen, ist das Problem bereits gelöst. Der Händler, der seine Kompetenz überschritt, wurde beurlaubt, die

offene Position geschlossen. Der realisierte Verlust von 22 Millionen Mark wird unter der Rubrik »Peanuts« verbucht.

- zwischen 1988 und 1994 liefen bei Saloman Brothers in New York durch falsche Bewertungen im Derivativgeschäft Verluste von 175 Millionen Dollar auf;
- durch betrügerische Manipulationen im Geschäft mit sogenannten mortage backed securities (durch Hypotheken unterlegte Wertpapiere) verliert Merill Lynch 1987 250 Millionen Dollar;
- die Internationale Handelsgesellschaft mbH (IHG), eine Tochtergesellschaft der zum Veba-Konzern gehörenden Veba Oel Vetrieb GmbH, verursacht durch Termingeschäfte Ende 1994 einen Verlust von rund 12,5 Millionen Mark. Da die Termingeschäfte anschließend trotz ausdrücklicher Weisung fortgeführt wurden, wird die Geschäftsleitung suspendiert, und die Geschäftsaktivitäten der IHG werden eingestellt;
- durch nicht genehmigte Spekulationen mit Derivaten verliert der US-Bundesstaat Wisconsin im ersten Quartal 1995 rund 133 Millionen Mark;
- einen Verlust von 377 Millionen US-Dollar brachte der Aktienmakler Howard A. Rubin seinem Arbeitgeber Merrill Lynch ein;
- die Deutsche Bank AG, Frankfurt, verliert durch Währungsoptionsgeschäfte bei der Nürnberger Filiale Anfang April 1995 rund 28 Millionen Mark. Ein Bankmitarbeiter hatte sich bewußt über die bankinternen Richtlinien hinweggesetzt und vorgeschriebene Sicherheitsvorkehrungen unterlassen;
- der Schweizer Bankverein verliert 1994 nach diversen Schieflagen im derivativen Geschäftsbereich rund 100 Millionen Franken;
- durch Schadenersatzklagen für nicht autorisierte Derivativgeschäfte verliert der Crédit Suisse First Boston 60 Millionen Franken;
- möglicherweise 240 Millionen Verlust der Crédit Suisse in

Malaysia durch Klagen des Bergaya-Konzerns aufgrund negativer Derivativgeschäfte;

- die Pariser Großbank Société Générale verliert 1992 mit Zinsoptionen rund 20 Millionen Dollar. Ihre Händler gingen im Sommer '92 von stabilen Zinsmärkten aus und verkauften in großem Umfang Zinsoptionen. Damit lagen sie falsch. Denn nach den Währungsturbulenzen im Herbst 1992 hob die französische Nationalbank die Zinsen kräftig an, um den Franc-Wechselkurs zu halten. Damit hatte das Bankhaus nicht gerechnet;
- 1988 verkalkuliert sich Bankers Trust mit Derivaten und meldet 80 Millionen Dollar Verlust;
- AlG Financial Products Corporation, eine Finanzgesellschaft des US-Versicherers AIG, verliert mit Swap-Geschäften 90 Millionen Dollar;
- Kidder Peadbody, ein Tochterunternehmen der General Electric Company, stellt 1994 Luftgeschäfte ihres Händlers Joseph Jett mit einem Verlust von 350 Millionen Dollar fest. Jett, den seine Traderkollegen wegen seiner aggressiven Profitgier eine menschliche Piranha nannten, hatte den Computer mit falschen Daten gefüttert;
- die New Yorker Niederlassung der holländischen ABN AMRO-Bank verliert durch betrügerische Manipulationen ihres Händlers James Mortignoni 1993 im Optionsgeschäft zunächst 50 Millionen Dollar. Die Bank feuert Mortignoni, den Freunde wegen seiner vortrefflichen Elvis Presley-Improvisationen in New Yorker Karaoke-Bars nur Elvis nannten, und ersetzt den »blutigen Anfänger« durch einen Experten aus Europa. Der schafft es dann in nur 30 Tagen, die aufgelaufenen Verluste um 20 auf insgesamt 70 Millionen Dollar zu erhöhen.
  Schuld waren aber nicht nur die mangelhaften Trader-Leistungen. Schuld hatten auch die Kontrolleure, die ihren Pflichten trotz vorliegender Berichte nicht nachkamen;
- zur gleichen Zeit verspielt ein harmloser Schulverwalter in Chicago 39 Millionen Dollar des 100 Millionen Dollar Schulvermögens;

- das gleiche passiert einem College in Texas. Dort verliert man 22 Millionen Dollar;
- 1988 gerät das Duisburger Handelshaus Klöckner durch Verluste im Rohöltermingeschäft mit 550 Millionen Mark in Schieflage.
- Auch die deutschen Versicherungsgesellschaften blieben nicht ohne Schaden. Die Gothaer Versicherung in Göttingen verliert über 100 Millionen Mark und die Kölner Colonia Versicherung macht mit Termingeschäften 100 Millionen Mark Verlust.
- Die Pensionskasse des Schweizer Elektrokonzern Lundys & Gyr verliert rund 410 Millionen Franken durch Fehldisposition mit Aktienoptionen und Zins Swaps.
- Die Volkswagen AG büßt Ende der 80er Jahre mit Devisenspekulationen in Folge fallender Dollarkurse sowie betrügerischer Manipilationen ihrer Devisenhändler 280 Millionen Mark ein.
- Die New Yorker Investmentbank Pain Webber verliert mit sogenannten Mortgage-Backed-Securities-Produkten durch eine US-Leitzinserhöhung 270 Millionen Dollar.
- Die Bank of Montreal gehört ebenfalls zu den Mortgage-Opfern und muß am Ende 51 Millionen Dollar abschreiben.
- 1993 verspekuliert sich die Schweizerische Rentenanstalt im Zinsgeschäft. Sie muß 128 Millionen Franken wertberichtigen.

  Ein vom US-Bundesstaat Wisconsin verwalteter Anlagenfonds verspekuliert sich um 95 Millionen Dollar.
- Mitte 1995 rügt die britische Börsenaufsicht die US-Investmentbank Morgan Stanley. Sie soll durch unautorisierte Spekulationsgeschäfte mit Futures fünf Kunden Verluste in mehrstelliger Millionenhöhe beschert haben.

Eine unvollständige Beispiel-Sammlung derivativer Transaktionen, die in letzter Zeit mit teilweise gigantischem Einsatz fehlschlugen. Fehlschlagen mußten, da jene, die mit diesem »Teufelszeug« umgingen, in der Regel nicht wußten, mit welchen Instrumenten sie da eigentlich handelten und wie sie sie überhaupt sinnvoll risikomindernd oder gewinnbringend hätten einsetzen können. Eigentlich nicht verwunderlich, da selbst erfahrene Finanzprofis den Dschungel der neumodischen derivativen Produkte nur schwer durchschauen.

Wie schwierig die derivate Materie für Experten ist, erweist sich im einzelnen auch bei den Analysen der oben aufgeführten Problemfälle. Denn in der Regel gelingt es den Fachleuten nicht, sich innerhalb kürzester Zeit Aufschluß über Struktur und maximale Risiken aufgebauter derivater Positionen zu verschaffen. Und, wie u. a. das Beispiel Metallgesellschaft zeigt, sind die dann jeweils eingeleiteten Strategien zur Liquidation von Derivativ-Positionen und die daraus entstandenen Verluste in Expertenkreisen umstritten.

Die Dynamik dieser Geschäfte ist atemberaubend. Aber wer nichts davon versteht, sollte sich auch nicht an ihnen beteiligen.

Von Futures, Swaps, Optionen und Kick-off-calls – das kleine Einmaleins der Derivate

Ende Februar 1995 unterbreitet die in Frankfurt ansässige DG Bank Deutsche Genossenschaftsbank ihren privaten Kapitalanlegern ein Angebot. Die Anleger können wahlweise *Short-Optionsscheine (European style)* sowie *Schwellen-Optionsscheine (Barrier options)* auf den Deutschen Aktienindex (Dax) beziehen. Im einzelnen werden je zwei *Serien Jump-In-Puts, Kick-Off-Calls, Short-Calls* und *Short-Puts* aufgelegt.
Alles klar? Die Schwierigkeiten mit den Derivaten oder den derivativen Finanzgeschäften beginnen schon mit einer für Außenstehende unverständlichen Sprache. Bei soviel Begriffswirrwarr, Unverständnis und der Ansicht von Kritikern, daß mit den Geschäften selbst etwas nicht zu stimmen scheint, sprechen selbst erfahrene Händler auf dem Börsenparkett vom »geheimnisvollen derivativen Teufelszeug«.
Das ist es sicher nicht. Wenn die Welt der Derivate von ihrer unverständlichen Kunstsprache befreit wird, wirkt sie auf den Laien auch nicht mehr so gefährlich und geheimnisumwittert.
Der Ideenreichtum der Finanzingenieure hat die Grenzen zwischen den einzelnen Wertpapier-Arten gesprengt. Mit der Zerlegung eines Wertpapiers in seine einzelnen Bestandteile ergibt sich eine große Zahl von Mosaiksteinchen, die gezielt neu zusammengesetzt werden. Dabei entstehen interessante neue Kreationen, die Bestandteile von Anleihe, Aktie, Investmentpapier, Optionsanleihe, Wandelschuldverschreibung, Genußschein oder von allem etwas enthalten.
Jede Neuschöpfung eines derivativen Finanzinstruments

erhält natürlich auch eine neue Bezeichnung. So wird denn der Begriffswirrwarr für Laien und Fachleute zunehmend größer.
Während nachfolgend auf die unterschiedlichen Arten der Derivate eingegangen wird, ist eine Auswahl der weltweit gängigsten Begriffe im Anhang des Buches erfaßt. Dabei werden sowohl Wertpapierarten vorgestellt, die schon in die Konstruktion von derivativen Finanzinstrumenten eingeflossen sind, als auch solche, die vielleicht schon in allernächster Zeit bei Neuschöpfungen auftauchen.
Man unterscheidet zwischen drei Arten derivativer Finanzinstrumente:

- **Swaps,**
- **Finanzterminkontrakte** und
- **Optionen.**

Der **Swap**-Markt entstand Anfang der 80er Jahre. Seitdem expandiert er mit jährlichen Wachstumsraten von zeitweise über fünfzig Prozent.
Mit dem Swap-Einsatz gelingt es, das Risikoprofil von Zins- und Währungspositionen flexibler, kostengünstiger sowie mit geringeren sonstigen Risiken den jeweiligen Erfordernissen anzupassen. Zwei Grundformen sind entstanden:

- **Zinsswaps** und
- **Währungsswaps.**

Beim **Zinsswap** werden unterschiedlich geartete Zinsbeträge getauscht. Dabei werden meistens *Kuponswaps* abgeschlossen, bei denen variabel verzinsliche mit festverzinslichen Beträgen getauscht werden.
Demgegenüber werden mit *Basisswaps* variabel verzinsliche, aber unterschiedlich berechnete Zahlungen, beispielsweise auf der Basis von *Libor* und *Fibor,* gehandelt.
Eingesetzt werden sie u. a. als Zinssicherungsinstrument, um einerseits durch einen Tausch variabel in fest die Zinskosten von Verbindlichkeiten festzuschreiben und damit gegen steigende Zinsen zu sichern oder andererseits durch den Tausch

fest in variabel von niedrigen Geldmarktzinsen zu profitieren und die Chancen sinkender Zinsen auszunutzen.
Mit einem ausstehenden Betrag von 6 177 Milliarden US-Dollar stellen sie Ende 1993 den bedeutendsten Teilmarkt für Swaps.

Mit **Währungsswaps** werden Kapital und Zinsbeträge unterschiedlicher Währungen getauscht. Dabei werden die Kapitalbeträge zu einem Wechselkurs getauscht, der auch für die Rückzahlung bei Fälligkeit des Swaps maßgeblich ist.
Im Laufe der letzten Jahre entwickelten sich zahlreichc Swap-Varianten, zum Beispiel *Terminswaps, Swap-Optionen, Commodity-Swaps (Rohstoffswaps)* oder *Equity-Swaps (Swaps mit Aktien)*.
Wie das funktioniert, zeigt ein Beispiel aus dem Bereich der Rohstoff-Swaps. Ein großer Teil dieser Swaps wird über eine bestimmte Art und Menge eines bestimmten Rohstoffs, z. B. Erdöl, abgeschlossen. Dabei zahlt der eine Vertragspartner den aktuellen Marktpreis, der andere einen für dic Laufzcit des Swaps festgelegten Wert.

Mit **Finanzterminkontrakten** wird die Lieferung eines standardisierten Finanzinstruments zu einem bestimmten Preis zu einem festen Termin gesichcrt.
Man unterscheidet *currency futures (Währungsterminkontrakte), interest rate futures (Zinsterminkontrakte), stock index futures (Aktien-Index-Terminkontrakte)* und *precios metal futures (Edelmetallkontrakte)*.
Ihr Markt entwickelte sich zu Beginn der 70er Jahre an den amerikanischen Terminbörsen.

Optionen – mit ihnen erhält man das Recht, nicht aber die Verpflichtung, ein Finanzinstrument zu kaufen oder zu verkaufen. Optionsgeschäfte können mit Aktien, festverzinslichen Anleihen, Devisen, börsenmäßig gehandelten Waren oder aber auch mit Gegenständen sein, die nicht an der Börse gehandelt werden, zum Beispiel Grundstücke.

Bei einem Optionsgeschäft mit Wertpapieren erhält der Käufer einer *Kaufoption (Call)* gegen Zahlung des Optionspreises das Recht, innerhalb der Laufzeit der Option *(Optionsfrist)* das Wertpapier zum vereinbarten Preis (*Optionspreis* auch *Basispreis* des Optionsgeschäfts) zu kaufen. Dagegen muß der Verkäufer einer Kaufoption, der *Stillhalter in Wertpapieren,* das Wertpapier zum Basiskurs liefern, wenn der Käufer der Kaufoption von seinem Recht Gebrauch macht und die Option ausübt.
Der Käufer einer *Verkaufsoption (Put)* erlangt gegen Zahlung des Optionspreises das Recht, das Wertpapier innerhalb der Laufzeit der Option zum Basiskurs (auch *Ausübungskurs*) zu liefern. Der Verkäufer der Verkaufsoption, der *Stillhalter in Geld,* muß das Wertpapier zum Ausübungskurs abnehmen, wenn der Käufer der Verkaufsoption von seinem Recht Gebrauch macht und die Option ausübt.

- *Finanzterminkontrakte* führen zur Lieferung eines standardisierten Finanzinstruments zu einem bestimmten Preis und zu einem festen Termin.
- *Finanzkontrakte* werden in
  - Währungsterminkontrakte (currency futures), Zinsterminkontrakte (interest rate futures),
  - Aktienindexterminkontrakte (stock index futures) und
  - Edelmetallterminkontrakte (precious metal futures) und auf den Terminkontrakt für Bundesanleihen, Bund Future, gehandelt.

Derivative Finanzinstrumente eignen sich zum *Hedging,* zur *Spekulation* und zur *Arbitrage,* ohne daß dazu Transaktionen am *Kassamarkt* des zugrundeliegenden Finanzinstruments notwendig sind.
Beim *Hedging* ist zum Beispiel der Käufer einer Ware in Übersee durch einen Terminverkauf für den Zeitpunkt der Ankunft der Ware gegen das Risiko zwischenzeitlicher Preisänderungen abgesichert. Bei einem Preisverfall der Ware ergeben sich

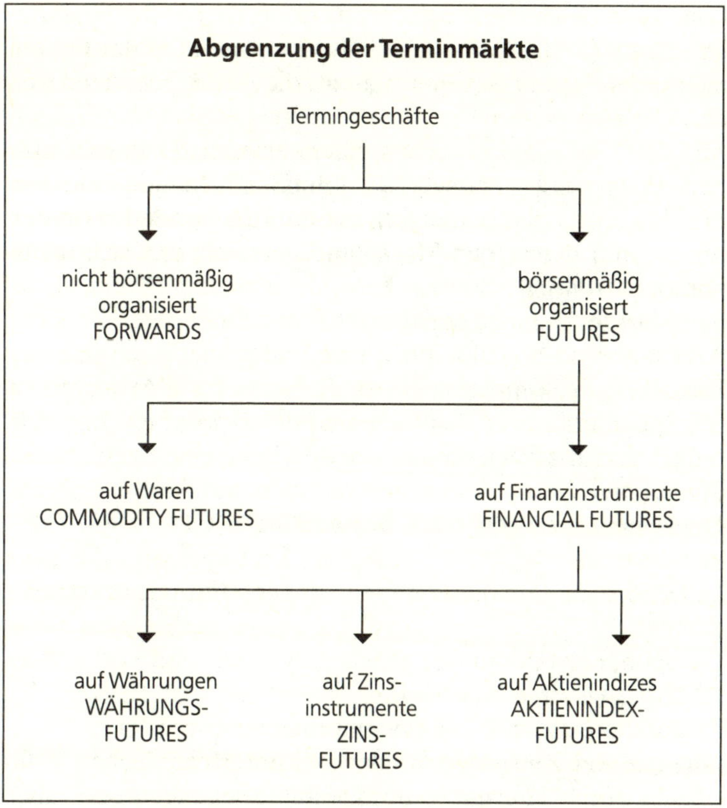

ein Verlust aus dem Warenverkauf und ein gleichzeitiger Gewinn aus dem Terminverkauf. Ein mögliches Wechselkursrisiko in diesem Geschäft läßt sich durch den gleichzeitigen Aufbau von Schuldner- und Gläubigerpositionen in fremden Währungen ausschalten *(Kurssicherung)*.

Beim *Finanzhedging* geschieht dies mit Hilfe eines Kreditgeschäftes. So kann der Exporteur einen Fremdwährungskredit aufnehmen, der zeitlich zusammen mit der Fremdwährungsforderung aus dem Export fällig wird und mit ihm gedeckt werden kann. Gleichzeitig können die aus dem Fremdwährungskredit zur Verfügung stehenden Mittel aus dem Devisenkassamarkt in inländische Währung konvertiert werden.

Vom *Delta Hedging* spricht man, wenn derivative Finanzinstrumente (z. B. Optionen auf Aktien) durch das der Option zugrundeliegende Basisinstrument, die Aktie, gehedged werden.

Mit der *Spekulation* soll aus einem erwarteten Preisanstieg beziehungsweise Preisverfall schlußendlich ein Gewinn erzielt werden. Sie richtet sich auf intertemporale Preisunterschiede auf demselben Markt und unterscheidet sich damit von der *Arbitrage,* die sich Peisunterschiede auf verschiedenen Märkten zunutze macht.

Arbitrage und Spekulation können allerdings auch in einer Transaktion gekoppelt sein. Im Gegensatz zur Arbitrage ist die Spekulation mit Risiken behaftet, da künftige Entwicklungen grundsätzlich unsicher sind.

Spekulative Geschäfte werden vor allem auf Wertpapier- und Devisenmärkten sowie bei börsenfähigen Gütern wie Edelmetallen oder landwirtschaftlichen Erzeugnissen oder aber außerbörslich von jedermann auf dem Grundstücksmarkt getätigt.

Da bei der Arbitrage fast gleichzeitig Kauf- und Verkaufsgeschäfte abgeschlossen werden, ist sie frei von Risiken. Im Bankenbereich wird sie gewinnbringend entweder zur Ausnutzung von Zinsunterschieden bei unterschiedlichen Währungen durch internationale Kapitalbewegungen oder aber durch das Ausnutzen unterschiedlicher Kurse am Devisenmarkt eingesetzt.

Ein ausführliches Glossar mit umfangreichen Begriffs-Definitionen aus der Welt der derivativen Finanzinstrumente befindet sich auf den Seiten 225 ff.

Wie der Hebel funktioniert

Die Tücke im Geschäft mit den Derivaten besteht in einem Effekt, den Fachleute als Hebel bezeichnen.
Wer an der traditionellen Aktienbörse eine Milliarde Mark verspekulieren will, muß zunächst einmal mindestens eine Milliarde Mark anlegen. Über so viel Geld aber verfügt normalerweise kein Händler. An den Terminmärkten dagegen, läßt sich mit einem geringen Kapitaleinsatz sowohl ein hoher Gewinn als auch ein hoher Verlust erzielen.
So kostete Anfang März 1995 an der Deutschen Terminbörse ein Terminkontrakt – das ist die kleinste handelbare Einheit – auf den Deutschen Aktienindex (DAX) mit Lieferdatum September 1995 rund 215 000 Mark. Dahinter steht die Erwartung des Marktes, daß der DAX im September bei etwa 2 150 Punkten stehen dürfte. Angenommen, ein Händler ist der Ansicht, die Aktienkurse steigen bis zum Herbst stark an, so daß der DAX einen Stand von beispielsweise 2 400 Punkten erreicht, entspräche das einem Wert seines Terminkontraktes von 240 000 Mark. Der Händler wird in diesem Fall für jeden Kontrakt einen Gewinn von 25 000 Mark verbuchen. Angenommen aber, die Spekulation geht schief, und der DAX-Kontrakt fiele als Folge schwerer Kursverluste auf 1 400 Punkte zurück, dann wäre der Kontrakt nur noch 140 000 Mark wert. Ein Verlust von 75 000 Mark.
Im Unterschied zum normalen Aktiengeschäft findet das Termingeschäft – wie oben ausgeführt – erst in der Zukunft statt und muß daher heute auch nicht bezahlt werden. Der einzige Aufwand besteht in einer Sicherheitsleistung der Bank an die

Terminbörse, die für einen Kontrakt nur ein paar tausend Mark beträgt. Daher kann ein Händler an einer Terminbörse mit wenig Einsatz riesige Positionen aufbauen.
Kauft eine Bank hundert Kontrakte, muß sie nur einen sechsstelligen Betrag hinterlegen. Aber sie erwirbt damit Kontrakte im Wert von 21,5 Millionen Mark. Steigt der DAX-Kontrakt auf 2 400 Punkte, sind die Kontrakte 24 Millionen wert. Fällt der DAX auf 1 400 Punkte, beträgt der Kontraktwert nur noch 14 Millionen Mark. Im einen Fall hat der Händler 2,5 Millionen Mark verdient, im anderen 7,5 Millionen Mark verloren.

Derivative Produktpalette und wie ihre Finanzinstrumente eingesetzt werden

Was heute noch von vielen als hochspekulatives Teufelszeug verdammt wird, wird von einer wachsenden Anhängerschar aus Bankkreisen und Kreisen der Großindustrie längst als das Sicherungsinstrumentarium auf den weltweiten Kapital- und Warenterminmärkten auf dem Weg ins nächste Jahrtausend prognostiziert – die Derivate.
Denn, wie oben bereits ausgeführt, diese neuen Finanzinstrumente bieten erstmals die Möglichkeit, Risiken bei konventionellen Kapital- und Warenterminprodukten aufzuteilen und getrennt zu handeln. Dadurch kann beispielsweise jede Bank oder jeder Kunde individuell entscheiden, ob man ein

Einsatz derivativer Finanzinstrumente im Unternehmensbereich an Beispielen
Derivative Finanzinstrumente 1994 in Mio DM

Unternehmen	Devisengeschäft	Zinsinstrumente + Sonstige	Insgesamt
Daimler Benz AG	23 246	15 704	38 950
Volkswagen AG	10 980	14 759	25 740
Bayer AG	4 928	2 728	7 656
Hoechst AG	4 457	1 825	6 282
Sandoz AG	3 267	1 411	4 678
Swissair AG	1 185	1 252	2 437
Schering AG	1 192	537	1 729

Währungs- oder Zinsrisiko eingehen oder aber sich gegen Zahlung einer Art Versicherungsprämie absichern will.
Dabei ist zu beachten, daß diese derivativen Finanzprodukte wesentlich komplexer als das traditionelle Geldgeschäft sind. Denn wenn eine Bank einen Kredit über zehn Millionen US-Dollar vergibt, dann geht sie ein maximales Kreditrisiko in genau dieser Höhe ein. Kauft sie dagegen für zehn Millionen US-Dollar ein derivatives Instrument mit dessen großer Hebelwirkung, beispielsweise eine Währungsoption, dann kann diese unter extremen Umständen einen Tag später fünfzehn Millionen, vielleicht aber auch nur fünf Millionen wert sein – je nach dem, wie sich der Wert eines dem derivativen Produkt zugrunde liegenden Assets, zum Beispiel eine bestimmte Währung, verändert hat.
Dieses Verlustrisiko zu verstehen, zu messen und schließlich zu beherrschen, ist Aufgabe von Spezialisten.
Wo das funktioniert, sind diese Finanzprodukte zwischenzeitlich als Werkzeuge zur Risikoabsicherung nicht mehr fortzudenken. Ein Automobilhersteller wie beispielsweise BMW, der ein Werk in den USA errichtet, sichert sich durch den Einsatz von Cross Currency Swaps gegen Währungsrisiken ab. Ein Chemieunternehmen sichert seine variablen Finanzierungskosten durch den Kauf von Caps ab. Ein Bundesland emittiert eine Floating Rate Note mit Zinsobergrenze. Ein Portfoliomanager erhöht seine Performance durch gezielten Verkauf von Optionen auf Anleihestände. Beispiele aus dem Finanzalltag, mit Derivaten entweder Risiken abzusichern oder sie zur Ertragserhöhung einzusetzen.
Derivate haben darüber hinaus eine besondere Rolle bei der Verknüpfung von Märkten. So verbinden beispielsweise Cross Currency Swaps die Zins- und Währungsmärkte direkt miteinander. Ihr Einsatz ermöglicht so eine gewisse Arbitragefreiheit.
Schon vor den Einsatzmöglichkeiten der neuen Finanzprodukte war das Zinsmanagement im Unternehmensbereich von großer Bedeutung. Vor den achtziger Jahren konnten die Finanzmanager durch Kredite und Wertpapiere mit festem

oder variablem Zins eine Zinsmeinung umsetzen und auf Zinssensitivitäten Rücksicht nehmen. Dieser traditionelle Ansatz hatte für das Unternehmen im Gegensatz zu den heutigen Möglichkeiten einen gravierenden Nachteil: Man mußte stets Kapital bewegen, was sich daher auch immer auf die Bilanz auswirkte.

Mit der Einsatzmöglichkeit der neuen Finanzinstrumente können Zinsentscheidungen ohne direkte Konsequenzen für die Liquiditätssphäre getroffen werden. Die Vorteile zur früheren Praxis: Die Instrumente des Zinsmanagement sind einerseits bilanzneutral und andererseits ermöglichen sie die Trennung von Liquiditäts- und Zinsrisiken und deren separate Steuerung. Dadurch können Zinsrisiken abgegrenzt und abgesichert werden, ohne Liquidität zu bewegen.

Damit können zu jeder Zeit Mittel immer in dem Finanzmarkt aufgenommen oder angelegt werden, der die günstigsten Konditionen bietet.

Durch den Einsatz derivativer Zinsinstrumente kann der Finanzmanager den Unternehmenserfolg über zwei Zielrichtungen steuern: Sicherung des Ertrages aus der Geschäftstätigkeit des Unternehmens durch Zinsmanagement der Passivseite und Optimierung des betrieblichen Finanzvermögens durch Zinsmanagement auf der Aktivseite.

Dabei kann sich das Unternehmen grundsätzlich zwischen Zins-Risiko oder Zins-Sicherung entscheiden:

- Ziel der Sicherungs Entscheidung ist es, eine bestehende Risikoposition durch ein Gegengeschäft zu neutralisieren. Dieser Vorgang wird als Hedging bezeichnet. Eine Hedge ist perfekt, wenn er das Risiko völlig ausschaltet. Dagegen deckt ein partieller Hedge das Risiko in mehr oder weniger großem Umfang ab. Mit einem Makro-Hedge werden Gesamtpositionen und mit einem Mikro-Hedge individuelle Risikopositionen abgesichert.
- Die Risiko-Entscheidung bezeichnet man als Positionierung. Ihr geht eine Analyse der Risikosituation voraus. Sie setzt zudem eine Erwartungshaltung hinsichtlich der Risikovariablen – also der Zinsentwicklung – voraus.

Eine Positionierung ist im Grunde auch dann gegeben, wenn man sich gegenüber Zinsänderungsrisiken passiv verhält. Das allerdings ist die schlechteste aller Wahlmöglichkeiten. So ist auch ein festverzinslicher Kredit nicht risikofrei, wenn das damit finanzierte operative Geschäft zinssensitiv ist.

Die Entscheidung zwischen Hedging und Positionierung ist gleichzeitig auch Ausdruck einer Treasury-Philosophie. Bei einer Hedging-Strategie kann die Managementkapazität voll auf die Steuerung der leistungswirtschaftlichen Zahlungsströme, die Marktentwicklung und die Unternehmensstrategie konzentriert werden, da kein zusätzlicher Bedarf durch Positionierungsentscheidungen besteht. Die Positionierung bedeutet dagegen einen wichtigen Schritt in der Entwicklung des Finanzbereichs zum Profit-Center. Diese Tendenz ist weltweit bei vielen Unternehmen zu beobachten.

Für die Positionierung spricht, daß eine reine Absicherungsstrategie zu Wettbewerbsnachteilen führen kann, wenn Konkurrenten ein aktives Zinsmanagement betreiben und durch Positionierungskomponenten eine Reduzierung der Zinskosten erreichen.

Die Umsetzung der kostengünstigsten Variante ergibt sich häufig aus der Kombination von Finanzierungs- und Finanzinstrumenten.

Bei einer direkten Umsetzung stimmt die Risiko-Charakteristik des eingesetzten Instruments mit dem Zielprofil der Hedging- und Positionierungsstrategie überein.

Bei der Arbitrage wird der Hedge oder die Positionierung nicht direkt, sondern durch Einbeziehung eines oder mehrerer Instrumente synthetisch erreicht. Das heißt, nicht das Einzelinstrument hat das gewünschte Risikoprofil, sondern die Gesamtheit der kombinierten Instrumente. Viele Arbitragemöglichkeiten können überhaupt erst durch den Einsatz von Finanzinnovationen erschlossen werden.

Die Finanzinnovationen im Zinsmanagement lassen sich in zwei Grundformen unterteilen. In Zinstermingeschäfte mit symmetrischem und Optionen mit asymmetrischem Risikoprofil.

Die einfachste Form eines bilanzwirksamen Zinstermingeschäfts ist das Kredittermingeschäft, auch Forward genannt. Hier trifft der Gläubiger mit dem Schuldner die Vereinbarung, den Kredit zu einem späteren Zeitpunkt mit einem vorab vereinbarten Zinssatz zur Verfügung zu stellen. Für den Gläubiger bringt diese Konstruktion zwei Risiken – das Kreditrisiko und das Zinsänderungsrisiko. Wegen der zusätzlichen Bilanzverlängerung auf der Seite des Kreditgebers haben sich Kredittermingeschäfte in der Praxis nicht durchgesetzt.

Dagegen gelingt es mit bilanzneutralen Finanzprodukten, sowohl die Bilanzverlängerung zu vermeiden als auch das Kreditrisiko zu reduzieren. Dazu werden Zinstermingeschäfte als Forward Rate Agreements (FRAs) abgeschlossen. Zinstermingeschäfte, die standardisiert an Börsen gehandelt werden, bezeichnet man als Zinsfutures (Interest Rate Futures). FRAs und Futures sichern eine zukünftige standardisierte Zinsperiode ab.

Serien solcher Zinsperioden werden durch Swaps abgesichert. Beim Swap findet während seiner gesamten Laufzeit ein gegenseitiger Austausch von Zahlungströmen zu mehreren Zeitpunkten statt. Die Risikoverteilung dieser Zinstermingeschäfte ist symmetrisch, d. h. sie ist für beide Parteien gleich groß.

Demgegenüber ist die Risikoverteilung bei einer Option asymmetrisch. Denn das Risiko eines Optionskäufers ist auf die Höhe der Optionsprämie begrenzt, während sein Gewinnpotential unbegrenzt ist. Für den Verkäufer einer Option ist das Gewinnpotential auf die Höhe der Optionsprämie begrenzt, gleichzeitig trägt er ein unbegrenztes Stillhalterisiko. Zunächst besteht ein Zahlungsstrom nur in einer Richtung. Die Optionsprämie wird bei Vertragsbeginn gezahlt. Nur im Falle einer Ausübung der Option werden Ansprüche des Optionskäufers – entweder durch eine Ausgleichszahlung oder durch Lieferung des Basisinstruments – ausgeglichen.

Die verschiedenen derivativen Finanzprodukte haben sich mit unterschiedlicher Dynamik am Markt durchgesetzt:

Währungsswaps wurden erstmals Ende der 70er Jahre – im Zusammenhang mit Kapitalmarktarbitragen – als Alternative zu Back-to-Back-Krediten und langfristigen Devisentermingeschäften – eingesetzt. Das Wachstum verlief vor allem wegen höherer Risiken als bei den reinen Zinsinstrumenten moderat.

Ein Währungsswap läßt sich in drei Schritte aufgliedern:
- Bei Vertragsabschluß werden Kapitalbeträge in den zugrundeliegenden Währungen getauscht, üblicherweise zum aktuellen Kassakurs.
- Während der Laufzeit werden Zinsen auf die im Tausch erhaltenen Kapitalbeträge getauscht.
- Zum Ende der Laufzeit werden die Kapitalbeträge auf Basis des ursprünglichen Wechselkurses zurückgetauscht.

Die gängigsten Währungsswaps unterscheiden sich wie folgt:
- Beim fixed-Währungsswap werden Festsatzzinsen in unterschiedlichen Währungen gezahlt und empfangen.
- Beim floating-Währungsswap werden variable Zinsen auf Kapitalbeträge in zwei verschiedenen Währungen gezahlt und empfangen.
- Kombinierte Zins-/Währungsswaps schaffen den Austausch von festen und variablen Zinszahlungen in zwei verschiedenen Währungen.

Zinsswaps wurden fast zeitgleich mit den Währungsswaps entwickelt. Sie sind die Klassiker des bilanz-neutralen Zinsmanagement.
Unter einem Zinsswap versteht man eine vertragliche Vereinbarung über den Austausch von unterschiedlich gestalteten Zinszahlungsströmen über einen bestimmten Zeitraum. Dabei werden feste gegen variable Zinssätze getauscht. Die Berechnungen der Zinszahlungen beziehen sich nur auf einen nominellen Kapitalbetrag. Daher werden in einem Zinsswap keine Kapitalbeträge, sondern lediglich Beträge zum Ausgleich von Zinsdifferenzen ausgetauscht.

An den Swapmärkten können erwartete oder effektive Zinsveränderungen tendenziell schneller abgesichert oder positioniert werden als über die Märkte, an denen bilanzwirksame Instrumente gehandelt werden. Sieht beispielsweise ein Unternehmen mit langfristigem Finanzierungsbedarf ein akutes Zinssteigerungsrisiko, kann via Swap unmittelbar und ohne Zeitverlust ein Zinssatz festgeschrieben werden. Demgegenüber erfordern langfristige Finanzierungen Verhandlungs-Vorlaufzeiten.

Bei den Zinsswaps haben sich im Laufe der letzten Jahre zwei wichtige Einsatzmöglichkeiten herausgebildet: das Aktiv-/Passivmanagement und die Arbitrage.

- Im Aktiv-/Passivmanagement kann durch den Einsatz von Zinsswaps der Zins-Charakter von Bilanzpositionen verändert werden, ohne die zugrundeliegenden Bilanzposten selbst zu verändern. Das ist dann vorteilhaft, wenn eine Umstrukturierung von Bilanzpositionen aus Zinsgründen auf konventionellem Weg mit einer Bilanzverlängerung und mit einer Veränderung von Bilanzkennziffern oder mit zusätzlichen Kosten verbunden wäre.
- Arbitragemöglichkeiten durch den Einsatz von Zinsswaps treten auf, wenn Unternehmen über Zugang zu vergleichsweise günstigen Finanzierungsformen in einem bestimmten Teilmarkt, z. B. im Geldmarkt, verfügen und diese in einen anderen Teilmarkt, z. B. Kapitalmarkt, transferieren wollen. Viele Unternehmen können sich kurzfristige Liquidität zu attraktiven Konditionen beschaffen, z. B. über DM-LIBOR- oder Sola-Wechsel-Finanzierungen, oder sie haben Zugang zu attraktiven langfristigen Finanzierungen. Andere Unternehmen verfügen in mehreren Teilmärkten über niedrige Finanzierungskosten. Bei der Entwicklung des Swapmarktes stand zunächst das Ausnutzen komparativer Kostenvorteile im Vordergrund, wie sie sich aus derartigen Konstellationen ergeben können.

FRAs (Forward Rate Agreement) haben erst in der zweiten Hälfte der 80er Jahre im DM-Bereich Verbreitung gefunden. Das FRA wird oft als Einstieg in das Zinsmanagement genutzt. Es bietet Einsatzmöglichkeiten im kurzfristigen Bereich bei überschaubarem Risiko.
Beim Forward Rate Agreement vereinbaren zwei Vertragspartner die Festlegung eines Zinssatzes, der für einen vereinbarten Zeitraum in der Zukunft verbindlich ist. Die Zinsen werden auf einen vereinbarten nominellen Kapitalbetrag berechnet, ohne daß Kapital zur Verfügung gestellt wird.
Durch den Kauf eines FRAs können Finanzierungen gegen das Risiko steigender Zinsen abgesichert werden. Durch den Verkauf eines FRAs lassen sich bestehende oder geplante Mittelanlagen gegen das Risiko sinkender Zinsen absichern.

Die FRAs eignen sich auf der Passivseite zur:
- Zinsabsicherung von geplanten Kreditaufnahmen. Wird bei der Liquiditätsplanung ein in der Zukunft auftretender Kreditbedarf ermittelt, so können die Zinskosten für diese Geldmarktkreditaufnahme schon vorab durch den Kauf von FRAs festgeschrieben werden.
- Zinsabsicherung von bestehenden Kreditfascilitäten: Erwartet ein Unternehmen Zinssteigerungen, so können bestehende variabel verzinsliche Kredite durch den Kauf von FRAs gegen das Risiko steigender Zinsen abgesichert werden.
- Zinsabsicherungen bei saisonalem Kreditbedarf: Hat ein Unternehmen neben einem Bodensatz an Betriebsmittelfinanzierungen einen saisonalen, zusätzlichen Kreditbedarf, kann dieser maßgeschneidert durch den Kauf von FRAs gegen das Zinsrisiko gesichert werden.

FRAs eignen sich beim Zinsmanagement auf der Aktivseite zur:
- Zinsabsicherung von geplanten Anlagen: Erwartet ein Unternehmen einen Liquiditätsüberschuß in der Zukunft und hält die gegenwärtigen Zinsen für attraktiv, so können

diese Zinsen für einen Zeitraum in der Zunkunft fixiert werden.

- Zinsabsicherung: Bestehende Terminanlagen können durch den Verkauf von FRAs gegen das Risiko sinkender Zinsen abgesichert werden.
- Erhöhung der Zinserträge: Durch den Einsatz von FRAs kann die Rendite von kurzfristigen, variabel verzinslichen Anlagen erhöht werden. Bei einem normalen – ansteigenden – Verlauf der Zinsstrukturkurve hat der Anleger die Möglichkeit, durch den Verkauf von FRAs einen Zinssatz zu sichern, der über den aktuellen Marktzinsen liegt. FRAs können also auch dann sinnvoll sein, wenn keine Zinsbewegung über den Absicherungszeitraum eintritt.

Caps als Optionsprodukte haben sich im DM-Bereich ebenfalls erst etwa 1985 durchgesetzt. Sie verzeichnen seither ein hohes Wachstum. Der Grund hierfür: Sie bieten eine Begrenzung des Zinssteigerungsrisikos bei gleichzeitiger Chance, von sinkenden Zinsen zu profitieren.
Durch Caps läßt sich das Zinsänderungsrisiko variabel verzinslicher Kredite begrenzen. Gleichzeitig wird die Möglichkeit offengehalten, Zinsersparnisse durch niedrige oder fallende Zinssätze zu realisieren. Im Gegensatz zum Swap ermöglichen Caps auch dann eine Zinssicherung, wenn keine Meinung über den zukünftigen Zinsverlauf gebildet wurde.

Floors sind das Gegenstück zum Cap. Hier wird die Zinsuntergrenze vertraglich festgeschrieben.
Ein Floor eignet sich in erster Linie zur Absicherung variabel verzinslicher Aktiva gegen mögliche Zinssenkungen und gegen das damit verbundene Risiko einer sinkenden Rendite. Durch einen Floor wird eine Mindestrendite auf der Höhe des Floor-Strike-Preises festgeschrieben.

Swaptions. Sie geben einem Optionskäufer gegen Zahlung einer Optionsprämie das Recht, zu einem festgelegten Zeit-

punkt in einem hinsichtlich Laufzeit und Zinshöhe spezifizierten Swap einzutreten.
Für Swaptions bestehen zwei Einsatzmöglichkeiten:

- Der mit einem Leistungsbereich eines Unternehmens verknüpfte Einsatz. Beispielsweise zur Projektfinanzierung, etwa im Zusammenhang mit Bietungsverfahren bei Ausschreibungen. Damit kann in Verbindung mit einem Leistungsangebot gleichzeitig ein Finanzierungsangebot abgegeben werden, ohne daß im Fall der Nichterteilung des Auftrags ein Zinsrisiko besteht.
- Der mit dem Finanzbereich eines Unternehmens verknüpfte Einsatz. Wird beispielsweise eine DM-Anleihe in zwölf Monaten fällig, so kann der Schuldner für die Anschlußemission durch den Einsatz einer Swaption das Risiko steigender Zinsen absichern.

Financial Futures sind börsengehandelte, standardisierte Finanzterminkontrakte. Es ist die vertragliche Vereinbarung, den standardisierten Wert eines Instruments später zu einem vorab vereinbarten Preis zu kaufen oder zu verkaufen. Zu den Financial Futures zählen Kontakte in

- Currency Futures (Devisenterminkontrakte),
- Precious Metal Futures (Edelmetallkontrakte),
- Stock Index Futures (Aktienindexterminkontrakte),
- Interest Rate Futures (Zinsterminkontrakte).

Im Geldmarktgeschäft werden folgende Absicherungsinstrumente im Zinsbereich gehandelt:

Absicherungs-instrument	Absicherung gegen steigende Zinsen	Absicherung gegen sinkende Zinsen	Kurzbeschreibung Merkmale
Zinstermingeschäft			
Forward Rate Agreements			OTC-Produkt, ein fester Zins für eine zukünftige Periode wird festgelegt; Differenz zwischen FRA- und Marktzins wird ausgetauscht
Kauf eines FRA	X		Markt-Zins > FRA-Zins: FRA-Verkäufer erhält Differenz von FRA-Käufer
Verkauf eines FRA		X	Markt-Zins < FRA-Zins: FRA-Verkäufer erhält Differenz von FRA-Käufer
Zins-Futures			standardisierter, börsengehandelter Terminkontrakt auf Geldmarktgeschäfte
Kauf von Zins-Futures		X	bei sinkenden Zinsen kann der Futures später teurer verkauft werden; Gewinn deckt niedrigere Zinseinnahmen
Verkauf von Zins-Futures	X		bei steigenden Zinsen kann der Futures billiger zurückgekauft werden; Gewinn aus Differenz deckt höhere Zinskosten
Zinssatz-Swaps			OTC-Produkt, Austausch von Zinszahlungen
Fixed Rate Payer	X		bezahlt fixierten Swap-Satz
Floating Rate Payer		X	bezahlt variablen Zinssatz, z. B. LIBOR

Absicherungs-instrument	Absicherung gegen steigende Zinsen	Absicherung gegen sinkende Zinsen	Kurzbeschreibung Merkmale
Optionen			
Optionen auf Zins-Futures			bietet eine Wahlmöglichkeit, einen Zinsterminkontrakt zu kaufen oder zu verkaufen.
Kauf einer Call-Option		X	Recht, einen festgelegten Zins-Futures zu einem fixierten Preis zu kaufen
Kauf einer Put-Option	X		Recht, einen festgelegten Zins-Futures zu einem fixierten Preis zu verkaufen
Optionen auf Zinssatz-Swaps			Recht, an oder bis zu einem bestimmten Zeitpunkt mit der Gegenpartei einen fest vereinbarten Swap abzuschließen
Call-Swaption		X	Recht, unter dem Swap den variablen Zins zu bezahlen und den Fix-Zins zu erhalten
Put-Swaption	X		Recht, unter dem Swap den Fix-Zins zu bezahlen und den variablen Zins zu erhalten
Cap	X		maximaler Zinssatz wird vereinbart; Cap-Verkäufer bezahlt dem Cap-Käufer die Differenz zwischen dem LIBOR und dem maximalen Zinssatz, falls diese positiv ist
Floor		X	minimaler Zinssatz wird festgelegt; Differenz zwischen Mindestzinssatz und LIBOR wird ausbezahlt, falls diese positiv ist
Collar	X	X	gleichzeitiger Kauf eines Cap und Verkauf eines Floor; oder vice versa

Wie im einzelnen neben Banken auch modern geführte Großunternehmen Finanzderivate innerhalb des Risikomanagements nutzen, zeigt eine Auswahl von Einsatzmöglichkeiten:

Beispiel: Zinsänderungsrisiko

Ein Unternehmen, das im Bereich Anlagenbau tätig ist, erhält einen Großauftrag. Das Auftragsvolumen beläuft sich auf 100 Millionen Mark. Das Projekt erstreckt sich über fünf Jahre, muß deshalb vorfinanziert werden. Um dabei die in den Auftragspreis einkalkulierte Gewinnmarge abzusichern, stehen drei Finanzierungsalternativen zur Verfügung:

- Ein Firmenkredit mit variablem Zinssatz. Dabei verzichtet das Unternehmen in Erwartung stabiler oder fallender Zinsen für die folgenden fünf Jahre auf jegliche Absicherung des Risikos.
- Ein Firmenkredit mit fünfjähriger Zinsbindung oder ein Kredit mit variabler Verzinsung plus Fünf-Jahres-Zinsswap als Festzahler. Dabei tauscht das Unternehmen eigene variable Zinsverpflichtungen und erhält dafür konstante Zinszahlungen.
- Ein Firmenkredit mit variablem Zinssatz ergänzt durch einen Cap, ein derivatives Produkt, mit dem sich der Käufer gegen Zinssteigerungen schützt.

Entscheidet sich das Unternehmen für die erste Variante, so geht es ein beträchtliches Zinsänderungsrisiko ein. Im Falle steigender Zinsen würden die Finanzierungskosten einen beträchtlichen Teil der kalkulierten Gewinnmarge aufzehren.

Die zweite Finanzierungsvariante schließt das Risiko aus. Dabei gewinnt das Unternehmen mit einem Swap gegenüber dem Festzinskredit an Flexibilität, weil es schnell auf neue Zinstrends reagieren kann. Rechnet der Finanzchef des

Unternehmens etwa nach einer Phase steigender Zinsen mit einem anhaltenden Rückgang, so löst er den Swap auf und führt die Finanzierung variabel weiter. Allerdings ist auch die Zinsbindung nicht ohne Risiko. Fallen nämlich die Geldmarktsätze, so erlangt ein Wettbewerber, der sich variabel refinanziert, beträchtliche Kostenvorteile.
Die dritte Finanzierungsvariante, der mit einem Cap ausgestattete variable Kredit, schließt auch diesen Unsicherheitsfaktor aus. Mit dem Cap erwirbt das Unternehmen eine Option, die ihm immer dann eine Ausgleichszahlung sichert, wenn der Geldmarktzins über einem vereinbarten Satz, dem sogenannten Strike-Zins liegt. Dadurch ist das Unternehmen automatisch gegen einen Zinsanstieg abgesichert, profitiert aber in vollem Umfang von fallenden Zinsen.
Diese Sicherheit hat allerdings ihren Preis: Ein Fünf-Jahres-Cap mit einem Strike-Zins von 6,5 Prozent kostet für einen 100-Millionen-Mark-Kredit rund zwei Millionen Mark.

Die Entscheidung, für welche Dauer Gelder aufgenommen oder angelegt werden, hängt stark von den Zinserwartungen ab. Ist diese Entscheidung nicht durch übergeordnete Regeln, beispielsweise durch strikte Einhaltung der Fristenkongruenz vorgegeben, kann das Zinsrisiko – wie nachfolgende Beispiele einer künftigen Mittelaufnahme bzw. Mittelanlage zeigen – aktiv bearbeitet werden.
In beiden Beispielen bestehen folgende Handlungsmöglichkeiten:

a) keine Absicherung
b) Kauf einer Put-Option
c) Terminabsicherung

Beispiel: Absicherungsstrategie bei künftiger Mittelaufnahme

In 6 Monaten sind 10 Millionen Mark für eine Laufzeit von 6 Monaten zu beschaffen, weil z. B. zu diesem Zeitpunkt ein alter Kredit abläuft, der erneuert werden muß. Die Überlegung, daß nur für weitere 6 Monate refinanziert werden soll, kann auf der Erwartung beruhen, daß in absehbarer Zeit die Zinsen sinken werden und man sich nicht heute für eine längere Zeitdauer verpflichten will.

a) keine Absicherung

Sichert das Unternehmen seinen Refinanzierungsbedarf heute nicht ab, so sieht seine Risikoposition wie folgt aus: Sinkt der künftige Zins unter den heutigen Terminsatz, so kann der Kunde voll vom Zinsrückgang profitieren; bei steigenden Zinsen verteuert sich seine Refinanzierung entsprechend.
Das Unternehmen muß für diese Strategie klare Erwartungen über die Zinsentwicklung haben. Es rechnet damit, daß der Zins in 6 Monaten unter dem heutigen Terminsatz liegt, und die Erwartung ist sehr präzise, d. h. es erwartet keine große Streuung. Im weiteren muß sich der Kunde bewußt sein, daß sein Verlustpotential theoretisch unbegrenzt ist, und er muß diesen Verlust tragen können. Gemäß seinen Erwartungen ist das Verlustpotential dieser Strategie sehr klein. Es lohnt sich also auch nicht, zur Elimination eine Put-Option zu kaufen, die ihn gegen steigende Zinsen absichern würde. Mit dieser Strategie hat das Unternehmen das maximale Gewinnpotential, jedoch auch das größtmögliche Verlustrisiko.
In 6 Monaten kann es einen festen Vorschuß für 6 Monate oder einen Kredit mit fixem Zinssatz zu den dann herrschenden Marktkonditionen abschließen.

b) Kauf einer Put-Option

In diesem Fall ist der Kunde vorsichtiger, weil er das Verlustpotential größer einschätzt. Er glaubt, daß die Option schneller in-the-money kommt, und beurteilt sie deshalb als günstig.

Im übrigen wird die erwartete Volatilität größer sein. Je größer seine erwartete Volatilität ist, desto günstiger erscheint ihm eine Option zu Marktkonditionen.
Durch den Kauf der Option vermeidet man das Verlustpotential, da die Prämie der Option amortisiert werden muß.
Soll ein 6-Monats-Kredit mit einer Option abgesichert werden, so benötigt man einen Put auf den entsprechenden Zins-Futures-Kontrakt, der jedoch nicht perfekt absichert, da der zugrundeliegende Futures eine Laufzeit von 3 Monaten hat. Unter Umständen kann mit der Bank auch eine Option auf den Kauf eines »6 auf 12« FRA abgeschlossen werden. Soll der Zinssatz in 6 Monaten für 5 Jahre fixiert werden, so kann eine Put-Swaption gekauft werden, unter welcher man den Fixsatz bezahlt und den LIBOR-Satz erhält, mit welchem man dann den Zins auf dem 6-Monats-Roll-Over-Kredit bezahlt. Im weiteren gibt es in einigen Währungen Captions, d. h. man kann das Recht erwerben, in einen Cap einzutreten. Damit sichert man sich vor künftig steigenden Zinsen, kann aber dennoch von sinkenden Zinsen profitieren.

c) Terminabsicherung

Die Erwartungen des Kunden stimmen mit den Erwartungen des Marktes insofern überein, als er glaubt, daß der Terminsatz dem künftigen Kassasatz entspricht. Auf eine Absicherung der Position kann er jedoch nicht verzichten, weil das Verlustrisiko als zu hoch betrachtet wird. Eine Absicherung mit Optionen ist ihm zu teuer, da seine Erwartungen bezüglich Volatilität nicht so hoch sind wie die des Marktes. Er schätzt die Gewinnmöglichkeiten als relativ gering ein. Er deckt seine heutige Position mit einem Termingeschäft ab. Der Verlust, der durch die steigenden Zinsen unter der ursprünglichen Position entsteht, wird genau durch den Gewinn der zusätzlichen Termintransaktion kompensiert.
Für Laufzeiten unter einem Jahr stehen ihm Zins-Futures und FRAs zur Verfügung. Die Futures basieren jedoch nur auf 3-Monats-Sätzen, so daß der Kunde das Basisrisiko, hier die

unterschiedliche Entwicklung der 3- und 6-Monats-Sätze, trägt. Mit dem FRA, hier Kauf eines »6 auf 12« FRA, kann er sich kongruent absichern.
Für ein Jahr übersteigende Zeitperioden kann die Bank die Konditionen für einen Kredit mit festen Zinsen heute schon fixieren. Ansonsten kann sich der Kunde in 6 Monaten mit einem Kredit auf 6-Monats-Roll-Over refinanzieren und das Zinsrisiko mit einem Forward Swap absichern, unter welchem der Kunde den LIBOR-Satz erhält und einen bestimmten Fix-Satz bezahlt.

Beispiel: Absicherungsstrategie bei künftiger Mittelanlage

In 6 Monaten sollen 10 Mio. DM für eine Laufzeit von 6 Monaten angelegt werden. Auf diesen Zeitpunkt wird z. B. eine alte Anlage zurückbezahlt. Die Überlegung, daß Gelder nur für weitere 6 Monate angelegt werden sollen, kann auf der Erwartung beruhen, daß in absehbarer Zeit die Zinsen steigen werden. Und darum sollen die Gelder heute nicht auf längere Zeit gebunden werden.
Oder – ein anderes Beispiel – die Gelder sollen für eine Dauer von z. B. 5 Jahren angelegt werden. In diesem Fall geht der Kunde davon aus, daß die Zinsen künftig sinken werden und daß er so noch möglichst lange von einem hohen Zinssatz profitieren kann. Dem Kunden stehen dafür nachfolgende Möglichkeiten zur Verfügung:

a) keine Absicherung

Der Kunde ist überzeugt, daß bis in 6 Monaten der 6-Monats-Zins wie auch der 5-Jahres-Zins steigen werden, d. h. er erwartet in etwa eine Parallelverschiebung der Zinskurve nach oben. Zusätzlich gerät seine Erwartung nur sehr wenig in den Verlustbereich, so daß sich eine Optionsabsicherung nicht lohnt. Er muß jedoch bereit sein, einen theoretisch unbegrenzten Verlust hinzunehmen. In diesem Fall legt der

Kunde seine Gelder in 6 Monaten zu den dann herrschenden Marktkonditionen an.

b) Kauf einer Call-Option

Wenn der Kunde von einem Zinsanstieg nicht derart überzeugt ist, so wird sich dies darin äußern, daß sein erwarteter Zins näher beim Terminsatz liegt und daß die Streuung seiner Erwartungen größer ist. Dadurch vergrößert sich auch das erwartete Verlustpotential a, welches er mit einer Call-Option abdecken kann, denn unter seiner momentanen Position schaden ihm sinkende Zinsen. Aus der Kombination der Long Term Position mit einer Call-Option profitiert der Kunde insgesamt von steigenden Zinsen.
Ist eine 6-Monats-Anlage mit einer Option abzusichern, so benötigt man einen Call auf den entsprechenden Future-Kontrakt, der jedoch keinen perfekten Schutz bietet, da der zugrundeliegende Future eine Laufzeit von 3 Monaten hat. Unter Umständen kann mit der Bank auch eine Option auf den Verkauf eines »6 auf 12« FRA abgeschlossen werden. Soll der Zinssatz in 6 Monaten für 5 Jahre fixiert werden, so kann man eine Call-Swaption kaufen, unter welcher man den Fix-Satz erhält und den LIBOR-Satz bezahlt, den man auf der LIBOR-basierten Anlage erhält. Im weiteren gibt es in einigen Währungen auch schon Optionen auf einen Floor, d. h. man kann das Recht erwerben, in einen Floor einzutreten, so daß man auch künftig gegen sinkende Zinsen abgesichert ist, aber dennoch von steigenden Zinsen profitieren kann.

c) Terminabsicherung

Wenn die Erwartungen eine Optionsabsicherung nicht rechtfertigen, weil entweder die Gewinnchancen zu gering oder die Absicherungskosten zu hoch erscheinen, oder falls eine Absicherung mit Optionen durch sonstige Rahmenbedingungen unmöglich ist, so bleibt als Absicherungsstrategie nur die Abdeckung durch ein Termingeschäft. Dies wird möglichst so abgeschlossen, daß es die bestehende Position genau kompensiert. Der Verlust, der durch sinkende Zinsen unter der

ursprünglichen Position entsteht, entspricht genau dem durch das abgeschlossene Termingeschäft realisierten Gewinn.
Für Laufzeiten unter einem Jahr stehen Zins-Futures und FRAs zur Verfügung. Die Futures basieren jedoch nur auf 3-Monats-Sätzen, so daß der Kunde das Basisrisiko, hier die unterschiedliche Entwicklung der 3- und 6-Monats-Sätze, trägt. Mit dem FRA, hier Verkauf eines 6 auf 12 FRA, kann er sich kongruent absichern. Bei ein Jahr übersteigenden Zeitabschnitten kann es möglich sein, daß die Bank die Konditionen für ein Festgeld mit fixen Zinsen heute schon fixiert. Ansonsten kann der Kunde das Geld auf 6 Monats-Basis anlegen und das Zinsrisiko mit einem Forward Swap absichern, unter welchem der Kunde den LIBOR-Satz bezahlt und einen bestimmten Fix-Satz erhält.
Zins-Future-Optionen eröffnen also neue Möglichkeiten für das aktive Risikomanagment von Zinsänderungsrisiken – und das sowohl auf der Aktiv- als auch auf der Passivseite der Bilanz.
Das meistgenannte Einsatzfeld von Optionen auf Zins-Futures ist die Strategie, unerwünschte Zins- bzw. Kursentwicklungen und daraus resultierende Verluste einzugrenzen. Dabei erlaubt die Option auf den Future im Vergleich zum Future selbst, sich gegen einen ungünstigen Markttrend zu »versichern« und trotzdem von günstiger verlaufenden Zinsentwicklungen zu profitieren. Leitgedanke für eine solche Absicherung ist die Unsicherheit über die Zinsentwicklung bis hin zu einer ganz konkret negativen Zinserwartung.
Als »negativ« wird ein Portefeuillemanager mit zukünftigem Anlagebedarf fallende Zinsen (steigende Future-Preise) einstufen. Für ein bestehendes Portefeuille wird er hingegen steigende Zinsen (fallende Future-Preise) als negativ bewerten.

Einsatzmöglichkeiten im Optionsgeschäft

Wer eine Option hat, besitzt eine Wahlmöglichkeit, ohne jedoch zu einer bestimmten Handlung verpflichtet zu sein.
Der **Optionskäufer** erwirbt das Recht, eine bestimmte Ware zu oder bis zu einem zukünftigen Zeitpunkt zu einem vereinbarten Preis (Basispreis, Ausübungspreis) zu kaufen oder zu verkaufen.
Der **Optionsverkäufer** (auch Stillhalter genannt) geht die Pflicht ein, eine bestimmte Ware zu oder bis zu einem zukünftigen Zeitpunkt zu einem vereinbarten Preis zu verkaufen bzw. zu kaufen, falls der Optionskäufer von seinem Recht Gebrauch macht.
Der **Stillhalter** verkauft dabei das Optionsrecht und erhält dafür eine Optionsprämie.

Zur genaueren Bestimmung der Option sind folgende Definitionen von Bedeutung:
Call-Optionen geben das Recht, die Ware zu kaufen.
Put-Optionen geben das Recht, die Ware zu verkaufen.
European Style Options (europäische Optionen) können nur am Verfalltag ausgeübt werden. Die Ware kann also nur an einem bestimmten Datum bezogen werden.
Mit American Style Options (amerikanische Optionen) erhält man das Recht, den Kauf oder Verkauf einer Ware während der ganzen Laufzeit bis zum Verfall der Option zu tätigen. Der Optionskäufer muß bei diesem Geschäft nicht genau wissen, wann er die Ware wirklich braucht; er kann sie zu irgendeinem Zeitpunkt innerhalb der Optionsfrist beziehen. Er hat mehrere Wahlmöglichkeiten.

1. **Der künftige Kassakurs liegt unter dem Ausübungspreis:**
   Der Optionskäufer wird die Option nicht ausüben und stattdessen die Ware am Markt zum tieferen Kurs kaufen. Der Optionskäufer hat dadurch seine Optionsprämie verloren, die dem Stillhalter vollumfänglich als Gewinn zugute kommt.

2. **Der künftige Kassakurs liegt über dem Ausübungspreis:**
Der Optionskäufer wird die Option ausüben und die Ware günstiger beziehen, als er dies am Markt tun könnte. Er macht jedoch erst dann einen Gewinn, wenn die Differenz zwischen Kassakurs und Ausübungspreis größer als die Prämie ist.
Das Kaufrecht gewinnt an Wert, wenn der Preis steigt.

3. **Der künftige Kassakurs liegt über dem Ausübungspreis:**
Der Optionskäufer wird seine Ware dann nicht dem Stillhalter verkaufen, da er in diesem Fall seine Ware am Markt mit einem höheren Erlös verkaufen kann. Die Optionsprämie verliert er an den Stillhalter.

4. **Der künftige Kassakurs liegt unter dem Ausübungspreis:**
Der Optionskäufer wird sein Recht beanspruchen und die Ware zum höheren Preis verkaufen. Auch hier muß zuerst die Prämie kompensiert sein, bevor er insgesamt einen Gewinn erzielt.
Das Verkaufsrecht gewinnt an Wert, wenn der Preis sinkt.
Die Option ist ein asymmetrisches Instrument, da für den Käufer bei einem beschränkten Verlustrisiko – zumindest im Falle der Call-Option – ein unbeschränktes Gewinnpotential besteht. Analog dazu besteht für den Stillhalter bei einem auf die erhaltene Prämie beschränkten Gewinnpotential bei entsprechender Kursentwicklung ein unbeschränktes Verlustrisiko.
Die Chance, von einem günstigen Kursverlauf profitieren zu können, wird bei der Option mit der Optionsprämie bewertet. Sie muß so hoch sein, daß der Stillhalter bereit ist, das Verlustrisiko einzugehen, und dennoch muß der Optionskäufer glauben, daß eine bestimmte Wahrscheinlichkeit besteht, mit dem Kauf der Option einen Gewinn zu erzielen.

Folgende Faktoren beeinflussen den Preis einer Option, die Optionsprämie:
- Innerer Wert
- Restlaufzeit der Option
- Volatilität
- Zinskosten
- Verhältnis Ausübungspreis/Kassakurs

- **Innerer Wert**

  Der innere Wert einer Option entspricht dem Gewinn, den man bei einer sofortigen Ausübung realisieren könnte. Da dies bei europäischen Optionen nicht möglich ist, berechnet er sich in diesem speziellen Fall aus der Differenz zwischen Terminpreis der Ware und Ausübungspreis.

  Ist der innere Wert positiv, so ist die Option in-the-money. At-the-money ist die Bezeichnung für einen inneren Wert von Null; und sollte dieser negativ sein, so nennt man die Option out-of-the-money.

  Die bezahlte Prämie wird bei dieser Berechnung nicht berücksichtigt.
- **Restlaufzeit der Option**

  Je länger eine Option ausübbar ist, um so größer wird die Wahrscheinlichkeit, daß eine für den Optionsverkäufer günstige Entwicklung eintritt. Dies bedeutet auch, daß für den Stillhalter das Risiko größer wird. Daher ist die Prämie bei längerer Laufzeit teurer.

  Analog liegt der Zeitwert einer Option um so tiefer, je näher sie zum Verfalldatum kommt. Am Ausübungstag selbst kann die Option nur noch den inneren Wert haben.
- **Volatilität**

  Die Volatilität ist ein Maß für die Abweichungen einer Größe von ihrem Mittelwert mit einer bestimmten Wahrscheinlichkeit und während eines gewissen Zeitraums. Je größer die Volatilität eines Kurses ist, um so höher ist der Preis der entsprechenden Option: Mit zunehmender Volatilität steigt die Wahrscheinlichkeit, daß die Option gewinnbringend ausgeübt werden kann.

- Zinskosten
  Bei steigenden Zinsen erhöhen sich die Opportunitätskosten für den Optionskäufer, da er das als Prämie bezahlte Geld zu einer höheren Rendite anlegen könnte. Er wird deshalb weniger für die Option bieten. Da der Optionsverkäufer die Prämie zu einem höheren Zins anlegen kann, wird er auch bereit sein, die Prämie selbst zu senken, um auf den gleichen Ertrag wie bei tiefen Zinsen zu kommen.
- Verhältnis Ausübungspreis/Kassakurs
  Dieses Verhältnis bringt zum Ausdruck, wie nah der Ausübungspreis am Kassakurs liegt. Je näher diese beiden zusammen sind, desto größer ist bei konstanter Volatilität die Wahrscheinlichkeit, daß der Kassakurs über den Ausübungskurs steigt und die Ausübung für den Inhaber einer Call-Option interessant wird. Je größer daher diese Wahrscheinlichkeit bei gegebener Volatilität ist, desto höher wird die Prämie.

Abgrenzung der Optionsmärkte

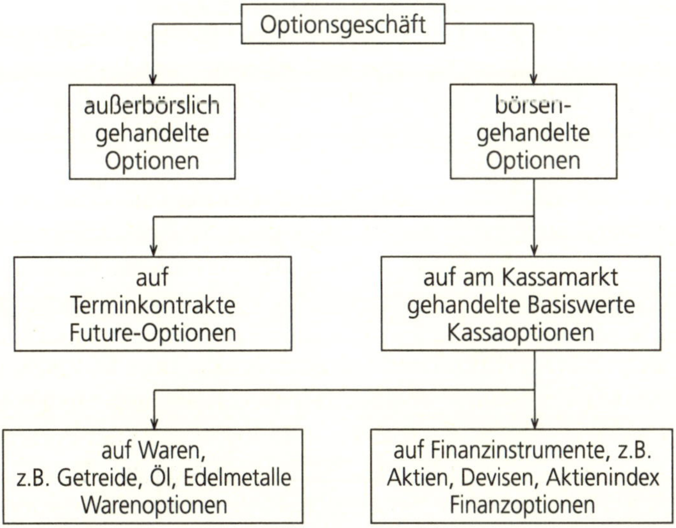

Der Handel mit Optionsrechten

Vertragsgegenstand jedes Optionsgeschäftes ist ein besonderes Recht, das Optionsrecht. Dieses Optionsrecht wird als sogenannter Optionskontrakt gehandelt.
Der Käufer eines Optionskontraktes (Inhaber der Option, Optionsberechtigter) erwirbt – gegen Zahlung der Optionsprämie – das Recht,

eine bestimmte Menge Kontraktgrößte	eines bestimmten Gutes Basiswert
an oder bis zu einem bestimmten Zeitpunkt Verfalltermin	zu einem im voraus festgelegten Preis Basispreis
zu kaufen Kaufoption, Call	bzw. zu verkaufen. Verkaufsoption, Put

Der Verkäufer eines Optionskontraktes (Stillhalter, Schreiber) übernimmt die entsprechende Verpflichtung. Dafür erhält er als Gegenleistung vom Käufer den Optionspreis (Optionsprämie).
Sollte der Käufer eines Calls (Kaufoption) sein Recht in Anspruch nehmen (Ausübung), ist der Verkäufer verpflichtet, den zugrundeliegenden Basiswert zu dem vereinbarten Basispreis zu liefern.
Sollte dagegen der Käufer eines Puts (Verkaufsoption) von seinem Recht Gebrauch machen, so ist der Verkäufer zur Abnahme des Basiswertes und Zahlung des vorher vereinbarten Basispreises verpflichtet.

Rechte und Pflichten aus Optionskontrakten				
	Call-Inhaber	Call-Stillhalter	Put-Inhaber	Put-Stillhalter
Rechte	eine im voraus festgelegte Zahl von Aktien in der Laufzeit zum Basispreis zu beziehen	Anspruch auf die Optionsprämie	eine festgelegte Zahl von Aktien in der Laufzeit zum Basispreis zu verkaufen	Anspruch auf die Optionsprämie
Pflichten	Zahlung der Optionsprämie	bei Ausübung des Calls werden die Basiswerte geliefert	Zahlung der Optionsprämie	bei Ausübung des Puts müssen die Basiswerte gekauft werden
Chance	unbeschränkt: aktueller Aktienkurs minus Basispreis	auf der Höhe der Optionsprämie begrenzt	beschränkt: Basispreis minus aktueller Aktienkurs	auf der Höhe der Optionsprämie begrenzt
Risiko	auf die Höhe der Optionsprämie beschränkt	unbeschränkt: aktueller Aktienkurs minus Basispreis	auf die Höhe der Optionsprämie begrenzt	begrenzt: Basispreis minus aktueller Aktienkurs

Optionspreisbildung: Kaufoptionen (Calls) und Verkaufsoptionen (Puts) liegt stets ein bestimmtes Optionsgeschäft zugrunde – Aktien und Aktienindizes, Renten- und Rentenindizes, Devisen, Waren oder andere Objekte. Die Preise dieser Optionen bilden sich aufgrund von Arbitragemöglichkeiten. So kann sich beispielsweise der Verkäufer der Kaufoption ein bei kleinen Kursänderungen risikoloses Hedge-Portefeuille aus einer wohldefinierten Menge des Grundobjektes und einer Kreditaufnahme aufbauen.

Wertänderung von amerikanischen Calls und Puts in Abhängigkeit von den preisbeeinflussenden Variablen

Änderung der preisbeeinflussenden Variablen	Preis des	
	Call	Put
Aktienkurs steigt	steigt	fällt
Ausübungskurs steigt	fällt	steigt
Laufzeit der Option steigt	steigt	steigt
Volatilität steigt	steigt	steigt
Zinssatz steigt	steigt	fällt
Ertrag des optierbaren Objekts steigt	fällt	steigt

Innerer Wert bei In-the-money, Out-of-the money- und At-the-money-Optionen

Der innere Wert beschreibt den Vorteil einer sofortigen Ausübung der Option. Er ist der Gewinn, den der Optionsinhaber – ohne Transaktionskosten — durch Ausübung der Option und ein gleichzeitiges kompensierendes Geschäft an der Aktienbörse andererseits realisieren könnte.

	Call	Put
Basispreis < Aktienkurs	In-the-money (Innerer Wert > 0)	Out-of-the-money (Innerer Wert = 0)
Basispreis > Aktienkurs	Out-of-the-money (Innerer Wert = 0)	In-the-money (Innerer Wert > 0)
Basispreis = Aktienkurs	At-the-money (Innerer Wert = 0)	At-the-money (Innerer Wert = 0)

Entwicklung der Neuemissionen (weltweit) von Optionsscheinen seit 1991

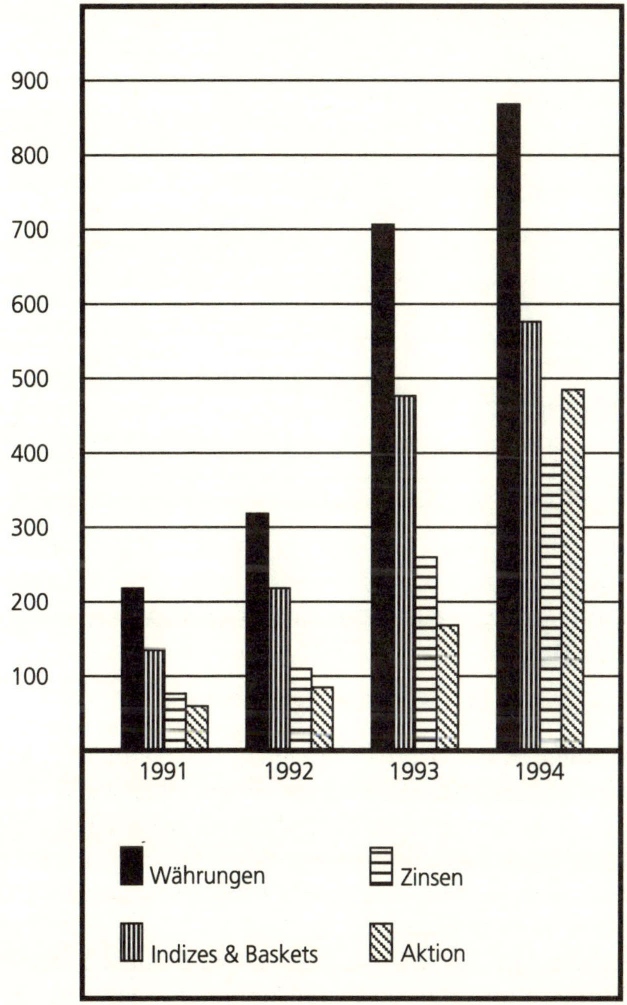

Quelle: Schweizerischer Bankverein

Anteile verschiedener Emissionshäuser am Gesamtvolumen ausstehender Optionsscheine (in Prozent)	
Citibank	17,47
Schweizerischer Bankverein	16,22
Société Générale	7,63
Deutsche Bank	7,34
Trinkaus	7,33
Bankers Trust	7,17
Goldman Sachs	5,61
Salomon	4,79
West LB	4,72
CS First Boston	3,27
Dresdner Bank	2,77
Andere	15,68

Quelle: Schweizerischer Bankverein, 31 12 1994

Beispiel: Absicherung der Emissionskosten einer Anleihe

Der Finanzmanager eines Unternehmens beabsichtigt, in sechs Monaten DM-Euro-Anleihen in Höhe von DM 30 Mio. zu begeben (emittieren). Das derzeitige Zinsniveau ist günstig, die Zinsentwicklung während des nächsten halbes Jahres jedoch sehr ungewiß. Tendenziell rechnet der Finanzmanager mit fallenden Zinsen. Kurzfristig steigende Zinsen kann er jedoch nicht ausschließen.
In dieser unsicheren Marktsituation empfiehlt sich der Kauf von Bund-Future-Puts (Verkaufsoptionen), um sich gegen steigende Emissionskosten abzusichern. Bei der Ermittlung der Hedge Ratio ist in diesem Fall auf die unterschiedliche Zinsempfindlichkeit von Euro-DM-Anleihen zu achten. Der

Finanzmanager kauft beispielsweise 130 Verkaufsoptionen: Basispreis 88,00, Laufzeit 6 Monate, Optionspreis 1,10. Sollten die Zinsen in den nächsten sechs Monaten tatsächlich steigen und der Future-Preis unter 88,00 sinken, ist das Unternehmen abgesichert. Denn den höheren Emissionskosten für die DM-Euro-Anleihen stehen in diesem Fall Erlöse aus der Optionsposition gegenüber. Sollten die Zinsen jedoch sinken und der Future-Preis steigen, profitiert das Unternehmen von demzufolge günstigeren Emissionskosten. Diese Absicherungstechnik kann auch von Banken in einem Übernahmekonsortium durchgeführt werden.

Beispiel: Absicherung einer Fremdwährungsanleihe durch Währungsswaps

Obwohl Termingeschäfte für Laufzeiten von bis zu 7 Jahren angeboten werden, sind längere Laufzeiten als ein Jahr eher unüblich. Zum einen fehlen eindeutige Referenzsätze, die als Basis für die Berechnung der Zinsdifferenz und somit des Swapsatzes dienen. Im weiteren taucht mit der längeren Laufzeit das Bedürfnis auf, Zinszahlungen und Rückzahlungen von Schulden bzw. Guthaben absichern zu können. Um eine 5jährige Fremdwährungsanleihe abzusichern, braucht es bei jährlicher Zinszahlung fünf Termintransaktionen. In einem solchen Fall ist es einfacher, einen Währungsswap abzuschließen, der alle Zahlungsströme in einem Finanzinstrument erfaßt.
Ein Währungsswap ist ein Austausch von Zahlungsströmen in verschiedenen Währungen. Die Zahlungsströme setzen sich zusammen aus den Zinszahlungen und Kapitalzahlungen in den entsprechenden Währungen.
Ein Währungsswap ist in drei Phasen gegliedert:

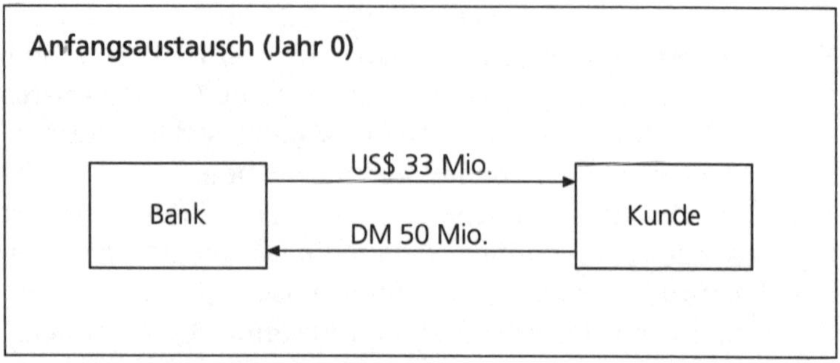

Die Bank stellt dem Kunden US-Dollar 33 Mio. für fünf Jahre zur Verfügung, die dieser z. B. für eine Investition benötigt. Im Austausch erhält die Bank vom Kunden DM 50 Mio. Mit anderen Worten: die Bank gewährt dem Kunden einen Dollar-Kredit, und der Kunde gibt der Bank einen D-Mark-Kredit. Auf den Anfangsaustausch kann auch verzichtet werden, da bei marktkonformen Konditionen sichergestellt ist, daß der Wert der beiden künftigen Zahlungsströme übereinstimmt.

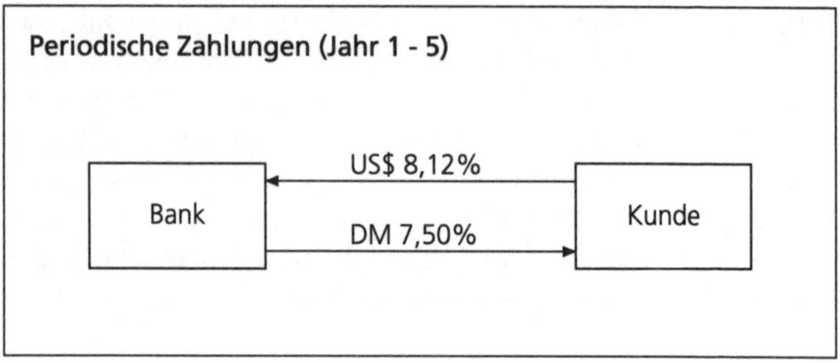

Jährlich bezahlen die Parteien die vereinbarten Zinsen auf den im Anfangsaustausch erhaltenen Kapitalien. Der Kunde kann dazu das US-Dollar-Einkommen aus seiner Investition verwenden und hat somit kein Wechselkursrisiko. Die Bank ihrerseits wird die erhaltenen D-Mark an andere Kunden ausgeliehen haben und kann aus diesen Zinsen die Zahlungen unter dem Swap ebenfalls ohne Zins- und Wechselkursrisiko leisten.

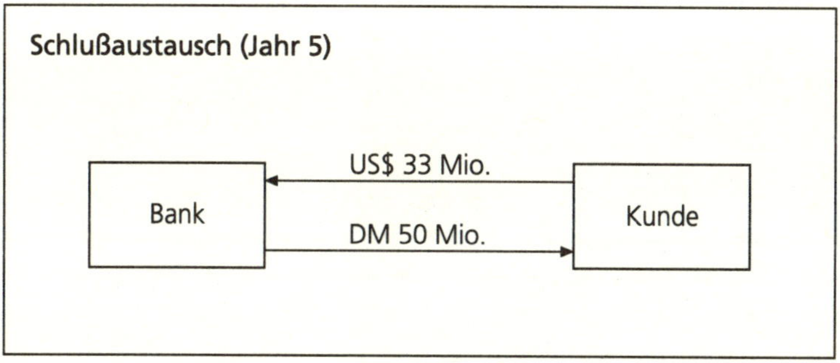

Nach Ablauf des Währungsswaps retourniert die Bank die beim Anfangsaustausch erhaltenen D-Mark und erhält im Gegenzug die Dollar vom Kunden.
Für die Bank beinhaltet dieses Geschäft in der Terminologie des Devisenhandels einen US-Dollar-Kassaverkauf auf einen US-Dollar-Terminkauf. Dies ist auch die Brücke zwischen den beiden Instrumenten und kann zeigen, wie die Zinssätze von 7,50 % für die DM und 8,12 % für den US-Dollar erreicht wurden.

Beispiel: Einsatz von Währungsswaps bei einer Fremdwährungsbeschaffung

Der Währungsswap hat zur Integration der Finanzmärkte beigetragen. Mit diesem Instrument können Unternehmen den Finanzierungsvorteil für mehrjährige Laufzeiten, den sie in der Heimatwährung besitzen, in eine andere Währung transferieren.

Beispiel:
Ein amerikanischer Kunde benötigt D-Mark und ein Deutscher Kunde Dollar, beide auf eine Dauer von 5 Jahren. Der Amerikaner kann sich für diese Laufzeit US-Dollar zu 9 % und in DM zu 8 % verschulden. Der Deutsche hat 10 % für den US-Dollar-Kredit und 7 % für den DM-Kredit zu bezah-

Anfangsaustausch

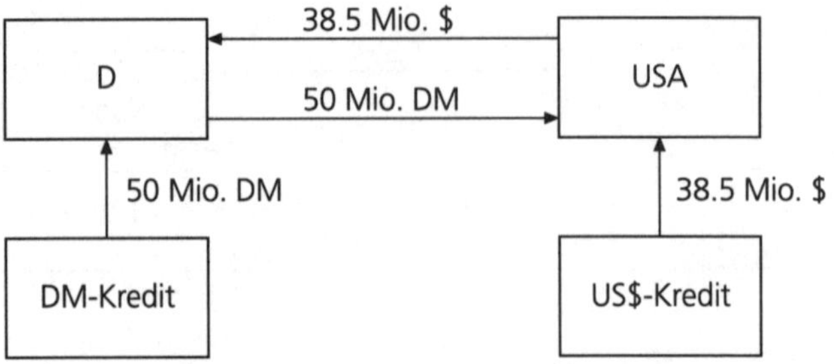

Die jeweiligen Zinsersparnisse können sie untereinander aufteilen, so daß jede Partei die gewünschte Währung 1/2% günstiger erhält und zusätzlich noch auf der eigenen Geldaufnahme 1/2% verdient.

Periodische Zahlungen

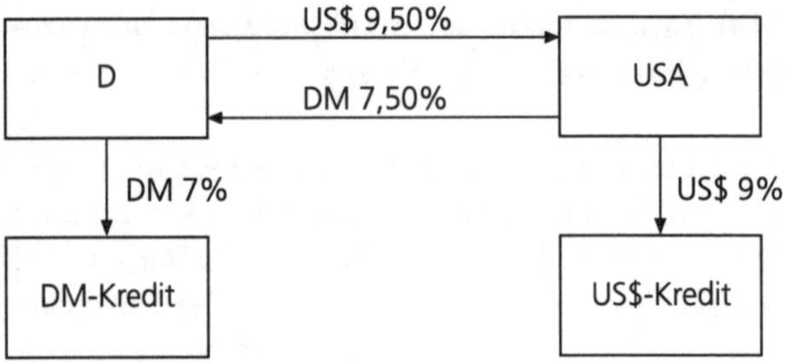

Der Schlußaustausch, also gewissermaßen die gegenseitige Rückzahlung der zuvor gewährten Kredite, erfolgt zum gleichen Wechselkurs wie der Anfangsaustausch. Der Währungsswap hat somit nur noch wenig mit einem Devisenswap zu tun; es handelt sich hier eher um einen Austausch von Zahlungsverpflichtungen.

Schlußaustausch

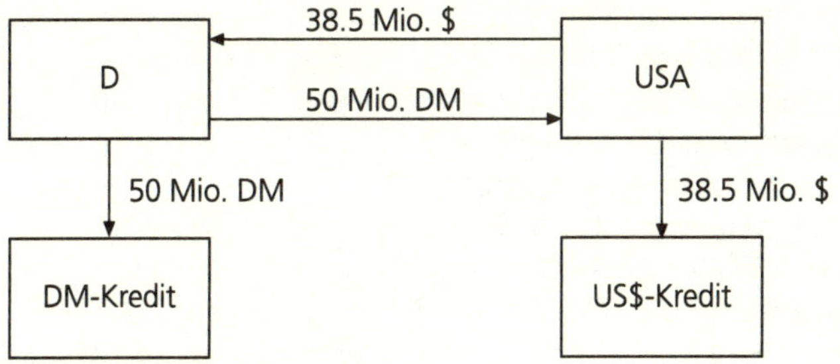

Die Ersparnismöglichkeit erklärt sich damit, daß die Bonität der beiden Kontrahenten auf den verschiedenen Märkten unterschiedlich beurteilt wird. Der Kunde muß somit die Konditionen für einen Fremdwährungskredit mit den Kosten der Geldbeschaffung über einen Währungsswap vergleichen.

len. Beide besitzen also auf ihren Heimmärkten einen relativen Vorteil, so daß sie sich dort verschulden. Unter dem Swap bei einem Spot-Wechselkurs von US-Dollar/DM 1,30 gibt der Deutsche DM 50 Mio. an den Amerikaner und erhält im Gegenzug US-Dollar 38,5 Mio.

Was die Wechselkurse ticken läßt

Zinsdifferenzen:
Geld sucht sich immer die attraktivste Verzinsung. Die Währungen dieser Länder profitieren von der Nachfrage nach Anleihen. Daher können die Zentralbanken mit Hilfe der Zinsschraube Wechselkurse beeinflussen.

Kaufkraft:
Kaufen oder Urlaub machen, wo es billiger ist. Preisgünstige Produkte beleben die Exporte. Viele Waren werden in der Herkunftswährung bezahlt.

Wirtschaftliche Verfassung:
Handelsüberschüsse und eine stabile Geldpolitik mit niedriger Inflation locken die Investoren an. Sie engagieren sich in soliden Währungen. Sie beteiligen sich an Unternehmen oder bauen welche auf.

Politische Verfassung:
Krisengeschüttelte Staaten schrecken den Anleger. Instabile Verhältnisse lassen Kapital ins Ausland abwandern.

Spekulation:
Finanzjongleure wie George Soros spielen Roulette mit den Wertpapieren und Währungen. Sie nutzen derivative Instrumente, um mit beschränktem Einsatz aus geringen Kursschwankungen große Profite zu ziehen. Potenziert sich die Zahl der Spekulanten, sind selbst die vermeintlich allmächtigen Notenbanken hilflos.

Interventionen:
Konzertierte Stützungskäufe der Zentralbanken sollen Spekulanten abschrecken. Sie nützen nur, wenn alle Länder an einem Strang ziehen und Milliarden bewegen.

Beispiel: Einsatz von Devisenswaps

Der Devisenswap ist die Kombination eines Devisen-Kassageschäftes mit einem Termingeschäft in entgegengesetzter Richtung oder der entsprechende Abschluß zweier Termingeschäfte. Dabei wird ein Fremdwährungsbetrag per Kassa oder Termin gekauft (verkauft) und gleichzeitig der gleiche Betrag per Termin wieder verkauft (gekauft).
Damit das Kursrisiko ausgeschlossen wird, müssen die beiden Geschäfte zum gleichen Zeitpunkt abgeschlossen werden. Dies bedeutet, daß nur die Kursdifferenz zwischen Kassa- und Terminkurs, also der Swapsatz, bezahlt werden muß.
Dies wird an einem Beispiel verdeutlicht, in dem man für eine bestimmte Zeit US- Dollars benötigt.
Zweck der Swapgeschäfte ist zum einen die zeitlich limitierte Beschaffung von Fremdwährungen zu einem fixierten Satz. Natürlich kann dies beispielsweise bei der Liquiditätssteuerung sein. Wie in Beispiel a.) gezeigt, stehen dem Kunden hier US-Dollar für die Laufzeit von drei Monaten zur Verfügung (Kassa- Termingeschäft). Die Kosten entsprechen dem Swapsatz, der die Differenz zwischen US-Dollar- und DM-Zinsen widerspiegelt.
Zum anderen kann ein Kunde mit einem Swapgeschäft die Laufzeit eines ursprünglichen Termingeschäftes ändern. Im Beispiel b) verlängert er das Geschäft, indem er die in a) auf Termin gekauften DM sofort wieder verkauft und auf einen späteren Zeitpunkt ein weiteres Termingeschäft in umgekehrter Richtung anschließt (Termin-Termingeschäft). Der Kunde könnte, wie in Beispiel c) gezeigt, die Laufzeit des ursprünglichen Geschäftes auch verkürzen, indem er den Terminverkauf in b) zeitlich vor dem Terminkauf ansetzt.

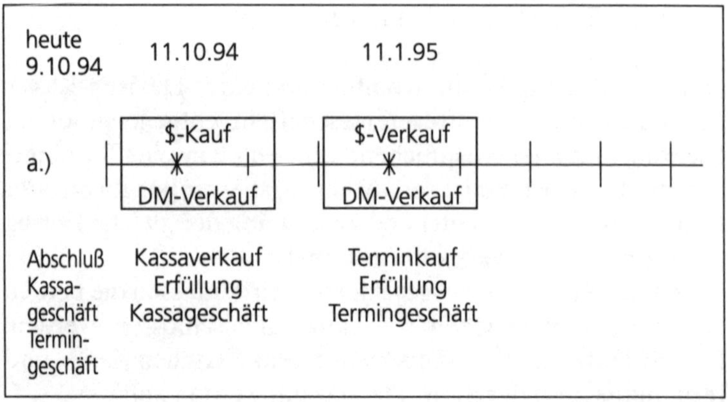
heute
9.10.94
11.10.94
11.1.95
a.)
$-Kauf
DM-Verkauf
$-Verkauf
DM-Verkauf
Abschluß
Kassa-
geschäft
Termin-
geschäft
Kassaverkauf
Erfüllung
Kassageschäft
Terminkauf
Erfüllung
Termingeschäft

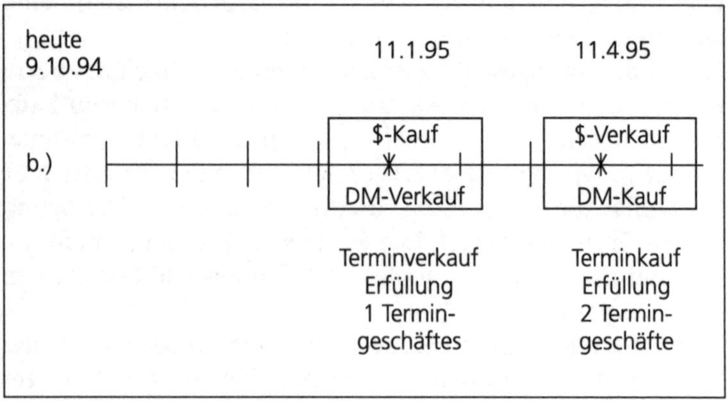
heute
9.10.94
11.1.95
11.4.95
b.)
$-Kauf
DM-Verkauf
$-Verkauf
DM-Kauf
Terminverkauf
Erfüllung
1 Termin-
geschäftes
Terminkauf
Erfüllung
2 Termin-
geschäfte

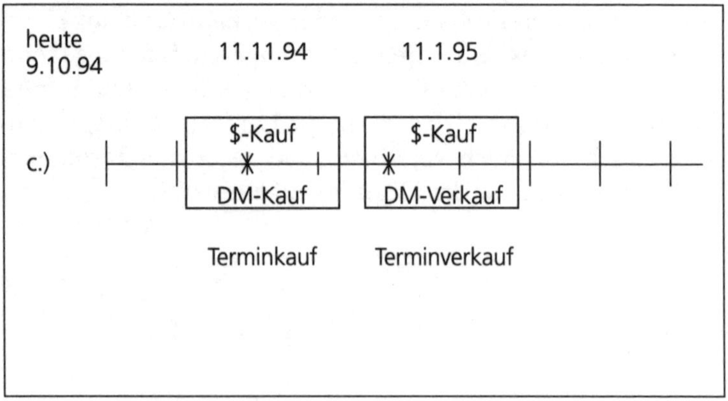
heute
9.10.94
11.11.94
11.1.95
c.)
$-Kauf
DM-Kauf
$-Kauf
DM-Verkauf
Terminkauf
Terminverkauf

Devisen-Termingeschäfte – Ablauf

Das Devisen-Termingeschäft ist eine Vereinbarung (Verpflichtung) zwischen einer Bank und einem Kunden, einen bestimmten Fremdwährungsbetrag zu einem späteren Zeitpunkt zu kaufen oder zu verkaufen. Zum Zeitpunkt des Geschäftsabschlusses werden der Terminkurs, die Währung, der Betrag und das Erfüllungsdatum festgelegt; die Ausführung des Geschäftes erfolgt erst zum vereinbarten zukünftigen Zeitpunkt. Im Unterschied zum Kassageschäft erfolgt also die Ausführung nicht zwei Arbeitstage nach dem Geschäftsabschluß, sondern kann auf drei Tage bis fünf Jahre nach Abschluß fixiert werden. Als Over-the-Counter gehandeltes Produkt kann das Devisen-Termingeschäft nach den Bedürfnissen des Kunden gestaltet werden.

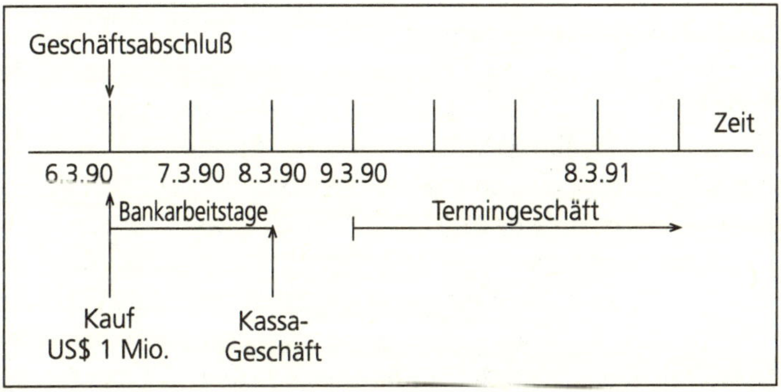

Das tägliche Milliardenspiel – Währungen

Durchschnittliche Tagesumsätze an den wichtigsten Finanzmärkten in Milliarden US-Dollar 1994

Währung	Finanzmarkt: USA	Großbritannien	Japan
Dollar	171	241	116
Mark	84	124	23
Yen	49	46	93
Gesamt	304	411	232

Quelle: BIZ, Basel 1995

Beispiel: Absicherungsstrategie bei künftigem Erhalt von Fremdwährungen

Der Kunde weiß, daß er in drei Monaten den Betrag von US-Dollar 10 Mio. überwiesen erhält. Der aktuelle Kurs liegt bei US-Dollar/DM 1 5005/15 und der Swapsatz für drei Monate bei −320/−290. Es bestehen folgende Handlungsmöglichkeiten:

a) keine Absicherung
b) Kauf einer Put-Option
c) Terminverkauf

a) keine Absicherung

Dies ist die einfachste aller Alternativen, bedarf aber einer klaren Erwartungshaltung des Kunden. Er muß einerseits überzeugt sein, daß der Wechselkurs steigen wird, d. h. der Marktkurs muß in drei Monaten über dem heutigen Terminkurs von US-Dollar/DM 1 4685 liegen. Andererseits muß seine Risikobereitschaft so groß sein, daß er den Verlust, der bei einem Kurszerfall des US-Dollar eintritt, akzeptieren kann. Der Kauf einer Put-Option beispielsweise lohnt sich nur, wenn die Prämie der Option geringer ist als seine Verlusterwartung ohne Option.
Da er eine Wechselkursentwicklung zu seinen Ungunsten fast gänzlich ausschließt, benötigt er keine Absicherung gegen Kursverluste.

b) Kauf einer Put-Option

Der Kunde kann seine zukünftige Dollar-Habenposition absichern, indem er eine Put-Option kauft, die ihm einen Mindestkurs garantiert. Bei günstiger Entwicklung, d. h. höhere zukünftige US-Dollar-Kurse, kann er dennoch einen Gewinn realisieren. Diese Strategie ist für einen Kunden geeignet, der steigende Kurse erwartet und nicht ganz so risikofreudig ist wie der Kunde in Beispiel a).
Die Verlusterwartung dieses Kunden ist also wesentlich höher als diejenige des Kunden im vorherigen Beispiel. Für ihn kann

sich der Kauf einer Put-Option lohnen, wenn zum Beispiel die Richtlinien des Unternehmens einen maximalen Verlust im Gegenwert der Optionsprämie erlauben. Die Optionsprämie basiert bekanntlich auf dem erwarteten Terminkurs und auf der erwarteten oder impliziten Volatilität. Die Option ist dann für einen Kunden relativ billig, wenn gemäß seinen eigenen Erwartungen die Option schneller in-the-money kommt oder wenn er die Volatilität höher einschätzt als der Markt.
Die Option kann auch dann sinnvoll sein, wenn ein Deviseneingang, der aber noch nicht ganz sicher ist, erwartet wird. So kann man mit einer Put-Option Einkünfte eines Geschäftes, welches man aufgrund einer Offerte möglicherweise erhält, absichern. Darüber hinaus erhält man durch eine Put-Option eine bessere Rechnungsgrundlage.
Wenn die Entscheidung für den Kauf einer Option gefallen ist, muß die Wahl zwischen einer OTC- oder einer börsengehandelten Option getroffen werden.
Für eine börsengehandelte Option sprechen die größere Liquidität und die einfachere Gewinn- und Verlustrealisierung, d. h. sie ermöglicht dem Kunden, schneller auf Marktveränderungen und Veränderungen seiner eigenen Erwartungen zu reagieren.
Obwohl OTC-Optionen ebenfalls glattgestellt werden können, sind sie eher Kunden zu empfehlen, die eine bezüglich Laufzeit und Betrag kongruente Absicherung wünschen und eine vorzeitige Glattstellung als eher unwahrscheinlich betrachten.

c) Terminverkauf

Der Kunde, der sich für einen Terminverkauf entschließt, hat z. B. geringere Volatilitätserwartungen als der Kunde im Beispiel b). Somit erscheint ihm die aktuell gehandelte Option zu teuer. Oder es bestehen interne Regeln, nach welchen der Kauf einer Option nicht zugelassen ist, so daß nur zwischen keiner Absicherung (offene Position) oder vollständiger Absicherung gewählt werden kann.
Der Kunde ist in diesem Beispiel der Meinung, daß der Ter-

minkurs mit dem künftigen Kassakurs übereinstimmt. Ihm erscheinen das Verlustpotential ohne Absicherung sowie die Prämie einer Option zu teuer, so daß er sich für eine vollständige Absicherung durch Terminverkauf entschließt. Der Kunde hat somit den Terminkurs gesichert und kennt seine Einnahmen genau.

Beispiel: Absicherungsstrategie bei künftiger Bezahlung von Fremdwährungen

Der Kunde weiß, daß er in drei Monaten den Betrag von US-Dollar 10 Mio. zu bezahlen hat. Der aktuelle US-Dollar-Kurs liegt bei DM 1 5005/15 und der Swapsatz für 3 Monate bei −320/−290. Die Konzepte aus dem vorangehenden Abschnitt werden hier übernommen und an die neue Situation angepaßt. Folgende Handlungsmöglichkeiten stehen dem Kunden offen:

a) keine Absicherung
b) Kauf einer Call-Option
c) Terminkauf

a) keine Absicherung

Der Kunde hat in diesem Fall ein unbeschränktes Gewinn- und Verlustrisiko. Sein Risiko besteht darin, daß der US-Dollar-Kurs über den heutigen Terminkurs von US-Dollar/DM 1 4725 steigt, wodurch er gezwungen wäre, die benötigten Dollar teuer am Kassamarkt zu beschaffen. Seine Erwartungshaltung muß also so sein, daß er den erwarteten Verlust für klein und tragbar hält, so daß sich eine Absicherungsstrategie nicht lohnt.

b) Kauf einer Call-Option

Der konservativere Kunde wird das Verlustrisiko und die Volatilität mehr gewichten, so daß eine Call-Option die richtige Strategie sein kann. Auch hier müssen maximaler Verlust mit und ohne Option miteinander verglichen werden.

Erscheint einem die Prämie einer at-the-money Option zu hoch, so kann man alternativ eine out-of-the-money Option evaluieren, die jedoch mit geringeren Gewinnerwartungen verbunden ist. Die Call-Option ist auch dann ein nützliches Instrument, wenn der Fremdwährungsbedarf von gewissen Bedingungen abhängig ist. Die Unterbreitung einer Offerte für ein Projekt, deren Annahme unsicher ist, führt zu einer Unsicherheit bezüglich des Fremdwährungsbedarfs. Es kann daher für den Produzenten ratsam sein, die Fremdwährung per Option zu kaufen und so eine Rechnungsgrundlage für seine Offerte zu haben. Sollte seine Offerte nicht angenommen werden, so hat er bei ungünstigem Kursverlauf nur die Prämie der Option verloren.

c) Terminkauf

Wenn der Kunde annimmt, daß der aktuelle Kurs in drei Monaten höher als der Terminkurs sein wird, oder wenn er die durch die Prämie implizierte Volatilität der Call-Option für zu hoch hält, so daß ein Optionsgeschäft nicht in Frage kommt, so wird für ihn der Terminkauf das optimale Absicherungsgeschäft sein. Der Terminverkauf kann mit einem börsengehandelten Futures oder mit einem OTC-Geschäft erfolgen, je nachdem, ob der Kunde größeren Wert auf Liquidität und einfache, vorzeitige Glattstellung oder aber auf genaue Betrags- und Datumsabsicherung legt.

Beispiel: Absicherung gegen Schwankungen der Swapsätze

Das Exchange Rate Agreement (ERA) ist eine Variante des Devisenswap. Es handelt sich dabei um ein Swapgeschäft auf Termin-Termin-Basis, wobei die Kontraktbeträge nicht ausgetauscht werden. Zweck des Exchange Rate Agreement ist die Absicherung gegen Schwankungen der Swapsätze.

a: Swap Termin-Termin

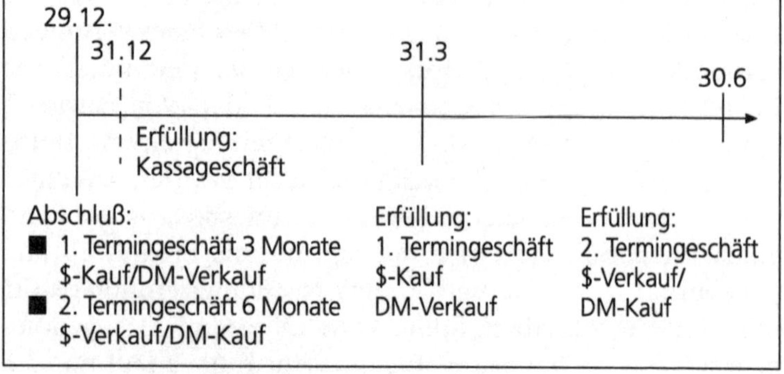

b: Swap Kassa-Termin

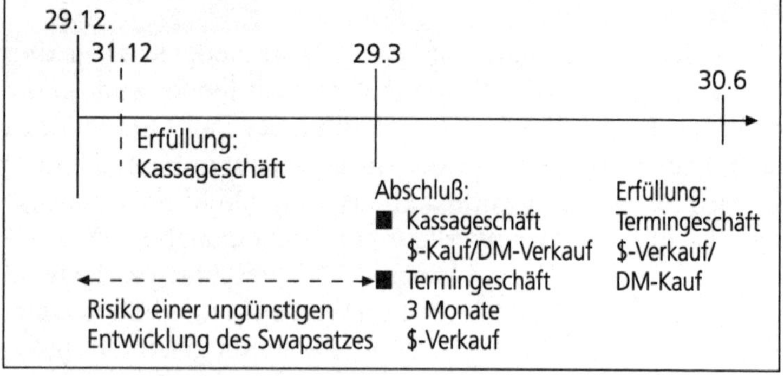

c: Exchange Rate Agreements

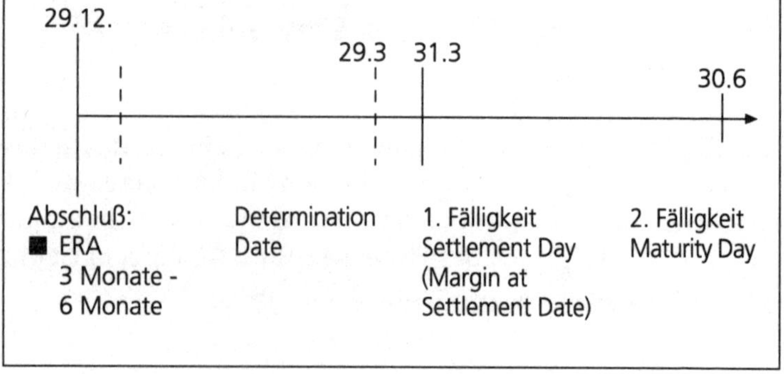

Beispiel:
Unternehmer XYZ hat per 29. Dezember für DM 10 Mio. US-Dollar-Wertpapiere mit einer Restlaufzeit von 6 Monaten gekauft, das Währungsrisiko jedoch nur auf drei Monate, d. h. bis Ende März, abgesichert. Für die restlichen drei Monate verbleibt ihm das Währungsrisiko. Im Prinzip hat er drei Möglichkeiten, dieses Risiko abzusichern:

a) Er kann zwei Termingeschäfte abschließen und so einen traditionellen Swap drei gegen sechs Monate tätigen (a).
b) Er kann abwarten und bei der ersten Fälligkeit (Ende März) ein Termingeschäft abschließen. Allerdings riskiert er dann, daß sich die Swapsätze zu seinen Ungunsten entwickeln (b).
c) Er kann sich gegen eine ungünstige Entwicklung des Swapsatzes mittels eines ERA drei gegen sechs Monate absichern (c).

Beispiel: Einsatz von Optionsscheinen zur Absicherung eines Wertpapierdepots

Fast täglich bieten die Banken Kapitalanlegern neue Instrumente an, mit denen Spekulanten auf Daimler oder DAX wetten können: Optionsscheine, die es auch Privatanlegern ermöglichen, mit kleineren Beträgen am Terminhandel der Börsen mitzumischen.
Von dieser Möglichkeit machen immer mehr Anleger Gebrauch. Dabei ist die Leidenschaft der Deutschen für die risikoreichen Papiere zu einem Riesengeschäft geworden. Allein in den vergangenen vier Jahren explodierte die Zahl der auch Warrants genannten Papiere. Waren es 1990 erst rund 400 Optionsscheine, hatten Anleger Ende 1994 schon die Wahl unter fast 2 400 verschiedenen Papieren. Und täglich kommen neue Emissionen hinzu. Mittlerweile füllen fast 4.000 Warrants die Kursseiten der Wirtschaftsbörsenteile.
Der Handel mit den Optionsscheinen ist ein Termingeschäft reinsten Wassers. Denn die Käufer setzen auf eine bestimmte

Entwicklung des zugrundeliegenden Finanztitels (Aktie oder Anleihe). Dabei verdienen Inhaber des Calls bei steigenden Kursen, bei fallenden Kursen freuen sich die Put-Besitzer. Wer aber mit seinen Erwartungen daneben liegt, der kann innerhalb kürzester Zeit seinen gesamten Einsatz verlieren.

Bei defensivem Einsatz und guter Beratung von Bankenseite bieten Optionsscheine aber auch positive Perspektiven:

- Da die Preise für Optionsscheine nur einen Bruchteil des Preises ihrer Basiswerte betragen, läßt sich mit geringerem Kapitaleinsatz auf eine erwartete Marktentwicklung spekulieren als durch eine Anlage am Kassamarkt.
- Optionsscheine auf ausländische Aktienindizes eröffnen den Anlegern Zugang zu Märkten, die sie mit einer Direktinvestition oft nicht erreichen können. Zur Depotbeimischung mit einem Anteil von beispielsweise zehn Prozent genutzt, können Optionsscheine so die Gesamt-Performance verbessern.
- Darüber hinaus kann mit Optionscheinen ein Depot abgesichert werden. Dabei ist die einfachste Sicherungsstrategie der Kauf von Puts auf die Wertpapiere, die bereits im Depot liegen.

Beispiel: Einsatz von Financial Futures auf Aktienindizes für das Risikomanagement von Wertpapierdepots

Heute werden Financial Futures weltweit aber nicht nur auf die wichtigsten Währungen oder Zinssätze, sondern auch auf Aktienindizes (Index-Futures) gehandelt.

Dabei liegt den Aktienindex-Futures (Stock-Index-Futures) im Gegensatz zu den Zins- und Währungsfutures ein abstrakter Wert zugrunde – ein Aktienindex, der auf einem hypothetischen Portefeuille basiert und die Kursbewegung des gesamten Portefeuilles anhand einer einzigen Zahl wiedergibt. So basiert beispielsweise der an der Deutschen Ter-

minbörse (DTB) gehandelte DAX-Future auf dem Deutschen Aktienindex (DAX). Dieser repräsentiert mit 30 ausgesuchten Gesellschaften den Markt für deutsche Standardwerte.
Sein für den deutschen Aktienmarkt repräsentativer Charakter macht den DAX besonders interessant als Basis für einen Future. Investoren bietet er nicht nur neue Möglichkeiten zur Absicherung von Aktienportefeuilles (Hedging), sondern er erlaubt ebenso, absolute oder relative Kurserwartungen in profitable Strategien umzusetzen (Spekulation). Daneben bietet er Spezialisten die Möglichkeit, die zwischen Kassa- und Future-Markt bestehenden Preisungleichgewichte profitabel auszunutzen (Arbitrage).
Die Preisentwicklung des DAX-Futures ist eng verknüpft mit dem Verlauf des durch den DAX repräsentierten Kassamarktes für Aktien. Steigen die Kurse am Kassamarkt und somit der DAX, so steigt in der Regel auch der Preis des DAX-Futures. Sinken umgekehrt die Kassakurse, so sinkt in der Regel auch der Preis des DAX- Futures.
Der DAX-Futures erschließt damit die Möglichkeiten, den gesamten deutschen Aktienmarkt, so wie er sich im DAX widerspiegelt, in einer Transaktion zu handeln. Das spart Zeit und Transaktionskosten. Ein Anleger, der steigende Aktienkurse erwartet, wird also DAX-Future-Kontrakte kaufen. Gehen seine Erwartungen in Erfüllung, kann er seine Position mit Gewinn wieder schließen, indem er die gleiche Anzahl DAX-Future-Kontrakte mit demselben Liefertermin zu einem höheren Preis wieder verkauft.
Umgekehrt wird ein auf fallende Aktienkurse setzender Anleger DAX-Futures verkaufen. Auch hier wird er seine Position mit Gewinn wieder glattstellen können, wenn die Aktienkurse und damit auch der Preis des DAX-Futures gefallen sind. Trifft das Gegenteil ein, entstehen entsprechende Verluste.
Ein Portefeuille ist sowohl den für die einzelnen Aktien typischen unternehmens- bzw. branchenspezifischen Risiken (Unsystematisches Risiko) als auch dem für alle Aktien geltenden allgemeinen Marktrisiko (Systematisches Risiko) ausgesetzt.

Das unsystematische Risiko läßt sich durch Diversifikation, d.h. Zusammenstellung unternehmens- und branchenmäßig möglichst verschiedenartiger Aktien, weitgehend eliminieren. Übrig bleibt das Marktrisiko, z.B. die Gefahr eines Börsencrashs, dem alle Aktien, wenn zumeist auch in unterschiedlichem Maße, ausgesetzt sind. Futures auf einen Aktienindex – wie der DAX-Future – erlauben dem Investor, sich auch gegen dieses Risiko weitgehend abzusichern, ohne Veränderungen an seinem Portefeuille vornehmen zu müssen.
Das Grundprinzip ist dabei immer das gleiche. Eine bestehende oder zukünftige Aktienposition wird abgesichert, indem eine Gegenposition in DAX-Futures aufgebaut wird. Soll beispielsweise ein Aktienportefeuille vor vorübergehend fallenden Kursen abgesichert werden, müssen DAX-Futures verkauft werden (Short Hedge). Ist eine zukünftige Aktienposition vor – bis zum Zeitpunkt der Investition – steigenden Kursen zu schützen, lohnt sich der Kauf von DAX-Futures (Long Hedge).
Durch den Aufbau der entgegengesetzten Future-Position wird die Kassaposition weitgehend neutralisiert. Gewinne aus der einen und Verluste aus der anderen Position heben sich gegenseitig auf. Der DAX-Future bietet somit dem Investor die Möglichkeit, in dem von ihm gewünschten Maße aus dem Gesamtmarkt vorübergehend »auszusteigen« oder umgekehrt bei günstiger Marktsituation frühzeitig »einzusteigen«, ohne sämtliche Aktien des bestehenden bzw. geplanten Portefeuilles verkaufen bzw. kaufen zu müssen.

Beispiel: Einsatz von Aktienindex-Future-Optionen zur Begrenzung des Kursänderungsrisikos

Das meistgenannte Einsatzfeld von Optionen auf Aktienindex-Futures besteht in der Begrenzung von Verlusten aus ungünstigen Kursentwicklungen. Dabei erlaubt die Option auf den Future im Vergleich zum Future selbst, sich gegen einen ungünstigen Markttrend zu »versichern«, gleichzeitig aber von günstiger verlaufenden Kursentwicklungen zu profi-

tieren. Motivation für eine solche Absicherung ist die Unsicherheit über die zukünftige Kursentwicklung. Als negativ wird ein Portefeuillemanager mit zukünftigem Anlagebedarf steigende Kurse bis zum Investitionszeitpunkt einstufen. Für ein bestehendes Portefeuille wird er hingegen fallende Kurse als negativ bewerten. Soll die Option auf den Aktienindex-Future als Versicherung gegen steigende bzw. fallende Kurse angewandt werden, dann müssen so viele Optionen eingesetzt werden, daß bei Glattstellung, Ausübung bzw. Fälligkeit die eventuellen Verluste der abzusichernden Position durch Gewinne aus der Optionsposition (innerer Wert bei Ausübung) weitgehend kompensiert werden.
Mit der Option auf den Aktienindex-Future eröffnen sich dem Investor weitere Möglichkeiten zum Management von Kursrisiken an den Aktienmärkten. Denn:

- Bestehende oder geplante Aktienportefeuilles können mit nur einer Transaktion gegen das Risiko unerwünschter Kursbewegungen abgesichert werden;
- Durch den zugrundeliegenden Aktienindex-Future hat die Option beispielsweise beim DAX einen zehnmal höheren Kontraktwert als die DAX-Option. Dem stehen niedrigere Transaktionskosten durch eine geringere Anzahl benötigter Optionskontrakte gegenüber;
- Im Vergleich zum Aktienindex-Future erlaubt die Futureoption, sich gegen eine ungünstige Marktbewegung abzusichern und trotzdem von einem günstigen Kursverlauf zu profitieren. Daneben kann der Optionskäufer sein Recht verfallen lassen und seinen Gewinn am Kassa- bzw. Future-Markt realisieren.

Eine Option auf einen Aktienindex-Future ist einfach und effizient zu handhaben:

- Sie ist schnell einsetzbar. Market Maker garantieren im Wettbewerb untereinander ständige Kauf- und Verkaufsmöglichkeiten zu marktgerechten Preisen;
- Die bei Ausübung entstehenden Future-Positionen können jederzeit wieder glattgestellt werden. Bei Fälligkeit des

Futures ist keine Lieferung erforderlich, sondern es erfolgt ein Barausgleich;
- Sie ermöglicht besonders liquiditätsschonende Handels- und Absicherungsstrategien, da eine Optionsprämie in voller Höhe erst am Börsentag nach dem Ausübungstag bzw. am Verfalltag zu zahlen ist. Gewinne und Verluste werden täglich realisiert. So ist der erforderliche Kapitaleinsatz gering und führt deshalb zu einer großen Hebelwirkung (Leverage-Effekt).

Dominierende Einflußfaktoren auf den Future-Preis	
Der theoretische Preis eines Zins-Futures ist um so höher . . .	Der theoretische Preis eines Zins-Futures ist um so niedriger . . .
– je höher der Kassakurs, – je niedriger der Ertrag des Kassainstrumentes, – je höher die Finanzierungskosten einer Kassaposition und – je länger die (Rest-)Laufzeit des Kontraktes im Falle positiver Cost-of-Carry bzw. je kürzer die (Rest-)Laufzeit im Falle negativer Cost-of-Carry ist.	– je niedriger der Kassakurs, – je höher der Ertrag des Kassainstrumentes, – je niedriger die Finanzierungskosten einer Kassaposition und – je kürzer die (Rest-)Laufzeit des Kontraktes im Falle positiver Cost-of-Carry bzw. je länger die (Rest-)Laufzeit im Falle negativer Cost-of-Carry ist.

Ob nun Banken, Industrieunternehmen oder Kapitalanleger diese derivativen Finanzinstrumente zur Spekulation oder aber zur Absicherung einsetzen, die Grundvoraussetzung zur Teilnahme auf den Märkten mit den innovativen Finanzinstrumenten muß sein, die entsprechenden Geschäftsvolumina der Mitspieler mit einem dem jeweiligen Risiko entsprechendem Eigenkapital zu unterlegen. Und während Industrieunternehmen diese Instrumente zum Risikomanagement, nicht aber als separate Profit-Center nutzen sollten, sind für alle anderen Investoren erstklassige Bankverbindungen Voraussetzung für Erfolg oder Mißerfolg ihrer Engagements mit den Exoten.

Optionsscheine unterliegen der Spekulationsfrist

Der Gesetzgeber schreibt vor, daß derjenige, der seine Wertpapiere innerhalb von sechs Monaten nach dem Kauf wieder veräußert, die Kursgewinne voll versteuern muß. Das gilt natürlich auch für Optionsscheine. Nur wenn die Warrants nach Ablauf der Sechsmonatsfrist verkauft werden, können Gewinne guten Gewissens unversteuert kassiert werden. Es gibt jedoch eine Reihe von Ausnahmen.

Übt der Anleger sein Optionsrecht innerhalb der Spekulationsfrist aus, geht das Finanzamt leer aus. Zwei Fälle sind bei der Ausübung zu unterscheiden: die Barauszahlung und die Lieferung des Basiswertes. Bei der Barauszahlung erhält der Warrant-Inhaber den Unterschied zwischen dem Kurs des Basiswertes am Ausübungstag und dem Basispreis ausbezahlt. Der Ertrag aus diesem sogenannten Differenzgeschäft ist steuerfrei.

Auch bei der Lieferung des Basiswertes – zum Beispiel der Aktie – geht des Fiskus leer aus. Es handelt sich hierbei um einen nicht steuerpflichtigen Vorgang innerhalb der Vermögenssphäre des Anlegers. Werden die erhaltenen Aktien aber innerhalb der folgenden sechs Monate verkauft, liegt wiederum ein steuerpflichtiges Spekulationsgeschäft vor. Einziger Trost für den Anleger: Der Optionsscheinpreis sowie Bankspesen und Provisionen können dann als Erwerbskosten steuermindernd geltend gemacht werden.

Meist ist der Verkauf des Warrants während der Laufzeit über die Börse aber günstiger als die Ausübung. Dann allerdings sind Gewinne innerhalb der Sechsmonatsfrist zu versteuern. Scheine, die bis zum Laufzeitende voraussichtlich nur noch in der Verlustzone liegen werden, können durch einen Verkauf innerhalb dieser Frist für Anleger noch nützlich sein: Die realisierten Verluste können gegen die Spekulationsgewinne aus anderen Wertpapiergeschäften gerechnet werden. Aus diesem Grund macht es keinen Sinn, wertlose Optionsscheine am Ende der Laufzeit einfach verfallen zu lassen. Anlegerfreundliche Emittenten sammeln solche Warrants kurz vor dem Verfall für einen symbolischen Pfennig je Optionsschein wieder ein, um ihren Kunden zumindest die Gegenrechnung zu ermöglichen.

Quelle: Wirtschaftswoche 16/1995.

Vom Börsenparkett zu Bildschirm und Tastendruck

Während die Finanzalchemisten mit ihren immer neuen Finanzkreationen abgeschirmt und von der Außenwelt unerkannt bleiben, stehen ihre Kollegen an der Front, die ständig unter Streß arbeitenden Trader, spätestens seit dem Barings-Kollaps im Rampenlicht der Öffentlichkeit.
Ihr tägliches Umfeld:
Hunderte von Händen, die aus einem Knäuel von Leibern herausragen. Dicht drängen sich leger gekleidete verschwitzte Menschen auf engem Platz in einem weiten Raum. Hände und Arme fuchteln. Absonderliche Zeichen abgespreizter Finger oder geballter Fäuste, ins Innnere oder Äußere der Masse gerichtet, starren fast irre Blicke ins Zentrum der Menschentraube oder an die großen meterhohen elektronischen Anzeigentafeln an den Wänden, auf denen sich in Sekundenschnelle eine schier unglaubliche Zahl von Daten auf roten, grünen oder gelben Leuchtdioden verändert, Schreie von links und rechts, auf- und abebbendes Stimmengewirr, Wortfetzen, jeder will schneller sein als der andere, ein Kampfplatz, ein Schauspiel von Menschenhand geschaffen, der Marktplatz auf dem die Derivate gehandelt werden. Die Terminbörse alten Stils.
Das Parkett, das uns immer dann weltweit über Fernseher ins Wohnzimmer eingespielt wird, wenn mal wieder von Kursturbulenzen auf den internationalen Aktien- oder Devisenmärkten die Rede ist. Ob in Chicago, New York, Tokyo, Singapur oder London – das typische Bild einer Präsenzbörse, wie wir es seit dem 19. Jahrhundert kennen.

Seit Computer auf der Erde, Satelliten im All und Kabel auf dem Meeresgrund einen weltweit pausenlosen Handel auf den Finanzmärkten erlauben, ist die altbekannte Börse als Marktplatz wild um sich gestikulierender Händler nicht mehr nötig. Großrechner und unzählige Leitungen in die Außenwelt reichen heute für einen Börsenplatz aus. So beispielsweise an der Deutschen Terminbörse (DTB) in Frankfurt.
Dort verrichten unter dem leichten Säuseln der Klimaanlage Computer ihre Dienste. Die Händler sitzen weit voneinander entfernt in den Etagen der Bankhochhäuser vor Bildschirmen, Tastaturen und Telefonen. Eine neue Generation von Tradern, fünfundzwanzig bis fünfunddreißig Jahre alt, mit Betriebs-, Volkswirtschafts-, und/oder Mathematik- bzw. Informatikstudium und in der Regel Auslandserfahrung.
Ihr Lohn, Gehälter, die die Vorstellungen altehrwürdiger Banker in Deutschland sprengen. Mit Grundgehältern von zwei- bis vierhunderttausend Mark im Jahr, Bonuszahlungen und Gewinnprovisionen, erzielen sie auch hierzulande bereits Einkommen, die über den Vorstandsgehältern so mancher Bank liegen.
Ihr Preis, Streß rund um die Uhr.
Kurz nach sieben kommen die ersten in die großen Handelsräume der Banken. Dort gleichen sich die Bilder. Adrett gekämmte und in feinstes Tuch gehüllte Trader studieren die Schlußkurse von Tokyo und New York. Um acht ist dann das erste »Meeting« mit den Finanzanalysten und dem Chef der Handelsabteilung angesetzt. Gemeinsam werden dort die Strategien für den Tag ausgetüftelt.
Dann, mit der Markteröffnung, beginnt das Spiel mit der Zukunft, das Geschäft um Millionen und Abermillionen. Die Bildschirme flimmern, die Meldungen der Nachrichtenagenturen von Reuters, Bloomberg, Datastream, VWD Videotikker und vielen anderen Informationsdiensten prasseln auf die Händler ein. Die Telefone stehen nicht still, jede Information ist wichtig, mitentscheidend über Gewinn und Verlust – denn Bruchteile von Sekunden entscheiden über Erfolg oder Mißerfolg einer Finanztransaktion.

Und es passiert immer etwas. Bis zu 200 Geschäfte werden am Tag von einem Händler abgewickelt. Jedesmal Millionen, die da per Tastendruck umgesetzt werden. Das zerrt an den Nerven. Die vielen Nullen vor dem Komma – unter fünf Millionen Mark fängt ein Trader erst gar nicht an.
Jeden Tag wird aufs neue versucht, den Trend des Marktes im voraus zu erkennen. Wer beispielsweise Terminkontrakte auf Aktien handelt, jagt Kursdifferenzen nach. Die Aktien selbst oder die dahinter stehenden Unternehmen spielen für die Händler kaum eine Rolle. Markttendenzen zu erahnen und schneller zu sein als die anderen, nur das ist es, was für sie zählt.
Die großen Summen, die da sekundenschnell per Tastendruck bewegt werden, erscheinen für sie nur als blinkende elektronische Impulse auf den Bildschirmen, als flimmernde Computernotizen, die, so schnell sie aufgetaucht sind, per Tastendruck auch wieder verschwinden, um in den gewaltigen Speichern der elektronischen Großrechner abgelegt zu werden. Ob zwei, zwanzig oder zweihundert Millionen, für Händler alles nur Zahlen.
Dabei erleichtert die Entstofflichung des Geldes und der Wertpapiere den raschen Tausch von elektronischem Geld gegen elektronische Anleihen oder von elektronischen Obligationen gegen elektronische Obligationen. Das Handwerkszeug der Banken setzt den Umsätzen weltweit keine Grenzen mehr. Da kann es nicht verwundern, daß den Tradern das Verhältnis zum Geld verlorengeht. Geld – das ist für sie eine ganz andere Welt.
Am Tagesende wird dann abgerechnet. Blieb jeder Händler im Limit, wieviel Gewinn hat jeder einzelne gemacht, wieviel das ganze Händlerteam. Und was steht am nächsten Tag an. Nur wenige Stunden sind es bis dahin. Denn hektische Tage enden für Trader in Frankfurt, Zürich, Paris oder London erst nach zehn Uhr nachts, wenn die New Yorker Börse in der Wall Street schließt und die Strategie für den neuen Tag an den europäischen Terminbörsen steht.
Wer dem Streß nicht standhält, muß gehen. Wer keinen

Gewinn bringt, wird gegangen. Denn wer schnell angeheuert wird, der kann bei Mißerfolg auch schnell fliegen. In Händlerkreisen wundert sich niemand, wenn ein vergrippter Kollege nach fünf Tagen Abwesenheit vom heißen Arbeitsstuhl gefeuert wird oder wenn schon mal der Chef einer Handelsabteilung morgens nicht mehr zur Strategiesitzung erscheint, da er tags zuvor von der Konkurrenz abgeworben wurde.

Dem Streß entrinnen die Trader mit Konsum, Sport und Reisen. Teure Anzüge bekannter Couturiers, schweizerische Uhren und Mobiltelefon sind selbstverständlich. Das Monatsabo für das Fitness-Studio zahlt der Arbeitgeber, wenn er nicht sogar selbst eins unterhält. Schnelle Autos und gefährliche Hobbys, wie Klettern, Tauchen oder Drachenfliegen dienen als Kompensation der beruflichen Anspannung.

Was zählt sind Namen. Wer kennt wen, wer wird mit wem gesehen und wer arbeitet für wen. Dabei haben im Ansehen der Trader Banken und Brokerhäuser ihre eigene Hierarchie. Die ersten der Branche sind als Arbeitgeber besonders begehrt – Goldmann Sachs, Morgan Stanley, J.P. Morgan oder Bankers Trust. Es folgen so renommierte Namen wie Salomon Brothers, Lehman Brothers, Citibank und Merrill Lynch. Vor dem Crash gehörte Barings auf der Rangliste der Händler zu den ersten zehn, Barings in Singapur sogar zu den Topadressen. Ein Faible für deutsche Adressen hat die kleine Schar der guten Terminhändler nicht: »Deutsche Bank oder Dresdner Bank – das muß nicht unbedingt sein.«

Dennoch gelang es der Dresdner Bank Anfang April 1995, den wohl umworbensten Frankfurter Trader, den 32jährigen Leonhard H. Fischer, von J.P. Morgan zu sich zu holen. Fischer begann nach einem Wirtschaftsstudium in den USA und Deutschland 1987 als Trainee bei Morgan in Frankfurt und New York, wurde 1989 Händler in Frankfurt, 1990 Gruppenleiter, 1991 Vice President mit Zuständigkeiten für Renten und Zinsderivate in Frankfurt und Zürich, 1992 Zuständigkeiten im Geldmarkt und Optionsgeschäft für Europa und stellvertretendes Vorstandsmitglied der Deutschen Terminbörse,

1994 Beförderung zum Managing Director und Mitglied der Geschäftsleitung von J. P. Morgan in Frankfurt.

Spitzeneinkommen erzielen vor allem die Stars der großen US-Banken und Investmenthäuser. So warb die Schweizerische Bankgesellschaft (SBG) Anfang März 1995 den Chef des weltweiten Devisen- und Swaphandels von Merrill Lynch, T. J. Lim, ab. Der neue SBG-Handelschef soll ein Jahreseinkommen von rund sechs Millionen Mark haben – bei US-Topleuten im Handel mit den derivativen Finanzinstrumenten keine Ausnahme.

Ein Trader mit geringer Berufserfahrung startet in der Regel mit einem Grundgehalt von rund 100 000 Mark. Das kann er im Laufe seines kurzen Händlerlebens – normale Karriere angenommen – auf ein garantiertes Einkommen von mehr als 300 000 Mark hochschrauben. Dazu kommen üppige Sonderzahlungen – etwa 25 bis 65 Prozent des jeweiligen Garantiegehaltes. In der Regel verteilen die weltweit führenden Banken im Derivativgeschäft die Zusatzzahlungen nach dem persönlichen Ergebnis der Händler. So läßt sich das Grundgehalt auf diese Weise leicht verdrei- oder gar vervierfachen.

Gute Händler müssen mit hohen Summen angelockt werden. Ihre Arbeitszeit ist begrenzt. Kaum einer von ihnen ist älter als 35 Jahre. Sie stehen Tag für Tag unter Hochspannung und müssen in Sekundenschnelle Entscheidungen fällen. Diesen Stakatostil hält kein 40- oder 50jähriger durch. Hinzu kommt, daß die Palette der Futures und Optionen ständig erweitert wird, die Händler also extrem lernfähig sein müssen – das schaffen ältere Trader nicht mehr.

Aber – auch Derivatehändler sind nur Menschen, denen – wie am Beispiel Leeson dokumentiert – der Bezug zur Wirklichkeit verloren gehen kann. Ein unvorhergesehener Verlust in einem Geschäftsjahr kann für viele der jungen Leute schnell zur Existenzfrage werden. Wer keine Performance bringt, wird gefeuert. Rauhe Sitten in diesem spekulativen Geschäft. So stürzen einstige Stars nur allzu schnell auch ins Bodenlose. Sie verlieren nicht nur ihren Job, plötzlich stehen sie ohne Geld, ohne Status, ohne Freunde und ohne Identität da.

Die Entlohnungssysteme müssen deshalb dringend überarbeitet werden. Zu empfehlen ist, die Vergütung der Händler unbedingt an das Risiko-Management-System der Banken zu koppeln. Noch hat keine Bank ein solches System installiert. Erste Tests laufen aber bereits. Immerhin verabschieden sich einige Institute von den rein gewinnabhängigen Strukturen. So zahlt Mitte 1995 die niederländische ABN Amro-Bank maximal 50 Prozent des Jahresgehaltes als Bonus. Auch die Commerzbank, die für ihren Derivativbereich die Tochter Commerz Financial Products gegründet hat, richtet ihre Sonderzahlungen am nachhaltigen Gesamtergebnis und nicht am kurzfristigen Erfolg der einzelnen Händler aus. Damit versucht sie, die Gefahr risikoträchtigen Verhaltens der Händler von vornherein auszuschalten.

Auch beim Schweizerischen Bankverein (SBV) steht der Teamgedanke bei der Händler-Vergütung im Vordergrund. Zwar kann auch dort ein Trader mit seinem Jahresbonus sein Grundgehalt von bis zu 180 000 Mark deutlich verbessern. Doch der rein individuelle Ergebnisbeitrag ist nur noch ein Faktor von mehreren in der Boni-Gesamtberechnung. Andere sind das Ergebnis, das die gesamte Gruppe – also Aktien-, Renten- oder Devisenhandel – weltweit erzielt, sowie der Gesamtprofit, den die Bank in einem Jahr gemacht hat.

Die Händler sind von Banken und Handelshäusern umworben. Insbesondere in Europa, wo das Geschäft mit den Derivaten noch sehr jung ist. Es fehlt der qualifizierte Nachwuchs.

Und der wird besonders hierzulande gesucht. Denn schaut man hinter die Bilanzkulissen – wurden 1994 die Gewinne aus dem Eigenhandel der großen deutschen Banken nur zu oft aus dem Geschäft mit den derivativen Finanzprodukten erzielt.

Meist ist das nur ein Team von 30 bis 100 Händlern, das für den Arbeitgeber Millionenbeträge im zwei- und dreistelligen Bereich erzielt. Um das zu erreichen, müssen sie täglich Milliarden umsetzen. Dabei kreiert beispielsweise im Devisenbereich die Masse vor dem Komma den Gewinn, weil bei Wechselkursen weit hinterm Komma zwei Zahlen differieren.

Händler, die sehr schnell gerade wegen der hohen Verdienst-

möglichkeiten in jungen Jahren zu Söldnern des Geldes werden. Und dorthin gehen, wo das meiste Geld gemacht wird.
Welche Voraussetzungen dazu mitgebracht werden müssen, zeigt beispielsweise das Anforderungsprofil an den Leiter »Zins-Derivate« mit Perspektive »Gesamtverantwortung Derivate« einer namhaften deutschen Bank:

Anforderungsprofil »Leiter Zins-Derivate«

Der Bedeutung entsprechend ist die Position mit Direktorenrang ausgestattet. Sie umfaßt den Kundenhandel und vor allem den nicht auf underlyings basierenden Eigenhandel mit sämtlichen Standard- und OTC-Zinsinstrumenten (in DM und Währungen) im Rahmen vereinbarter Risikolimite und Budgets. Neben der eigenverantwortlichen Führung von Handelspositionen soll der Leiter als Mitglied des Aktiv-/Passiv-Steuerungsausschusses nicht nur die dort beschlossenen Maßnahmen im zinsderivativen Bereich umsetzen, sondern auch Empfehlungen für strategische Anlagebestände und den Einsatz derivativer Produkte für die Bilanzstruktur-Steuerung einbringen, d. h. insgesamt zur Optimierung des Zinsüberschußergebnisses entscheidend beitragen.
Im Kundenhandel soll eine echte Beratungsfunktion hinsichtlich der Gestaltung und des Einsatzes von Zinsinstrumenten für ein jeweils unternehmensspezifisches Risikomanagement ausgeübt werden. Das schließt die gestaltende Mitwirkung bei der Definition und Entwicklung maßgeschneiderter Produkte ein.
Neben der Kontaktpflege zu anderen Marktteilnehmern wie Banken, Brokern usw. erfordert der interdisziplinäre Zuschnitt der Aufgabe eine enge Kooperation mit den übrigen Treasurybereichen und anderen Abteilungen des Hauses, somit also ein bereichsübergreifendes Denken und Handeln. Neben der Fähigkeit, ein qualifiziertes Trading- und Sales-Team von mehreren Mitarbeitern zu führen, sollte der Leiter Handelszins-Derivate – Alter 30 bis 40 Jahre – über das Potential verfügen, die Verantwortung für den gesamten Handelsbereich Derivate, d. h. einschl. Equity und FX, zu übernehmen.
Das Erfahrungsspektrum sollte neben fundierten Kenntnissen von Standard- und OTC-Produkten der internationalen Zinsmärkte auch die eigenständige Führung entsprechender Handelspositionen umfassen.

Nach dem Barings-Kollaps sind die Zocker unter den Händlern von Tokio, Frankfurt, London und New York nervös geworden. Denn immer mehr Geldhäuser wollen die jungen Trader an die kurze Leine legen. »Die haben«, tobt E. Gerald Corrigan, Chef bei Goldmann, Sachs International Advisers, »die Relation zwischen Risiko und Chance verloren«. Und noch bevor die Übernahmegerüchte beim Londoner Bankhaus S.G. Warburg bekannt wurden, hatte man dort bereits im Derivat-Geschäft die Vollbremsung vollzogen. Die Futures-Abteilung wurde um 90 Mitarbeiter abgespeckt. Die hatten sich, wie auf dem Börsenparkett zu hören war, beim Handel mit dem deutschen DAX kräftig verhoben.

Nur die Spitze vom Eisberg. Immer mehr gigantische Fehlspekulationen kommen, wie oben ausgeführt, ans Tageslicht.

Dabei verhindert Corps-Geist der Finanzinstitute untereinander bei weiteren Fällen oft die Suche nach den Verantwortlichen. So wurden in den USA allein in den letzten Monaten weitere Flops bekannt, bei denen Investoren insgesamt eine knappe halbe Milliarde Mark verloren.

Nicht erst seitdem ist die US-Kontrollbehörde SEC auf der Suche nach besseren Kontrollmöglichkeiten. Während zur gleichen Zeit US-Notenbankchef Alan Greenspan die Banken eindringlich mahnt, »sie sollten wieder mehr auf die Erfahrung der alten Hasen setzen als auf die Waghalsigkeit der 25jährigen Grünschnäbel«, fordert Goldmann, Sachs-Chef, Corrigan »wieder mehr graues Haar an der Börse«.

Wenig graues Haar gibt's auch hinter den Kulissen. Dort, wo die Produkte, die von den Tradern gekauft oder verkauft werden, von den Finanzingenieuren in ihre einzelnen Risikofaktoren zerlegt und in unterschiedlichsten Kombinationen wieder zu neuen Produktkreationen zusammengeführt werden.

»Während man zum Handeln von Terminkontrakten schon mit einer normalen Bankausbildung auskommt, erfordert die risikogerechte Steuerung eines Derivatportfolios«, so Heinrich Linz, Leiter des Marktrisiko-Managements der Dresdner

Anforderungsprofil »Senior Financial Enginer« im Bereich derivative Finanzinstrumente

Bei einer Schweizer Großbank umfaßt beispielsweise die Aufgabe eines Senior-Finanzingenieurs neben der Stellvertretung des Abteilungsleiters Bond Research und Derivate folgende Aufgaben:

- Aufbau und die Leitung eines Teams von zwei bis drei qualifizierten Finanzökonomen
- die Analyse derivativer Finanzinstrumente in Sfr. und Fremdwährungen
- Koordination und Redaktion von Publikationen, welche u. a. eine zyklusbedingte Instrumentenanalyse enthalten
- konzeptionelle Verantwortung für die Entwicklung neuer Produkte
- quantitative Untersuchungen im Themenbereich.

Er verfügt über ein Hochschuldiplom (VWL, Math., Physik), vorzugsweise mit einschlägiger Zusatzausbildung (z. B. Promotion, MBA in Finance) und überdurchschnittliche ökonomische Kenntnisse, die in der Praxis vertieft wurden. Gute PC-Kenntnisse werden vorausgesetzt. Programmiererfahrung (Turbo-Pascal, SAS, Exel) sind erwünscht. Die Sprachen Deutsch und Englisch.

Bank AG, »eine hervorragende Ausbildung. Ein idealer Hintergrund ist zum Beispiel ein abgeschlossenes Ingenieurstudium, kombiniert mit einem finanzmathematischen Master of Business Administration (MBA). »Die Dresdner Bank«, so Linz, »ist bestrebt, ein Portfolio von Talenten aufzubauen. Dabei setzt die Bank in erster Linie auf die eigene Ausbildung.« Dabei geht der Nachwuchs auch im Derivativgeschäft durch eine harte Lehre. Die praktische Ausbildung liegt bei der Dresdner Bank in den Händen erfahrener Sepzialisten. Dazu holt man zur Vervollständigung der theoretischen Basis einmal monatlich externe Trainer. Gute Erfahrungen hat man bei der Dresdner Bank-Zentrale darüber hinaus mit einem zweiwöchigen »Swaps and Derivatives Programme« gemacht, das die französische Wirtschaftshochschule Insead, Fontainebleau, in Zusammenarbeit mit der International Swaps and Derivatives Association (ISDA) anbietet.

THE INSEAD – ISDA Swaps and Derivatives Programme
Programme Topics

Contents

This intensive two-week hands-on programme on swaps, options and other derivatives is designed specifically for professionals who already have a sound basic understanding of derivatives. The programme will guide the participants through financial risk management, in general, and derivative instruments, in particular. This will be accomplished in a format combining analytic lectures with hands-on, problem-solving sessions structured to encourage active dialogue. The programme includes a two-day ALCO Challenge simulation where the participants have to evaluate and manage the risk exposure of a bank.

The main topics in the programme will be:

First Week

- **Understanding risks in trading process:** market, counterparty, operational and documentation risk
- **Understanding portfolio risk and return**
- **Valuation and risk management in fixed income securities**
  - **different term structures of interest rates**
  - **constructing different term structures**
  - **understanding different interest rate parities**
  - **understanding duration and convexity**
- **Forwards and futures contracts and their valuation:**
  - valuation of commodity, bond, stock index and currency futures
- **Pricing and valuation of swaps**
- **Risk management of a portfolio of swaps**
- **Credit risk in swaps**

Second week

- **Valuation of options:**
  - put-call parity
  - binomial pricing model
  - Black's model for futures options
  - Garman-Kohlhagen's model foreign currency options
- **Risk measurement in options:**
  - delta, gamma, theta, vega, rho
- **Hedging of option portfolios:**
- **Fixed-income options:**
  - different types of interest rate options
  - valuation of interest rate options
  - valutaion of bond options
- **ALCO Challenge risk management simulation**
- **Applications of option pricing:**
  - managing a portfolio of swaps and interest rate options
  - embedded options in bonds
  - mortage-backed securities
  - Swaptions
- **Second generation options:**
  - average-rate, barrier and look-back opotions

Lectures
In addition to these topics, several guest-lectures will be given by senior industry professionals.

Information:
Susan Rofe
Manager Consortium Programmes
INSEAD
Boulevard de Constance
77305 Fontainebleau Cedex
Tel. 33 (1) 60 72 42 06
Fax 33 (1) 60 72 42 42

Fees and expenses
The programme fee is FF 45,000. Instruction, teaching materials, books, refreshments at breaks, lunches on working days and the opening and closing dinners are covered by this fee.

Language
The programme will be conducted in English.*

Application procedure
The Admissions Committee will review applications on an ongoing basis. Your application will be forwarded to and acknowledged by INSEAD. Final admission decisions are with ISDA and INSEAD.
We ask that your application be sent by mail or fax to:

Eileen Dengler
Programme Manager
ISDA
1270 Avenue of the Americas
Suite 2118, Rockefeller Center
New York, NY 10020-1702
Tel. 1 (2 12) 3 32 12 00
Fax 1 (2 12) 3 32 12 12

* Deshalb wurde hier das Kursprogramm in Englisch abgedruckt.

»In Zukunft wird,« so Linz, »die Unterstützung der Händler bei ihrer aufreibenden Tagesarbeit immer wichtiger. Deren Zeit ist viel zu kostbar, um sich auf die Eingabe von Geschäften und die Dokumentation neuer Instrumente zu konzentrieren. So kommen heute schon bei manchen Banken auf einen Händler zwei Mitarbeiter, die diese Aufgaben übernehmen und gleichzeitig die Handelsergebnisse und eingegangenen Risiken berechnen und kontrollieren. Bis hin zur Abwicklung und Verbuchung von Derivaten sind im Bereich Treasury viele Schritte nötig. Dabei werden freilich nicht nur hochqualifizierte Hochschulabsolventen eingesetzt.«
»Die Risikomanager hinter den Kulissen müssen ein sehr gutes technisches und quantitatives Verständnis mitbringen«, beschreibt Peter Schlicht, Leiter des Handelsbereiches von J. P. Morgan in Frankfurt, das gewünschte analytische Anfor-

derungsprofil. »Der geübte Umgang mit Computern gehört selbstverständlich dazu.«
Zur Steuerung der Marktrisiken bietet sich ein kaufmännisches Studium oder der Abschluß als Wirtschaftsinformatiker an. Daneben sind auch Ingenieure oder Informatiker gesucht. Demgegenüber werden von den Finanzhäusern für den Bereich Dokumentations-, Regelungs- und Grundsatzfragen des derivativen Geschäfts oft Juristen eingesetzt.
Daß diese Spezialisten ein verstecktes »Mauerblümchendasein« im Vergleich zu den im Rampenlicht stehenden Händlern und Kundenbetreuern führen, halten Linz und Schlicht für ein Vorurteil. »Wer unsere Risikomanagement-Systeme entwickelt, hat ein hervorragendes Ansehen im Haus. Schließlich werden solche Systeme nicht im Elfenbeinturm ausgedacht.« Häufig kommen die Mitarbeiter der Risikomanagement-Gruppen direkt aus den Handelsabteilungen. Sie sind heute in der Regel ebenso wie die »Frontleute« am Handelserfolg beteiligt.
Bei den großen Banken beschäftigen sich ganze Stäbe damit, die Risiken derivativer Geschäfte zu managen. Das ist inzwischen eine Wissenschaft für sich. Als einen sehr gesuchten Berufsstand bezeichnet Günther Wudy, zuständig für den Derivativbereich bei der Commerzbank AG »Kreditspezialisten, die die Gegenparteirisiken bewerten können. Diese sind aus einem anderen Holz als die Händler geschnitzt und besonders in Deutschland recht selten und entsprechend gesucht. Dazu gehören eine große Portion Erfahrung und enorm präzises Arbeiten.«
Wichtigste Management-Aufgabe im Geschäft mit den derivativen Finanzinstrumenten aber ist das Setzen von Handels- und Verlustlimiten für den einzelnen Trader. Denn darüber lassen sich indirekt die erfolgsabhängigen Bonuszahlungen und damit auch die Aggressivität der Händler steuern.
In jedem Fall aber bleibt das Geschäft mit den Derivaten ein Geschäft für Spezialisten.

Was der Trader am Bildschirm sieht – am Beispiel DAX

Aktuelle Tages-Entwicklung des DAX am 6.5.1995 ①

Hintergrund-informationen zu DAX-Unternehmen ②

Aktuelle Tagesentwicklung der DAX-Unternehmen Daimler Benz AG und Siemens AG ③

Entwicklung des DAX im Zeitraum Juli 1993 bis 6.5.1995 ④

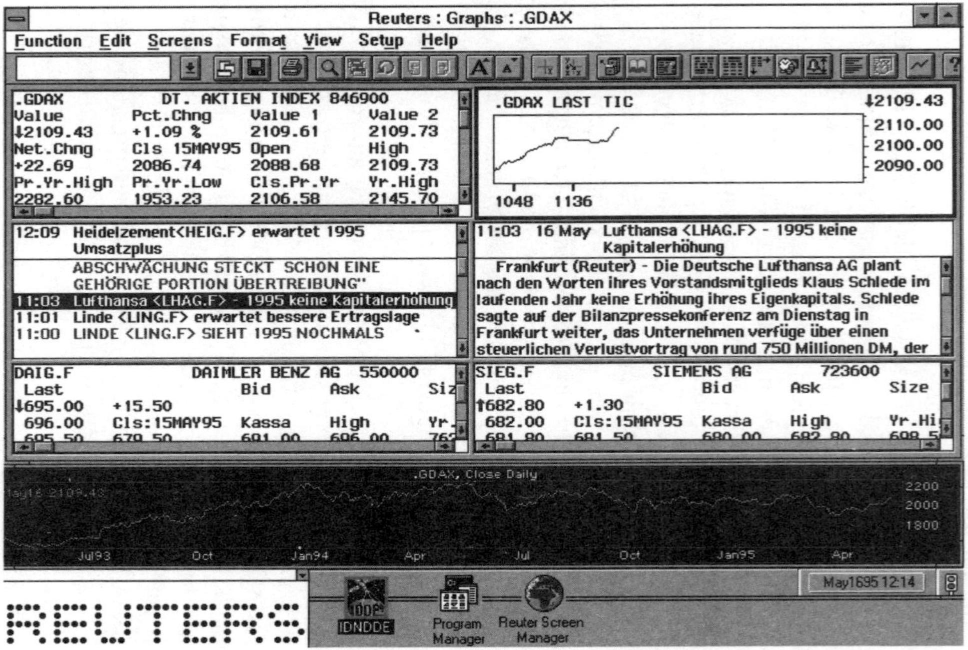

Was der Trader am Bildschirm sieht – am Beispiel US-Dollar

Aktuelle Dollar-Kurs-Tages-Entwicklung am 6.5.1995 ①

Konjunkturdaten liefern Hintergrundwissen ②

Entwicklung des German Bund ③

Entwicklung des US-Dollar im Zeitraum April 1993 – 6.5.1993 ④

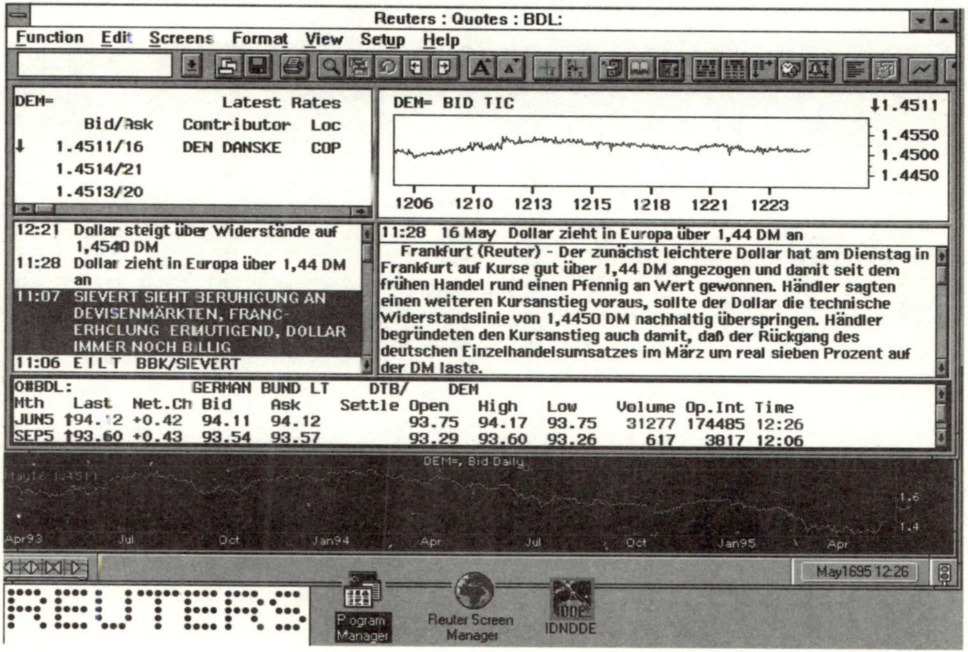

Was der Trader am Bildschirm sieht – am Beispiel Siemens AG

Aktuelle Tages-Kursentwicklung der Siemens-Aktie am 6.5.1995 sowie Stand zum 6.5.1995 im Handel mit Siemens-Aktien an der DTB bis zum September 1995 ①

Hintergrund-Information zur Siemens-AG zum 6.5.1995 ②

Kursentwicklung der Siemens-Aktie im Zeitraum April 1993 bis 6.5.1995 ③

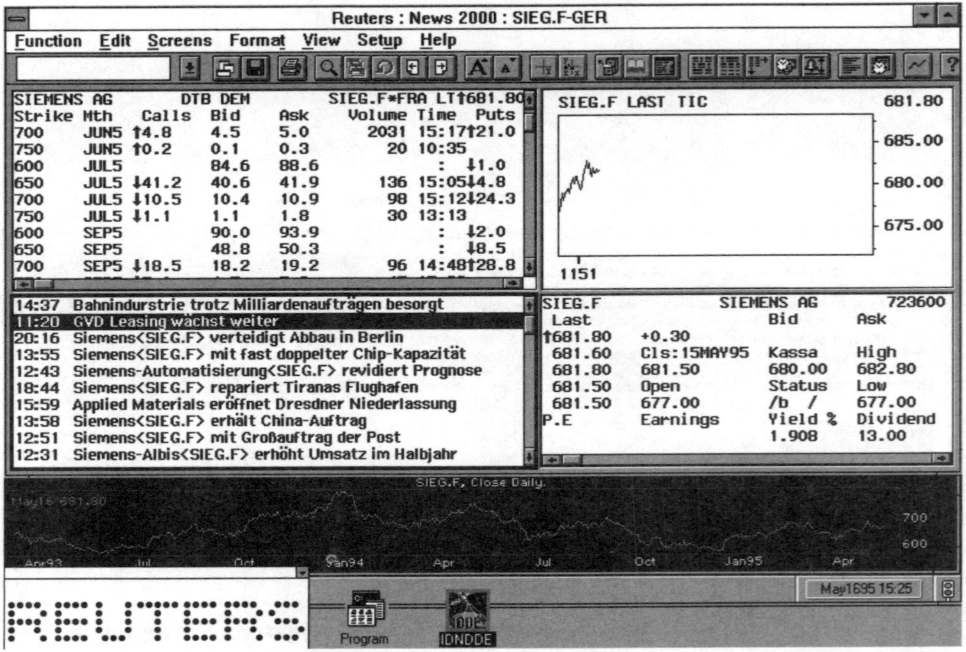

Mit Risikomanagement und Kontrolle zu mehr Sicherheit

Anfang 1995 hat bei einer Befragung von Banken und Wertpapierhäusern in der Londoner City mehr als die Hälfte der hundert antwortenden Finanzinstitute eingeräumt, daß ihre Systeme für das Risiko-Management von Finanztransaktionen insbesondere im Derivativgeschäft nicht ausreichen. Die Wirtschaftsprüfer Delvitte Touche hatten zweihundert Banken aus Großbritannien, Europa, den Vereinigten Staaten und Japan über den Einsatz ihrer sogenannten »Risk-Management-Systeme« befragt.

Während manche Finanzinstitute mit Hilfe hochqualifizierter Mathematiker und Programmierer entsprechende Systeme entwickeln oder von Software-Häusern kaufen, basteln andere Banken noch weitgehend erfolglos an Lösungen für das Risk-Management. Alle Institute beabsichtigen jedoch, in den kommenden zwei bis drei Jahren kostspielige Systeme in ihren Häusern zu implementieren.

Mehr als die Hälfte der befragten Geldhäuser mußte zugeben, daß ihre installierten Systeme

- nicht befriedigend sind,
- große Geschäftsvolumina nicht kostengünstig verarbeiten,
- Markt- und Kreditrisiken nicht richtig bewerten,
- auf die Kontrollmitteilungen der Aufsichtsbehörden nicht abgestimmt und
- zu unflexibel sind, wenn neue Programme über sie gesteuert werden sollen.

Diese Mängel treten – laut Untersuchung – vor allem bei der Bewertung von Marktrisiken auf.
Zur gleichen Zeit wird der Wettbewerb im derivativen Geschäft durch das Auftreten neuer Anbieter im Bankenbereich sowie aufgrund zahlreicher neuer Finanzprodukte intensiver und für die einzelnen Marktteilnehmer zunehmend schwieriger. Denn einerseits sind die Geldinstitute gefordert, ihre Handels- und Beratungstätigkeit mit derivativen Spezialprodukten auszubauen, um den individuellen Kundenbedürfnissen entsprechen zu können. Andererseits aber wissen sie, daß das Risikomanagement im Umgang mit diesen Produkten zum entscheidenden Wettbewerbsfaktor wird. Hinzu kommt, daß die Aufsichtsbehörden die Stabilität des Finanzgewerbes nicht wie bisher nur mit den im Kreditwesengesetz festgeschriebenen Bilanzgrundsätzen sicherstellen, sondern die Finanzhäuser künftig auch mit komplizierten Computermodellen und organisatorischen Vorgaben an die Leine nehmen wollen.
Weltweit ist daher in den Banken die Nachrüstung der Back-Offices (Serviceabteilungen) in vollem Gange. Denn die strategische Bedeutung eines hochentwickelten Risikomangements haben nicht nur die großen handelsorientierten US-Investmenthäuser erkannt. Auch hierzulande werden bei den einzelnen Instituten mittlerweile hunderte von Millionen Mark in Computerausrüstung, Software, Kontrollsysteme, Organisation und Personal investiert, um mit der rasanten Entwicklung in diesem exotischen Finanzbereich Schritt halten zu können. Wer da seine Hard- und Software nicht permanent auf dem neuesten Stand halten kann, hat beim Risikomanagement und damit auch im derivativen Handelsgeschäft keine Chance.
Sicherlich zum Leidwesen jener mittelgroßen und vom internationalen Ruf her erstklassigen Investmentbanken, die dieser kostspieligen Expansion auf Dauer nicht gewachsen sind. Ohnmächtig müssen sie zusehen, wie die wirklich großen Institute in diesem Geschäft – die amerikanischen Häuser J. P. Morgan, Merrill Lynch, Bankers Trust und Citicorp/Citibank,

die schweizerischen Großbanken Schweizerischer Bankverein, Schweizerische Bankgesellschaft und Schweizerische Kreditanstalt sowie die deutschen Großbanken Deutsche Bank, Dresdner Bank und Commerzbank – eine stärkere Kapitalbasis und damit auch einen längeren Arm haben, um im kostenintensiven derivativen Geschäftsbereich langfristig erfolgreich zu bestehen.
Immer mehr Investmentbanken werden daher von diesen Großinstituten übernommen werden. Erst Morgan Grenfell von der Deutschen Bank, dann Barings von der holländischen ING und Anfang Mai 1995 S. G. Warburg vom Schweizerischen Bankverein. Und auch um die Häuser Kleinwort Benson und Schroders ranken in Londons City schon seit Frühjahr 1995 Gerüchte.
Für Kleinwort Benson, Mitte 1995 die größte noch verbliebene unabhängige britische Investmentbank, sollten die Übernahmegerüchte nur wenige Wochen dauern. Mitte Juni unterbreitet die Dresdner Bank AG dem 200 Jahre alten Investmenthaus ein Übernahmeangebot von rund 2,3 Milliarden Mark.
Die Anfänge der Kleinwort Benson Group Plc reichen bis in das späte 18. Jahrhundert zurück. Der erste Banker mit dem Namen Kleinwort mit dänisch-deutschem Familienursprung kam 1786 nach London. Etwa zur gleichen Zeit setzte auch die Quäker-Familie Benson die ersten Zeichen im Londoner Geschäftsleben. Beide Familien überstanden die napoleonischen Kriege, profitierten vom Ausbau des Eisenbahnnetzes und der industriellen Revolution im 19. Jahrhundert und überlebten auch die damit verbundenen finanziellen Skandale.
Der Ausbruch des Ersten Weltkrieges brachte Kleinwort an den Rand des Ruins, weil das Bankgeschäft sehr stark auf Deutschland konzentriert war. Mit Interventionen der Bank von England fand das Finanzinstitut jedoch relativ unversehrt aus dieser Krise heraus. 1961 schlossen sich dann Kleinwort Sons and Co und Robert Benson, Londsdale zur Kleinwort Benson Group zusammen.

Schon nach kurzer Zeit nahm die neue Gruppe eine bedeutende Stellung im britischen Markt für »mergers and acquisitions« (M & A) sowie bei der Kapitalbeschaffung über Aktien- und Schuldtitel ein. Die Bank hat sich in den letzten Jahren darüber hinaus auch stärker im Bereich der neuen Finanzmärkte engagiert. In der internationalen Finanzwelt ist Kleinwort Benson für seine Risikobereitschaft bekannt.
Mit der Übernahme stößt die Dresdner Bank sowohl im Investmentbanking als auch auf den globalen Finanzmärkten mit den derivativen Produkten in neue Dimensionen. Ein wichtiger Schritt, um künftig mit den großen US-Instituten in diesem Bereich mithalten zu können.
Damit zeigt sich einmal mehr, daß sich der Bankplatz London zum Zentrum der internationalen Aktivitäten der großen europäischen und amerikanischen Finanzinstitute entwickelt, die von dort zumindest ihr europäisches Geschäft mit den Derivaten betreiben wollen.
Darüber hinaus zeigt sich immer mehr, daß die explosive Entwicklung und immer größere Dimensionen im Geschäft mit den Exoten künftig weltweit nur noch von jenen Finanzinstituten ausgeführt werden können, die finanzstark genug sind, diese globalen Finanzgeschäfte vornehmen zu können. Eindeutig demonstriert wird das derzeit von der Deutschen Bank. Denn keine andere Bank hat in den vergangenen Monaten in London so viele Finanzmanager eingestellt. Mittlerweile soll die Investmentbank der Deutschen Bank im Verbund mit ihrer Tochter Morgan Grenfell 8 000 Mitarbeiter weltweit umfassen.
Dagegen nehmen sich die Aktivitäten der Commerzbank mit ihrer Tochter Commerz Financial Products mit rund 100 Mitarbeitern derzeit noch bescheiden aus. Ziel ist es, sich in den nächsten Jahren mit Stützpunkten in London, New York und Asien zu einem wichtigen Teilnehmer im weltweiten Derivativgeschäft zu entwickeln.
Dazu ist ein gewaltiger Aufwand erforderlich. Mathematiker, Computerspezialisten und Handelsexperten müssen Systeme erarbeiten, um die Risiken veränderter Marktbedingungen

von täglich mehreren tausend Transaktionen im Volumen zweistelliger Milliarden-Dollar-Größen zu erfassen, bewerten und – getrennt nach unterschiedlichen Risikokomponenten wie Wechselkursschwankungen und Zinsänderungen – zu saldieren.

Weit über hundert Millionen Dollar investierte beispielsweise J. P. Morgan in Hard- und Software, bis die Risk Management Group ihren ersten Tagesbericht abliefern konnte.

Der gewaltige Aufwand ist nötig, weil das Marktrisiko beispielsweise vorhandener Wertpapierposten nur durch Rückgriff auf einen in mehr als zwei Jahrzehnten gesammelten Datenberg abgeschätzt werden kann. Endlose Zeitreihen von Wechselkursen, Zinsen, Rohstoffpreisen, Aktien- und Rentenkursen werden aufbereitet, statistische Zusammenhänge zwischen unterschiedlichen Preisen und Märkten werden gemessen, um Diversifikationseffekte von Portefeuilles zu ermitteln.

Komplizierte Formeln errechnen daraus den sogenannten Value at Risk, den mit einer Wahrscheinlichkeit von 99 Prozent größtmöglichen Verlust beispielsweise eines einzelnen Wertpapierpostens, eines Portefeuilles oder des gesamten Handelsbestandes einer Bank, wenn der Markt kippt.

Nach diesem Muster haben die in diesem Geschäftsbereich führenden Banken inzwischen ihr Back Office mit erheblichem Kapitaleinsatz aufgerüstet.

Organisatorisch wird in der Regel ein Risk Management Committee installiert, das die laufenden Handelsgeschäfte überwacht. Es setzt sich beispielsweise bei der Deutschen Bank zusammen aus dem Vorsitzenden, den weltweit verantwortlichen Leitern der einzelnen Handelsbereiche, dem Chief Credit Officer sowie Spezialisten aus den Bereichen Controlling und Treasury. Es analysiert die Risiko- und Ertragsposition der Bank, überwacht die Limits und kommentiert die Marktentwicklung. Das Risk Management Committee ist direkt dem Vorstand unterstellt und berichtet täglich an ihn.

Dem Vorsitzenden des Risk Management Committee ist die

von den Geschäftsbereichen funktional getrennte Global Risk Management Group unterstellt. Deren Mitarbeiter sind an allen internationalen Handelsplätzen eingesetzt. Dieses Spezialisten-Team ist für die Marktrisiken der Kontrakte (qualitative Auswertung von Risiko- und Ertragsziffern; Limiteinhaltung), die Prüfung neuer Handelsprodukte und Bewertungsverfahren, die Ermittlung der handelsspezifischen Kreditrisiken sowie die Vertragsdokumentation verantwortlich.

Dabei erfolgt das Risikomanagement sowohl regional und lokal in den jeweiligen Handelszentren, als auch zentral für den Gesamtkonzern. Es arbeitet unabhängig vom Handelsbereich. Grundlagen sind Meßverfahren für alle Risikoarten, Limits zu deren Begrenzung und ein Informationssystem für die Bewertung, Überwachung und Steuerung der Risiken. Die Risiken werden konzernweit erfaßt und alle Positionen täglich bewertet. Die hierfür verwendeten Annahmen und Grundsätze werden regelmäßig überprüft und an Marktentwicklungen angepaßt.

Im einzelnen werden

- Markt-,
- Kredit-,
- Rechts- und
- operative Risiken

überwacht:

Marktrisiken

Marktrisiken sind Preis- und Liquiditätsrisiken. Sie entstehen aus der Veränderung der Zinssätze, der Kurse und der Preise der zugrundeliegenden Finanzinstrumente (Aktien, Devisen, Edelmetalle etc.) und dazugehörigen Derivate (Futures, Optionen, Swaps und FRAs).

Den internationalen Standards entsprechend verwendet die Deutsche Bank zur Ermittlung des Marktrisikos das Money-at-Risk-Konzept. Durch Integration aller Portfoliobestandteile und deren Sensitivitäten wird eine Meßzahl für das Verlustpotential bei Preis- beziehungsweise Zinsänderungen gewonnen. Zukünftige Risiken werden auf der Basis historischer Preis- beziehungsweise Zinsänderungen für einen festgelegten Zeitraum von 90 Tagen ermittelt. Hierbei wird mit einer 1,65fachen Standardabweichung gerechnet. Das bedeutet, daß man mit einer 95 %igen Wahrscheinlichkeit das Verlustpotential angeben kann. Dabei werden in der Vergangenheit definierte Korrelationen zwischen verschiedenen Laufzeiten oder Währungen in der Money-at-Risk-Berechnung berücksichtigt.

Neben den Berechnungen der Risiken werden besondere Optionspreis-Verfahren benötigt, um die Optionsrisiken zu analysieren. Hiermit werden die Wertveränderungen der Optionsportfolios, die sich aus der Konvexität, der Veränderung der Volatilität und des Zeitablaufs ergeben, regelmäßig berechnet.

In den verbleibenden fünf Prozent der Fälle, die durch die oben genannten Verfahren nicht abgedeckt werden, könnten zum Beispiel aufgrund fehlender Markttiefe für die Bank Liquiditätsrisiken entstehen. Hier rechnen die Experten regelmäßig sogenannte Crash-Szenarien durch, die unter anderem historische Krisensituationen nachbilden. Zudem begrenzen Nominallimits die Volumina in einzelnen Finanzinstrumenten – bei börsengehandelten Finanzprodukten zum Teil in Abhängigkeit von im Markt umlaufenden offenen Kontrakten, um die Marktgröße und den Marktanteil der Bank als voneinander abhängige Bezugsgrößen darzustellen.

Die Risikosteuerung wird durch einen Vergleich der Ertragsentwicklung mit dem Money-at-Risk ergänzt.

Kreditrisiken

Das Kreditrisiko im Handelsgeschäft entsteht dadurch, daß ein Vertragspartner nicht in der Lage ist, seinen Verpflichtungen nachzukommen. Die Risiken aus Handelsgeschäften – einschließlich der derivativen Geschäfte – beziehen sich jedoch im Gegensatz zum klassischen Kreditgeschäft nicht auf das Nominalvolumen. Die Höhe des Ausfallrisikos ergibt sich aus den Wiederbeschaffungskosten, daß heißt den Kosten,

die von der Bank aufgewendet werden müssen, um die entstandene offene Position wieder zu schließen.
Als Kennziffer für die Kreditrisiken aus OTC-Derivaten werden bei der Deutschen Bank internationalen Standards entsprechend die aktuellen Wiederbeschaffungskosten angesetzt. So betrug das Kreditrisiko für den Deutsche Bank Konzern am 31. Dezember 1994 insgesamt 21,4 Milliarden Mark bei einem Nominalvolumen des Portfolios von 1 855,7 Milliarden Mark.
An die Bonität der Kontrahenten werden strenge Anforderungen gestellt. Darüber hinaus werden für alle Kontrahenten individuelle Kreditlinien eingerichtet. Die Inanspruchnahmen werden wie bei kommerziellen Krediten überwacht. Das Portfolio wird nach Kontrahentenklassen, Produkten, Laufzeiten und Ländern analysiert.

Rechtsrisiken

Rechtliche Risiken bestehen vor allem darin, daß Ansprüche gegenüber Handelspartnern nicht durchgesetzt werden können. Die Banken begegnen solchen Risiken durch sorgfältige Prüfung der Rechts- und Verpflichtungsfähigkeit der Gegenparteien sowie von Verbots-, Steuer- und sonstigen Rechtsvorschriften und durch Verwendung gebräuchlicher Standardverträge.
Im Geschäft mit den Finanzderivaten ist es wichtig sicherzustellen, daß bei Insolvenz der Gegenpartei Forderungen und Verbindlichkeiten aus einzelnen Geschäften gegeneinander saldiert werden können (Netting), um so zu einer Reduzierung der mit diesen Geschäften verbundenen Kreditrisiken zu gelangen. Das versucht man unter anderem durch den Abschluß von Rahmenverträgen zu erreichen, in denen mit dem jeweiligen Kontrahenten eine solche Netting-Befugnis vereinbart wird.
Für das Netting bedarf es klarer rechtlicher Grundlagen, auch nach dem jeweiligen Insolvenzrecht im Land des Kontrahenten. Für Kontrahenten in Deutschland ist durch neue insolvenzrechtliche Bestimmungen im Jahr 1994 klargestellt wor-

den, daß ein solches Netting im Falle einer Insolvenz rechtlich anzuerkennen ist.

Operative Risiken

Operative Risiken können in den Kommunikations-, Informations- und Abwicklungssystemen entstehen. Ursachen dafür sind defekte Systeme, menschliches Versagen oder unzureichende Kontrollverfahren. Die großen Geldhäuser begegnen diesen Risiken durch strikte Trennung von Handel und Abwicklung wie auch durch unabhängige Kontrollgruppen. Systemunterstützung und Betriebskapazitäten werden dem Umfang und der wachsenden Komplexität des Handelsgeschäfts angepaßt. So investierte beispielsweise die Deutsche Bank allein 1994 knapp 70 Millionen Mark in Risikomanagementsysteme.

Die Bewertung im Derivativgeschäft und damit die Überleitung der Handelsgeschäfte in das Rechnungswesen erfolgt auf Basis nachfolgender Grundsätze:
Das Derivativ-Portfolio wird gegliedert in Hauptprodukte und dazugehörige Hedge- Produkte und als weit gefaßte Bewertungseinheit zusammengeführt. Der ermittelte Barwert eines Portfolios muß über die Laufzeit der Kontrakte mit hinreichender Sicherheit realisierbar sein. Ein positiver Gesamtbarwert aller Haupt- und Hegde-Produkte wird bei den deutschen Banken in der Regel nach dem Grundsatz der Periodenabgrenzung über die Restlaufzeit des Portfolios verteilt, und nicht, wie in den USA üblich, in voller Höhe in der Erfolgsrechnung vereinnahmt. Ein negativer Gesamtbarwert eines Buches führt allerdings nach deutschen Regeln in voller Höhe zur sofortigen Rückstellung für drohende Verluste.
Die Rechnungslegung gibt die Ergebnisbeiträge der Handelsbücher oder -portfolios somit nach den Grundsätzen für Bewertungseinheiten wider. Dabei werden noch nicht realisierte Gewinne bis zum Ausgleich mit noch nicht realisierten Verlusten verrechnet.
Neben der umfassenden Kontrolle des Handelsgeschäfts

durch den Einsatz eines effizienten Risikomanagements gewinnen die Banken gleichzeitig aber auch Erkenntnisse, die sie für ihren Kapitaleinsatz benötigen. Denn statt wie bisher das Eigenkapital nach dem erwarteten »Return on Equity« einzusetzen, können sie nun zusätzlich eine risikoangepaßte Variante verwenden, den sogenannten »Risk adjusted Return on Equity«.

All das sowie ausgeklügelte Computersysteme und in Wahrscheinlichkeitstheorie geschulte Fachleute sind heute für ein erfolgreiches Risiko-Management unerläßlich. Ein Problem aber bleibt. Alle Risk-Management-Modelle arbeiten mit historischen Werten. Man nimmt Vergangenheitsdaten, packt sie in komplizierte Formeln und glaubt, damit das Risiko in der Zukunft abgreifen zu können. Wer aber weiß schon, ob die Marktvolatititäten der Vergangenheit auch die der Zukunft sind? Man kann sich eben nicht nur auf computergestützte Wahrscheinlichkeiten verlassen, damit die Dämme künftigen Wellenbewegungen des Finanzstroms standhalten.

Heute behauptet jede Bank, die im Geschäft mit den derivativen Produkten mitmischt, sie betreibe ein modernes Risikomanagement. Wie konsequent diese Systeme von den Instituten aber auf Dauer angesichts zunehmenden Umsatz- und Gewinndrucks tatsächlich zum Einsatz kommen, bleibt noch abzuwarten.

Das trifft mit Sicherheit auch für die Qualität der bankspezifischen Kontrollinstrumentarien zu. Wie hoch das Know-how der Finanzinstitute in diesem Segment derzeit noch einzuschätzen ist, das bleibt angesichts der Ergebnisse eines von der Bank für Internationalen Zahlungsausgleich (BIZ) erst kürzlich durchgeführten Feldversuchs trotz aller Beteuerungen von Bankenseite fraglich. Rund ein Dutzend Banken in verschiedenen Ländern bekam Ende 1994 ein identisches Derivativ-Portefeuille. Die Institute, so die Vorgabe der BIZ, sollten mit ihren hausspezifischen Risikomanagement-Systemen den Value-at-Risk ermitteln – unter der Auflage, das Wertpapierdepot zehn Tage zu halten.

Das Ergebnis war erschütternd. Die Berechnungen der einzelnen Institute lagen auseinander – um bis zu 800 Prozent! Man stelle sich das im wirklichen Bankenalltag vor. Da war Barings in der Tat noch kein Testfall.
Angesichts solcher Ergebnisse kann es da so mancher Banker dann, statt hohe Investitionen in Kontrollsysteme zu tätigen, besser mit dem Präsidenten der Schweizer Nationalbank, Markus Lisser, halten, der auf die Frage, welche Lehren er aus der Barings-Pleite ziehe, antwortete »Gar keine.«

Dem Risikomanagement kommt eine nicht zu unterschätzende Bedeutung zu. Es muß im Umgang mit den derivativen Produkten mindestens so kompetent sein, wie der Handel mit diesen Instrumenten, den es partnerschaftlich begleiten soll. Anders wäre eine weitere Expansion dieses Geschäftszweiges kaum zu verantworten.
Die Group of Thirty hat in einem Richtlinienkatalog die Kriterien zusammengestellt, die von den Beteiligten im Umgang, bei der Kontrolle und der Aufsicht in jedem Fall beachtet werden müssen, um das Ausfallrisiko zu minimieren und damit die derivativen Geschäfte mit Erfolg betreiben zu können.
Risikomanagement ist letztlich der Versuch, den stark expandierenden Handel mit den Derivaten zu kontrollieren. Dabei ist die Sensibilisierung für diesen Bereich nach den Schieflagen der letzten Zeit derzeit besonders ausgeprägt. Hinzu kommt, daß sich das organisierte Risikomanagement im Handel besonders dort entwickelt, wo die Ergebnisse aus den Handelsgeschäften für die jeweiligen Finanzhäuser und Unternehmen große Bedeutung haben. So machten beispielsweise 1993 die Handelserträge bei den schweizerischen Großbanken zwischen 26 und 37 Prozent, bei den US-Banken Bankers Trust 36 Prozent, J. P. Morgan 32 Prozent, der Banc America 14 Prozent und bei der Citicorp immerhin noch 12 Prozent aus. Im gleichen Zeitraum lagen die Ergebnisse der deutschen Universalbanken mit nur rund 7 Prozent noch weit zurück.
Kein Wunder, daß das Risikomanagement als Disziplin am weitesten in den Finanzhäusern angelsächsischer Provinienz

Die Empfehlungen der Group of Thirty

- **Zur Geschäftspolitik:**
  Derivative Instrumente sollen bei ihren Verwendern, Anbietern und Endnutzern im Einklang stehen mit der von der Geschäftsleitung hinsichtlich Risikomanagement und Kapitalausstattung ausdrücklich beschlossenen Geschäftspolitik.

- **Zu Bewertung und Marktrisikomanagement:**
  Tägliche Markt-to-Market-Bewertung.
  Bewertung zu Marktmitte-Preisen unter Berücksichtigung besonderer zukünftig anfallender Kosten.
  Identifikation der Ertragskomponenten zum Verständnis der eingegangenen Risiken.
  Tägliche Feststellung des Marktrisikos und der Limitausnutzung.
  Regelmäßige Simulation von Krisensituationen, um das Verhalten von Portfolien im Ernstfall einschätzen zu können.
  Erstellung von Liquiditätsprognosen für derivative Portfolien.
  Einrichtung einer unabhängigen Marktrisikomanagement-Funktion zur Entwicklung einheitlicher Verfahren und Kontrolle der eingegangenen Marktrisiken.
  Aufgrund der Komplexität der Produkte sollen Endnutzer je nach Geschäftsumfang dieselben Prinzipien für Risikomessung und Bewertung verwenden wie die Anbieter.

- **Zu Kreditrisikoanalyse und Management:**
  Erfassung von Kreditrisiken als gegenwärtiges und potentielles Risiko.
  Betrachtung von Kontrahentenrisiken, aggregiert unter Berücksichtigung von sogenannten Netting-Vereinbarungen.
  Einrichtung einer unabhängigen Kreditrisikomanagement-Funktion zur Analyse und Überwachung.
  Vermeidung juristischer Risiken durch Konzentration der Geschäfte in einem umfassenden Rahmenvertrag als Dokumentationsgrundlage für Geschäfte mit allen Kontrahenten.
  Untersuchung der Nutzbarkeit von Maßnahmen zur Verbesserung der eigenen Kreditwürdigkeit sowie begleitend Verfahren zur Reduzierung von Kontrahentenkreditrisiken.

Anbieter und Nutzer sollen gemeinsam Problemfälle identifizieren und dem Gesetzgeber Lösungen vorschlagen, um die juristische Durchsetzbarkeit sicherzustellen.

- **Zu Systemen, Organisation und Kontrollen:**
  Anbieter und Nutzer müssen sicherstellen, daß die derivativen Aktivitäten von Spezialisten mit der entsprechenden Ausbildung und Erfahrung durchgeführt werden.
  Adäquate EDV-Systeme müssen den reibungslosen Ablauf bezüglich Erfassung, Abwicklung und Risikomanagment sicherstellen.
  Die Autorisierung von derivativen Transaktionen sollte klar dargelegt sein. Internationale Standards für die Rechnungslegung von Derivaten sollen ausgearbeitet werden.
  Zur Verbesserung des Verständnisses für Derivate sollen bestimmte Regeln zur Offenlegung eingehalten werden.
- **Empfehlungen an Gesetzgeber und Aufsichtsbehörden:**
  Anerkennung des Netting.
  Beseitigung juristischer und aufsichtsrechtlicher Unsicherheiten.
  Überarbeitung der steuerlichen Gesetzgebung.
  Schaffung klarer Richtlinien zur Rechnungslegung.

entwickelt ist. Heute ist das Risikomanagement neben der Kompetenz des Personals und der Qualität der Systemunterstützung international zum mitentscheidenden Wettbewerbsfaktor geworden.

Was also sind die Grundsätze des Risikomanagements?

Gemäß BIZ lassen sich die Prinzipien eines solchen Risikomanagements wie folgt zusammenfassen:

- Angemessene Beaufsichtigung durch das oberste Verwaltungsorgan und die jeweilige Geschäftsleitung;
- adäquate Verfahren mit laufender Messung, Überwachung und Kontrolle der Risiken;
- genaue und zuverlässige Managementinformationssysteme;
- zeitgerechte (tägliche) Meldungen an die Geschäftsleitung sowie

– umfassende Rechnungsprüfungs- und Revisionsverfahren.

Die praktische Umsetzung läßt vielfach noch zu wünschen übrig. Hier beklagen die Aufsichtsbehörden vor allem die Aktivitäten zur Verbesserung der Markttransparenz, die letztlich auch Risikominderung bedeutet. Die im Geschäft mit den Derivaten beteiligten Marktteilnehmer sind sich weitgehend einig, die von den Aufsichtsorganen konstatierte Informationsasymmetrie – präzise Risikosteuerung intern, fragmentarische Berichterstattung nach außen – zu beseitigen und hat beispielsweise in den Arbeitskreisen des Institute of Finance Mindeststandards dazu entwickelt. Davon ausgenommen sind jedoch die Marktrisiken, bei denen ein Konsens zur Messung und zur Offenlegung derzeit noch nicht erreicht ist. Hier werden die Marktteilnehmer wohl jeweils eigene Wege gehen.
Die Richtlinien der BIZ und die Empfehlungen der Group of Thirty lassen für die organisatorische Umsetzung in der Praxis erheblichen Spielraum.
Beim Risikomanagement muß man zunächst einmal zwischen quantitativen und qualitativen Aspekten unterscheiden. Hinzu kommt, daß sowohl das moderne Risikomanagement als auch die in ihm tätigen Mitarbeiter wesentlich von naturwissenschaftlichen Methoden geprägt werden, obwohl es selbst keine Wissenschaft ist. Es bleibt Management und somit Handwerk und Kunst und verlangt von den Beteiligten Wertung, Bewertung, Urteil und Entscheidung – ist also auch normativ.
Berücksichtigt man das nicht, stellen sich statistische, bürokratische und technokratische Illusionen ein, die eine Sicherheit versprechen, die nicht zu realisieren ist. Bei allen Unterschieden im Detail hat sich im Handelsgeschäft insbesondere der angelsächsischen Finanzhäuser doch so etwas wie ein Muster herausgebildet, dem die Organisation des Risikomanagements folgt. Die wesentlichen Merkmale lassen sich wie folgt darstellen:

- Grundlage für Handel und Risikomanagement sind klare Terminologie und dokumentierte Richtlinien für Geschäftspolitik, Risikoverhalten, Arbeitsabläufe.
- Für Markt- und Kreditrisiken werden verschiedene Risikomanagementgruppen gebildet, die bei einigen Instituten sogar zu einem »Corporate Risk Management Committee« zusammengefaßt werden.
- Die Risikomanagementgruppen sind in der Regel handelsnah organisiert, aber vom Handel unabhängig.
- Wichtigste Aufgabe des Risikomanagements ist das Setzen und Überwachen von Limits für Marktrisiken, Kreditrisiken sowie Risikokonzentration mit Blick auf Produkte, Kontrahenten und Regionen.
- Risikoinformationen insbesondere zu den Marktrisiken werden täglich erhoben und täglich an die Geschäftsleitung gemeldet.
- Für Betriebs-, Rechts- und Liquiditätsrisiken werden spezielle Managementgruppen gebildet, die ebenfalls handelsunabhängig sind und eng mit dem Markt- und dem Kreditrisikomanagement zusammenarbeiten.
- Das Risikomanagement wird in der Regel geführt von ehemaligen Handelsmanagern, von Controllern mit Bankhintergrund oder aber auch von ehemaligen Managern der Bankenaufsicht.
- Die Risikomanagementgruppen weisen keine hohen Mitarbeiterzahlen aus. Man setzt auf Qualität. Die personalintensive quantitative Untermauerung erfolgt aus den Handelssystemen und unter Aufsicht der Abteilungen, die für das Rechnungswerk des Gesamtinstituts verantwortlich sind.
- Die gesamte Risikoüberwachung, also auch das Risikomanagement, erfolgt regelmäßig und jährlich durch die Revision, die ebenfalls handelsunabhängig ist.

Trotz aller Kontrollmechanismen muß das Risikomanagement aber schnell bleiben. So schnell, wie der Handel selbst sich vollzieht. Da muß im Zweifelsfall Zeitnähe auch schon mal vor Präzision gehen.

Wie das Jahr 1994 insbesondere in den USA aber auch zeigt, schützt ein noch so gutes Risikomanagement nicht vor Ergebnisrückgängen und Verlusten. Es kommt in diesem Bereich vor allem auf Flexibilität an und auf das Bewußtsein, daß es auch bei noch so guten Risikomanagement Perfektion nicht geben wird. Denn »Markt-to-Market« steht immer auch unter Liquiditätsvorbehalt. Portfoliomanagement mit Blick auf Risiken setzt stabile Korrelationen zwischen den Märkten und den Instrumenten voraus, die bei krisenhaften Entwicklungen jedoch als erstes ins Wanken geraten.
Hinzu kommt, daß die derivativen Unfälle der jüngsten Vergangenheit durch den Eintritt mehrerer Risiken gleichzeitig gekennzeichnet waren. Risikomanagement muß deshalb die arbeitsteilige Analyse und Steuerung der verschiedenen Risikoarten immer wieder kongenial zusammenführen, sonst wird das Problem schon im Ansatz verfehlt.

Ein effizientes Risikomanagement erreicht man aber nur, wenn gleichzeitig Risikokontrollen installiert werden. Im derivativen Geschäftsbereich müssen sie in

- anlagestrategiebezogene,
- instrumentenspezifische und
- kontrahentenspezifische

Kontrollen untergliedert sein.
Dadurch soll erreicht werden,

- die mit dem Einsatz von Derivaten verbundenen Risiken zu identifizieren, zu analysieren und zu verstehen, um sicherzustellen, daß sowohl erforderliches Personal als auch erforderliche Arbeitsanweisungen zur Überwachung und Steuerung dieser Risiken vor Einsatz der Instrumente bereitgestellt sind;
- Konflikte aus bestehenden Positionen oder Geschäftsbereichen zu identifizieren und aufzulösen und die erforderlichen interorganisatorischen Verbindungen und Kontrollinstrumente zu implementieren.

Anlagestrategiebezogene Kontrollen

Sie werden in einem Genehmigungsprozeß zusammengefaßt, den jede neue Anlagestrategie und jedes Anlageprodukt durchlaufen muß. Im Rahmen des Genehmigungsprozesses werden insbesondere Marktrisiken, Basisrisiken und rechtliche Risiken überprüft, so z. B. die Fragestellungen:

- Welche Zielsetzung verfolgt der Einsatz von Derivaten, und lassen sich die Anlageziele ohne Derivate einfacher, kostengünstiger und/oder risikoärmer implementieren?
- Welche Auswirkungen wird die Anlagestrategie auf die aggregierten Risikopositionen haben, und wie werden diese aggregierten Positionen überwacht?
- Was sind kritische Marktbewegungen, welche Liquiditäts- und Kapitalerfordernisse müssen erfüllt werden, und welche Mechanismen stellen deren unbedingte Erfüllung sicher?
- Welche Volatilität wird für das Produkt erwartet, wie sieht ein »worst case«-Szenario aus, ist dieses Szenario den beteiligten Personen bewußt, und ist es für diese akzeptabel?
- Welcher Tracking Error besteht zwischen den Derivaten und eventuell zu replizierenden bzw. zu sichernden Vermögensgegenständen, Indizes oder Währungen? Unter welchen Umständen muß eine deutliche Veränderung dieses Tracking Error erwartet werden?
- Welche rechtlichen bzw. regulativen Beschränkungen finden Anwendung, und wie kann deren Einhaltung sichergestellt werden?
- Über welche Rechte und Pflichten verfügen Kunden und Kontrahenten bei der Implementierung der Strategie?
- Welche rechtlichen und dokumentarischen Erfordernisse müssen zur Umsetzung der Strategie erfüllt werden?
- Welche Vorschriften sind für das externe Berichtswesen zu erfüllen (z. B. Performance-Reporting)?
- Welche internen Kontrollmechanismen existieren zur Überprüfung der Einhaltung aller intern definierten Richtlinien?

Instrumentspezifische Kontrollen

Individuelle Derivate müssen, wie auch Anlagestrategien, vor ihrem Einsatz einen internen Genehmigungsprozeß durchlaufen. Im Verlauf dieses Prozesses werden insbesondere das Liquiditätsrisiko, das operationale Risiko, das rechtliche Risiko, das Transmissionsrisiko, das Informationsrisiko sowie systemische Risiken geprüft, z. B. durch die Fragestellungen:

- Erfüllt das Instrument, z. B. gemessen am »open interest« und am »average daily volume«, die internen Liquiditätsanforderungen?
- Werden in einer aggregierten Betrachtungsweise für die gesamte Organisation bei dem geplanten Einsatz die internen Grenzen für den eigenen Anteil am »open interest« nicht überschritten?
- Gibt es ein Berichtswesen, das die fortlaufende Kontrolle dieser Fragestellungen sicherstellt?
- Dominiert ein oder dominieren wenige Marktteilnehmer den Markt? Existieren Konzentrationen im »open interest«?
- Existiert ein Spread-Handel für den Überrolltermin, wie liquide ist der Spread-Handel?
- Sind die internen Vorschriften für den Rollover ausreichend dokumentiert, und berücksichtigen sie Liquiditätsaspekte?
- Welche Quellen können für die Fair-value-Berechnung im Instrument und im Spread berücksichtigt werden? Welche Systeme existieren, um diese Preisberechnungen intern durchzuführen?
- Welche regulativen Rahmenbedingungen gelten für den Einsatz des Instruments für die eigene Organisation bzw. für den Kunden? Mittels welcher organisatorischer Maßnahmen kann die Einhaltung dieser Rahmenbedingungen gewährleistet werden?
- Welche steuerlichen Implikationen hat der Einsatz dieses Instruments?
- Gibt es irgendwelche Einschränkungen für den Abzug von Initial-Margin-Einlagen?

- Wie arbeitet das Clearinghouse? Wie muß das Settlement organisiert werden?
- Welche Finanzinstrumente können als Initial Margin hinterlegt werden?
- Welche Preisquellen gibt es für das Derivat, wie zuverlässig sind diese, und welche sind für das externe Berichtswesen maßgeblich?

Kontrahentenspezifische Kontrollen

Auch Kontrahenten müssen vor Aufnahme des Handels einen internen Genehmigungsprozeß durchlaufen. Dabei wird insbesondere das Kreditrisiko und das operationale Risiko überprüft, beispielsweise durch die Fragestellungen:

- Welche Kreditlinien wurden dem Kontrahenten eingeräumt, und wie werden die geplanten Geschäfte, Positionen und Sicherheiten auf diese Linien angerechnet?
- Wird die Initial Margin beim Kontrahenten oder bei einer dritten Partei hinterlegt? Wie ist die Initial Margin im Falle des Kontrahenten gesichert?
- Verlangt der Kontrahent höhere Initial Margins als die Terminbörse?
- Sind auch »give up«-Transaktionen geplant? Wenn ja, wie werden diese ausgeführt und berichtet?

Nach Genehmigung der Anlagestrategie, des Anlageprodukts, des Derivats und des Kontrahenten muß eine periodische Überprüfung der im Rahmen des Genehmigungsprozesses getroffenen Annahmen institutionalisiert werden. Sollten sich Annahmen als falsch oder anpassungsbedürftig herausstellen, muß eine Korrektur der Auflagen bzw. organisatorischen Abläufe erfolgen oder der Genehmigungsprozeß selbst überarbeitet werden. – Die mit dem Einsatz von Derivaten verbundenen Risiken sind vielfältig und ihre vorstehende Aufzählung unvollständig. Die Veröffentlichung von Marktpreisen für Risiken, die die aggregierten Risikoerwartungen und Risikotoleranzen widerspiegeln, macht diese Risiken transparent. Risiko wird somit zur Ware, für dessen Umgang besondere, aber beherrschbare Verhaltensregeln gelten!

Der Zusammenbruch von Barings zeigt deutlich, daß ein solides Risikomanagement der erste Schutzwall für die Begrenzung von Verlusten sein muß. Sollte es versagen, kann die Gefahr, daß andere Marktteilnehmer in Mitleidenschaft gezogen werden, nur begrenzt werden, wenn ausreichende Eigenmittel vorhanden sind, um Verluste zu absorbieren.

Risikobegrenzung durch Kontrolle und Transparenz

Das rapide Wachstum des Marktes für Finanzderivate verschiedenster Ausprägung, die Komplexität und Wirkungsweise dieser neuen Instrumente und ein daraus resultierendes Unbehagen im Hinblick auf mögliche Risiken sowohl für die am Geschäft mit den Exoten Beteiligten als auch für die weltweiten Finanzmärkte haben bei Finanzhäusern, ihren Aufsichtsbehörden und bei Wirtschaftspolitikern Diskussionen ausgelöst, in denen der Ruf nach wirkungsvollen Kontrollinstrumenten zur Risikobegrenzung und Risikoprävention immer lauter wird. Denn, wie die derivativen Unfälle der jüngsten Vergangenheit zeigen, ist mit dem Einsatz dieser Finanzinstrumente nichts mehr unmöglich, da sich über die Derivate nur allzu schnell auch klassische Überwachungs- und Dispositionsmuster aushebeln lassen.

Und da, wie die Beispiele »Procter & Gamble« oder das der bankrotten ehedem reichen kalifornischen Gemeinde »Orange County« unterstreichen, Händler oder Portfoliomanager mit einem volumenmäßig relativ kleinen Einsatz hoch spekulieren und ein großes Rad drehen können, transportieren sie gleichzeitig ein sehr hohes Risiko. Umso mehr, da mit dem Reiz zur Spekulation bei den Beteiligten auch künftig Leichtsinn, Habgier oder Dummheit nicht aussterben werden.

Nicht die derivativen Produkte sind schuld an dem Desaster, sondern die sogenannten gehebelten – leveraged – Transaktionen, also die Leverage-Elemente.

Damit sind zunächst einmal die Banken gefordert, keine Finanzinstrumente oder Konstruktionen zu schaffen oder zu

handeln, von denen sie von vornherein annehmen können, daß sie nicht geeignet sind, dem eigentlichen Geschäftszweck auf der Kontrahentenseite zu dienen. Gefordert sind aber auch Kontrollmechanismen, die derartige Derivativgeschäfte, wenn sie denn durchgezogen werden sollen, unterbinden und unmöglich machen.
Das wird umso wichtiger, je weiter die Verflechtung der internationalen Finanzmärkte voranschreitet, die weltweiten Handelsvolumina zunehmen und sich die Volatilitäten von Zinsen und Preisen erhöhen. Faktoren, die sich insbesondere auf die Komplexität und Vielfalt der Finanzinnovationen auswirken, die die Rahmenbedingungen des modernen Bankgeschäfts entscheidend verändert haben.
Bei dem Bemühen um erhöhte Transparenz und Sicherheit der Finanzmärkte durch internationale Standards für das Risikomanagement hat sich erstmals im Sommer 1993 die »Group of Thirty« diesem Thema angenommen. Erarbeitet wurden Grundsätze und Prinzipien von derivativen Instrumenten sowie Empfehlungen für das bankinterne Risikomanagement. 1994 haben die internationalen Gremien der Wertpapieraufsichtsbehörden (IOSCO) und der Baseler Ausschuß für Bankenaufsicht bei der Bank für internationalen Zahlungsausgleich (BIZ) Richtlinien für das Risikomanagement von Derivaten publiziert. Vorschläge des Institute of International Finance, Washington, des General Accounting Office der Vereinigten Staaten, der International Securities Market Association (ISMA), Zürich, und auf nationaler Ebene vom Ausschuß für Bilanzierung des Bundesverbandes deutscher Banken sowie des Berliner Bundesaufsichtsamts für das Kreditwesen kamen hinzu. Ab Januar 1996 gelten dann zum einen die BIZ-Bestimmungen sowie die dann in Kraft tretende Capital Adequacy Directive (CAD) der Kommission der Europäischen Union. Deren Ziel es ist, die Verantwortung für die unterschiedlichen, aber zunehmend interdependenten Risikofelder (Markt-, Kredit-, Rechts- und operative Risiken) in einem durchgängigen Risikomanagement zusammenzuführen.

Von allen Institutionen werden neben der Möglichkeit verstärkter regulatorischer Maßnahmen der Aufsichtsbehörden vor allem Verbesserungen bei der Risikoerfassung und -kontrolle sowie ein Mehr an Transparenz als vorrangige Mittel zur Risikobegrenzung empfohlen. Neben periodischen Meldungen an Aufsichtsbehörden zur Feststellung von Marktgröße und -segmenten wird insbesondere eine umfassende Berichterstattung im Rahmen der Jahresabschlußpublizität wie auch in den Zwischenabschlüssen gefordert.
Dieser Forderung kommen die Finanzinstitute, wie am Beispiel des 94er Jahresabschlusses der Dresdner Bank AG dokumentiert, bereits weitgehend nach (s. S. 190).
Darüber hinaus haben sich die mit der Entwicklung von Rechnungslegungsstandards befaßten nationalen und internationalen Institutionen in letzter Zeit in verstärktem Maße Fragen der bilanziellen Behandlung von Finanzderivaten zugewandt. Dabei gehen die Experten-Meinungen darüber, über welche Form und welche Details der Veröffentlichung mehr Transparenz für Derivate geschaffen werden kann oder soll, international allerdings weit auseinander.
In Deutschland ist der Konflikt zwischen breiter, internationaler Vergleichbarkeit derivativer Informationen und detaillierter, unternehmensinterner Berichterstattung zum Zweck einer zeitnahen Überwachung durch spezialisierte Fachleute für Banken durch ein duales Verfahren der Offenlegung gelöst. Denn einerseits gibt es eine laufende und extrem detaillierte, aber vertrauliche Berichterstattung an die Bundesbank im Wege der Bilanzstatistik sowie andere KWG-Meldungen, ergänzt um den umfangreichen Wirtschaftsprüferberichtsteil für das Berliner Bundesaufsichtsamt für das Kreditwesen, der gleichzeitig auch der Frankfurter Notenbank zugeht. Diese Informationen gewährleisten eine zeitnahe und genaue Überwachung der einzelnen Institute, ohne dabei durch Bekanntgabe von Betriebsgeheimnissen die Wettbewerbsposition der Institute zu gefährden. Darüber hinaus sind in den Meldungen gemäß § 14 KWG nicht nur Kredite, sondern auch die derivativen Geschäfte zu erfassen.

Dagegen ist die Berichterstattung an die breite Öffentlichkeit im Rahmen der Jahresabschlüsse derzeit noch auf wesentliche und übergreifende Informationen ausgerichtet. Dabei kommt es bei den schwierigen Sachverhalten im derivativen Gechäftsbereich darauf an, Verwirrung oder Fehlinformationen durch exzessive Details zu vermeiden. Entscheidend ist es, die wesentlichen Daten und Merkmale kenntlich zu machen, um auch für Außenstehende Vergleiche im nationalen und internationalen Bereich zu ermöglichen.
Dazu sind u. a. Angaben über

- jede Derivativkategorie (z. B. Zinsbezogene Geschäfte unterteilt nach OTC-Produkten, aufgegliedert nach FRAS, Zins-Swaps, Zinsoptionen-Käufe, Zinsoptionen-Verkäufe, Sonstige Zinskontrakte, Börsengehandelte Zins-Produkte wie Zins-Futures oder Zinsoptionen);
- das Kontraktvolumen;
- eine Charakterisierung der betreffenden Finanzinstrumente einschließlich ihrer Risikointensität;
- das den Derivaten anhaftende maximale Kreditrisiko (Kontrahentenausfallrisiko) sowie
- die Risikokonzentration unter Einschluß auch der originären Finanzinstrumente (z. B. Wertpapiere, Devisen, Kredite)

erforderlich.

Um hier für die Marktteilnehmer im Geschäft mit den derivativen Finanzinstrumenten national und international vergleichbare Standards zu schaffen, hat das Washingtoner Institute of International Finance (IFF) ausgehend von Empfehlungen der Group of Thirty konkrete Vorschläge erarbeitet. Danach soll künftig zwischen

- quantitativen Angaben (z. B. Geschäftsvolumina, Risikokennziffern, Fristigkeiten) und
- beschreibenden, qualitativen Informationen (z. B. Darstellung der Bilanzierungs-, Bewertungs- und Risikoüberwachungsgrundsätze)

differenziert berichtet werden.

Während die quantitativen Angaben ausschließlich im Anhang der Abschlüsse aufgeführt werden sollen, sollten die qualitativen Charakterisierungen, wie die Darstellung der Geschäftsentwicklung, Grundsätze der Geschäftspolitik sowie die praktizierten Risikoerfassungs- und Überwachungsmethoden im Lagebericht erfolgen, sofern das derivative Geschäft die Lage des jeweiligen Finanzinstituts wesentlich tangiert.
Auf Basis der vom International Institute of Finance erarbeiteten Standards empfiehlt der Ausschuß für Bilanzierung des Bundesverbandes deutscher Banken für die Bilanzpublizität von Finanzderivaten folgende Vorgehensweise (s. auch S. 188).

Quantitative Angaben

Dazu wurde ein Berichtsschema entwickelt, mit dem neben den Derivativkategorien auch deren Volumina erfaßt werden.

Kontraktvolumina, Fristigkeiten

Zur exakten Darstellung von Geschäftsumfang und Fristigkeit des Derivativgeschäfts empfiehlt es sich, in die gemäß § 36 RechKredV vorgeschriebene Aufstellung über die Arten am Bilanzstichtag noch nicht abgewickelte Transaktionen die jeweiligen Kontraktvolumina aufzunehmen (nach Restlaufzeitenbändern gegliedert). Dabei sollte die Fristengliederung folgende Laufzeiten vorsehen:

- bis ein Jahr,
- mehr als ein Jahr bis fünf Jahre,
- mehr als fünf Jahre.

Als Anhaltspunkt für den Grad der Liquidisierbarkeit und in gewissem Umfang auch des Risikos kann die zusätzliche Angabe des jeweils auf OTC-Produkte entfallenen Volumenanteils sinnvoll sein.
Darüber hinaus sollte auf die begrenzte Aussagefähigkeit der Kontraktvolumina zur Charakterisierung der Risikointensität

Vorschlag zur Auflistung von Finanzderivaten

		Nominalbetrag				Adressenrisiko
		Restlaufzeit				
		< = 1 J.	1-5 J.	> 5 J.	Summe	
Zinsbezogene Geschäfte						
OTC Produkte	FRAs					
	Zins-Swaps (gleiche Währung)					
	Zinsoptionen – Käufe					
	Zinsoptionen – Verkäufe					
	Sonstige Zins-Kontrakte					
börsengehandelte Produkte	Zins-Futures					
	Zinsoptionen					
Währungsbezogene Geschäfte						
OTC Produkte	Devisentermingeschäfte					
	Cross-Currency Swaps					
	Devisenoptionen – Käufe					
	Devisenoptionen – Verkäufe					
	Sonstige Devisen-Kontrakte					
börsengehandelte Produkte	Devisen-Futures					
	Devisenoptionen					
Aktien-/Indexbezogene Geschäfte						
OTC Produkte	Aktien-/Index-Swaps					
	Aktien-/Index-Opt. – Käufe					
	Aktien-/Index Opt. – Verkäufe					
	Sonstige Aktien-/Indexkontrakte					
börsengehandelte Produkte	Aktien-/Index-Futures					
	Aktien-/Index-Optionen					
Sonstige Geschäfte						
OTC Produkte	Edelmetallgeschäfte					
	Sonstige Geschäfte					
börsengehandelte Produkte	Futures					
	Optionen					

Quelle: Bundesverband deutscher Banken, Bilanzpublizität von Finanzderivaten, Die Wirtschaftsprüfung, 1/1995.

Kontrahentenstruktur im Derivativgeschäft	
Kontrahentenart	Adressenrisiko
OECD Zentralregierungen	
OECD Banken	
OECD Finanzinstitute	
Sonstige Unternehmen, Privatpersonen	
Nicht-OECD Zentralregierungen	
Nicht-OECD Banken	
Nicht-OECD Finanzinstitute	

Quelle: Bundesverband deutscher Banken, Bilanzpublizität von Finanzderivaten, Die Wirtschaftsprüfung, 1/1995.

hingewiesen werden. Es empfielt sich deshalb, für die einzelnen Instrumentekategorien den Marktwert zusammengefaßt anzugehen.

Adressenrisiken

Als Orientierungswert für das maximale Kontrahentenausfallrisiko (Adressenrisiko) sind die zu den Kontraktvolumina korrespondierenden Kreditäquivalente aufzunehmen. Kreditäquivalente stellen das risikoäquivalente Volumen dar, das nach Gewichtung mit einem die Adressenbonität berücksichtigenden Anrechnungsfaktor, der – nach den neuen Grundsätzen der Bundesbank über das Eigenkapital der Kreditinstitute – mit Eigenkapital zu unterlegen ist (Kreditrisikoäquivalent). Zu dessen Ermittlung stehen sowohl die Marktbewertungs- als auch die Laufzeitmethode zur Verfügung.
Unter dem Gesichtspunkt der internationalen Vergleichbarkeit sind zur Charakterisierung des Adressenrisikos allein die Marktwerte als sachgerechte Maßgröße sinnvoll.
Bei umfangreichem Derivativgeschäft kann darüber hinaus eine Aufgliederung des Risikovolumens nach Kontrahententypen von zusätzlichem Informationswert sein.

Für die produktmäßige Aufgliederung kommt nur der Ausweis von Bruttobeträgen in Betracht, da aufgrund der weit verbreiteten Multi-Poduct-Agreements Auswirkungen von Netting-Vereinbarungen Produktarten nicht sinnvoll zugeordnet werden können. Dagegen sollte die Kontrahentengliederung Aufrechnungsvereinbarungen berücksichtigen, also Nettobeträge ausweisen.

Angaben zum Marktrisiko

Quantitative Angaben zum Marktrisiko von Derivaten erscheinen verfrüht, da es derzeit an einer allgemein anerkannten, verläßlichen Ermittlungsmethode noch mangelt. Entgegen der Auffassung der BIZ sind quantitative Marktrisikoangaben nicht transparenzerhöhend, da ihre Vergleichbarkeit derzeit weder methodisch noch sachlich gewährleistet werden kann.

Die Diskussionsvorschläge der BIZ berücksichtigen zwar, daß sich das Marktrisiko einer Bank immer aus der Gesamtheit aller eingegangenen Positionen (Derivate und bilanzunwirksame Transaktionen) ergibt und somit nicht (allein) den Derivaten zugeordnet werden kann. Gleichwohl ist die ange-

Kontrahentenstruktur im Derivativgeschäft Dresdner Bank-Konzern per 31. 12. 1994

Unser außerbilanzielles Geschäft dient neben der Sicherung bilanzieller Geschäfte überwiegend dem Ausgleich und dem Management unserer Handelsportfolien, die wir nach modernen Risikomanagementmethoden unter Berechnung von Sensitivitäten und Simulation von Worst-case-Szenarien steuern.

Kontrahentenart Mio DM	Adressenrisiko
OECD-Regierungen	195
OECD-Banken	7 334
Andere OECD-Finanzinstitute	327
Sonstige Unternehmen, Privatpersonen	360
Nicht-OECD-Regierungen	166
Nicht-OECD-Banken	65
Andere Nicht-OECD-Finanzinstitute	2
Total	8 449

Ausweis des Derivativgeschäfts im Jahresabschluß 1994 am Beispiel Dresdner Bank-Konzern –

Derivativgeschäft Mio DM	Nominalbetrag/Restlaufzeit < = 1 J.	1-5 J.	> = 5 J.	Summe	Adressen-risiko
Zinsbezogene Geschäfte					
OTC-Produkte					
– FRAs	25 461	713		26 174	36
– Zins-Swaps (gleiche Währung)	54 914	117 862	53 930	226 706	4 028
– Zinsoptionen – Käufe	14 637	13 949	2 869	31 455	434
– Zinsoptionen – Verkäufe	16 837	13 339	2 897	33 073	
– Sonstige Zinskontrakte	553	410	77	1 040	5
Börsengehandelte Produkte					
– Zins-Futures	8 584	46 643	7 094	62 321	
– Zinsoptionen		4 677		4 677	
Summe	120 986	197 593	66 867	385 446	4 503
Währungsbezogene Geschäfte					
OTC-Produkte					
– Devisentermingeschäfte	234 832	8 554	151	243 537	2 577
– Cross-Currency Swaps	2 703	8 063	1 536	12 302	509
– Devisenoptionen – Käufe	42 262	691		42 953	839
– Devisenoptionen – Verkäufe	40 661	3 453		44 114	
Börsengehandelte Produkte					
– Devisenoptionen	5			5	
Summe	320 463	20 761	1 687	342 911	3 925
Aktien-/Indexbezogene Geschäfte					
OTC-Produkte					
– Aktien-/Index-Swaps		85		85	2
– Aktien-/Undexopt. – Käufe	283	26		309	4
– Aktien-/Indexopt. – Verkäufe	597	103		700	
Börsengehandelte Produkte					
– Aktien-/Index-Futures	862			862	
– Aktien-/Indexoptionen	1 021	54		1 075	
Summe	2 763	268		3 031	6
Sonstige Geschäfte					
OTC-Produkte					
– Edelmetallgeschäfte	570	454	126	1 150	10
– Sonstige Geschäfte	194			194	5
Börsengehandelte Produkte					
– Futures	6			6	
Summe	770	454	126	1 350	15
Total	444 982	219 076	68 680	732 738	8 449

sprochene Portfolio-Betrachtung gedanklich für die Frage von Veröffentlichungen noch nicht ausgereift. Insbesondere ist die Frage von Portfolio-Performance im Verhältnis zu einem value-at-risk, welcher das Kredit- und Liquiditätsrisiko wertmäßig nicht erfaßt, noch ungeklärt.
Ungeachtet dessen würde aber auch jede Marktrisikobezifferung selbst bei Anwendung aufwendiger mathematischer Verfahren wegen der zu treffenden Annahmen (wahrscheinliche Szenarios) in gewissem Maße immer subjektiv sein. Demnach sollten die Banken bei der Darstellung der jeweils intern praktizierten Verfahren zur Risikoüberwachung auf die Behandlung von Marktrisiken eingehen.

Handels- und Sicherungsgeschäfte

Die gesetzliche Verpflichtung, im Anhang eines Jahresabschlusses anzugeben, ob die genannten Derivate und sonstigen Termingeschäfte zum wesentlichen Teil Risikoabsicherungszwecken dienen oder ob ein wesentlicher Teil auf Handelsgeschäfte entfällt, ist problematisch. Denn auch Handelsbestände an derivativen Finanzinstrumenten können gleichzeitig Sicherungsfunktionen haben.
Die Angabepflicht wird daher in der Regel eine zusätzliche, klarstellende Beschreibung im qualitativen Teil erforderlich machen, z. B. mit der Erläuterung, daß die am Bilanzstichtag offenen Kontrakte im wesentlichen zur Sicherung von Positionen (bilanzwirksamer und/oder bilanzunwirksamer Art) im Rahmen der Aktiv-/Passivsteuerung und von Derivatehandelsbeständen, die ebenfalls wesentlichen Umfang haben können, abgeschlossen worden sind.

Bei den Bestrebungen, die Transparenz der Derivativmärkte zu verstärken, gehen die Beteiligten davon aus, daß die Finanzmärkte dann am besten funktionieren, wenn die Marktteilnehmer imstande sind, wohlinformierte Anlage- und Handelsentscheidungen zu treffen. Die Ereignisse des letzten Jahres zeigen, daß eine asymetrische Informationsverteilung Marktreaktionen auslösen kann, die das Risiko umfassender Störungen verstärken. Sei es wegen einer begrenzten Kenntnis des Ursprungs von Preisbewegungen, sei es infolge eines raschen, aber ungerechtfertigten Rückzugs aus Geschäften mit Gegenparteien, deren Zahlungsfähigkeit infrage gestellt wird.

Eine größere Transparenz an den Derivativmärkten im allgemeinen und aussagekräftigere Informationen über die eingegangenen Risikoengagements im besonderen können nicht nur die Gefahr solcher Überreaktionen verringern, sondern auch verhindern, daß übermäßige Risikoengagements überhaupt eingegangen werden.

Unabhängig von einem verstärkten Bemühen der Rechnungslegungsgremien, Aufsichtsbehörden und Marktteilnehmer, die Offenlegungspraxis zu verbessern und dem Entschluß zweier Großbanken, Elemente ihrer Risikomeßsysteme öffentlich verfügbar zu machen, brachten die in letzter Zeit von Endverwendern erlittenen Verluste Projekte in Gang, mit denen die Transparenz auch der Handelsbezichungen verbessert werden soll. Die Unterlagen, die in gerichtlichen Auseinandersetzungen nach Verlusten von Unternehmen in den USA vorgelegt wurden, warfen nämlich berechtigte Fragen sowohl über die Transparenz als auch über die Interessenkonflikte in Derivativgeschäften auf. Denn da tauchen Finanzinstitute sowohl als Berater als auch als Eigenhändler gegenüber nicht dem Finanzgewerbe angehörenden Geschäftspartnern auf. Es wurde daraufhin angeregt, daß Finanzinstitute rechtlich verpflichtet sein sollen, im Vorfeld zu ermitteln, ob ein vorgeschlagenes Derivativgeschäft für den betreffenden Kunden überhaupt sinnvoll und geeignet ist.

Eignungskriterien sind im Privatkundengeschäft an der Tagesordnung, im Großkundengeschäft können sie jedoch den Anreiz für die Teilnehmer vermindern, die entsprechende Sorgfalt anzuwenden. Eine Haftung bei unterlassener Eignungsprüfung würde darüber hinaus den Handel mit derivativen Finanzinstrumenten einschränken und damit auch ihre Verwendung durch Endverwender, für die sie von Nutzen sind. Zunehmen würden dann sicherlich auch gerichtliche Auseinandersetzungen zwischen den Endverwendern und den am Geschäft beteiligten Banken.

Größere Stabilität durch mehr Eigenverantwortung

Obwohl die neuen Finanzmärkte heute weitestgehend ohne staatlichen Schutz und ohne gesetzliche Regulierungen arbeiten, war das internationale Finanzsystem in den letzten Jahren bereits gefestigt und flexibel genug,

- 1990 den Einbruch auf den japanischen Aktienmärkten,
- 1992 das Auseinanderbrechen des Europäischen Währungssystems,
- 1993 die Krise der deutschen Metallgesellschaft,
- 1994 die Milliardenverluste aus derivativen Geschäften bei Banken, Unternehmen und öffentlichen Institutionen, wie beispielsweise der kalifornischen Gemeinde Orange County,
- 1995 den Kollaps der Londoner Barings-Bank oder gar den Zusammenbruch der mexikanischen Währung ohne staatliche Rettungsanker zu verkraften.

Und die Entscheidung der Bank von England, das altehrwürdige Bankhaus Barings eher in Konkurs gehen zu lassen, statt es mit Steuergeldern aufzufangen, ist ein Indiz dafür, daß das internationale Finanzsystem nach nur so kurzer Zeit in der Lage ist, auch schwierigste Situationen zu meistern.
Das läßt hoffen, daß die im Handel mit den Finanzexoten beteiligten Geldhäuser über ein hochentwickeltes Risk-Management und verfeinerte Analysemethoden hinaus selbst die Verantwortung für die Stabilität eben dieses Finanzsystems übernehmen.

Wenn künftig irgendwo ein Feuer im Geschäft mit den Derivaten ausbricht, dann müssen sie selbst dafür sorgen, daß sich daraus kein Flächenbrand entwickelt.
Denn auch ausgeklügelte Computer- und Analysesysteme, konsequente Marktbeobachtung, integriertes Risiko-Management oder die Kontrollen nationaler und internationaler Aufsichtsorgane bieten keinen vollkommenen Schutz. Zum einen sind die Derivate selbst nicht frei von Risiken, und zum anderen sind Betrügereien und Mißbrauch im Umgang mit diesen neumodischen Finanzprodukten auch künftig nicht auszuschließen.
Kommt es dazu, sollten die Banken durch die installierten Maßnahmen in der Lage sein, Problemfälle früh genug aufzudecken, ehe ein Engagement Krisendimensionen annimmt.
Damit das künftig möglichst nicht passiert, sind die im Derivativgeschäft beteiligten Banken angesichts der Brisanz dieser Finanzinstrumente gefordert, sich ihrer Verantwortung im Umgang mit diesen Produkten bewußt zu sein. Falls nicht, riskieren sie – wie das Beispiel Barings zeigt – sonst schnell auch mal die ganze Bank.
Barings war ein Warnsignal, aber noch kein echter Testfall.

Die 10 Gebote des Risk-Management im Geschäft mit den Derivaten

Bonität und Größe einer Bank oder eines Unternehmens allein sind für den Erfolg im Umgang mit den derivativen Finanzprodukten keineswegs ausschlaggebend. Weitere Anforderungskriterien gehören dazu.
Dabei muß man jedoch zwischen Marktmacher und Marktnutzer unterscheiden. Denn im Gegensatz zum Macher kommt der Nutzer, der ein Marktrisiko ausschließen und Sicherheitsbedürfnis befriedigen will, durch den gezielten Kauf adäquater Derivativprodukte mit einer »abgespeckten« Version des nachfolgenden Anforderungsprofils aus:

Mehr Transparenz

Ein wesentlicher Grund für das Mißbehagen gegenüber derivativen Geschäften ist ihre Bilanzunwirksamkeit. Außenstehende konnten bis 1994 nicht einmal andeutungsweise erkennen, wie hoch der Geschäftsumfang und somit die möglichen Risiken auf diesem Gebiet bei einem Finanzinstitut oder Unternehmen waren.
Während sich diese Situation bei den am Geschäft beteiligten Banken mit Vorlage der Geschäftsberichte für das Jahr 1994 in vielen Fällen durch ausführliche Darstellung des Engagements und der damit verbundenen Kredit- sowie Marktpreisrisiken wesentlich verbessert hat, läßt die Transparenz im Unternehmensbereich – von einigen wenigen Ausnahmen abgesehen – weiter auf sich warten.

Hier sollten einheitliche EU-Richtlinien dafür sorgen, die unternehmensspezifischen Aktivitäten mit den Derivaten offenzulegen.
Denn es kann ja nicht angehen, daß Nichtbanken, seien es Unternehmen oder Versicherungen, die gleichen Risiken wie Banken im Geschäft mit den Derivaten eingehen, vergleichbare Sicherheits- und Veröffentlichungsstandards aber ignorieren.
Das ist nicht zuletzt auch eine Frage der Marktdisziplin. Hier sollten die Banken in Sachen Publizität/Transparenz eine Schrittmacherfunktion für den Nichtbankenbereich übernehmen.

Verstärkte Beratung und Aufklärung

Unternehmen tragen selbst die Verantwortung für den Einsatz derivativer Produkte. Zusammen mit der Risikoanalyse müssen sich die Anwender daher fragen, ob die ihnen angebotenen Instrumente auch dem beabsichtigten Zweck dienen.
Die Aufgabe einer verantwortungsvollen, eher kunden- als transaktionsorientierten Bank sollte daher in einer intensiven Beratung und Aufklärung über die Risiken und Nachteile sein, die für den Kunden nicht auf den ersten Blick erkennbar sind. Dazu sollte auch eine Beratung über Erfassung, Bewertung und Abwicklung des Derivativgeschäfts gehören. Die Finanzinstitute sollten darüber hinaus, um Verlustrisiken im Umgang mit den Derivaten im Kundenbereich von vornherein weitestgehend einzuschränken, verstärkt dazu übergehen, ihr Wissen im Einsatz EDV-orientierter Risikoanalyse-Programme an die Kunden weiterzugeben, also Einblick in die Kontrollsysteme verschaffen. Der Kunde muß in die Lage kommen, Risiken im Umgang mit den Derivaten selbst zu erkennen und zu bewerten.

Risiken kennen, Richtlinien vorgeben

Es gehört zu den Grundsätzen der Unternehmensführung, daß das oberste Management die wesentlichen Risiken kennt und Richtlinien über deren erlaubte Höhe und Überwachung vorgibt. Dies sollte insbesondere für die durch das Derivativgeschäft erhöhten Finanzrisiken gelten.
Die Unternehmensführung muß daher mit täglichen Reports über gehandelte Volumina, eingegangene Kredit- und Marktpreisrisiken sowie den erforderlichen Liquiditätsbedarf – auch für den Ernstfall – informiert werden.

Qualifizierte Mitarbeiter

Das Geschäft in Derivativprodukten kann wegen seiner Komplexität und Vielschichtigkeit nur mit einem speziell ausgebildeten Team erfolgreich betrieben werden. Analytisches und mathematisches Know-how ist erforderlich, um die vielfältigen Strukturen und Risiken präzise zu quantifizieren und zu steuern. Hinzu kommt eine gehörige Portion händlerisches Geschick.
Eine intensive Mitarbeiter-Ausbildung verbunden mit einem leistungs- und erfolgsorientierten Gehaltssystem sind Voraussetzung dafür, künftig auch in Deutschland die für dieses Geschäft erforderlichen Fachleute in ausreichender Zahl zu finden. Denn der derzeitige Engpaß bei den deutschen Instituten läßt sich auf Dauer nicht durch das Anwerben dieser Spezialisten in London oder New York beheben.
Entscheidend aber ist, bei den im Derivativgeschäft tätigen Mitarbeitern die Verantwortung ihres Handelns und dessen Auswirkungen sicherzustellen.

Funktionale Trennung

Barings kollabierte nicht zuletzt deshalb, weil Handel und Kontrolle in einer Hand lagen und die Risikokontrolle durch das Management völlig versagte. Eine interne Gewaltenteilung für Handel, Abwicklung und Kontrolle, ist unerläßlich, um beispielsweise ein unkontrolliertes und ungebremstes Aufbauen von Positionen von vornherein auszuschließen.
Darüber hinaus dürfen offene Positionen bestimmte Grenzen nicht überschreiten und in sich geschlossene Arbitragestrategien müssen ständig auf Plausibilität und Funktion überwacht werden.
Darüber hinaus sollte neben der Kontrolle der Geschäfte auf Einhaltung beispielsweise der Limits eine Vor- und Nachkalkulation der Geschäfte unter Berücksichtigung der Abwicklungskosten erfolgen. Dies dient neben der Ergebniskontrolle der Händler auch dazu, abwicklungstechnisch aufwendige Handelsprodukte und damit die Kostenrisiken einzuschränken.

Flexibles Frontsystem

Ohne eine ausgefeilte und anpassungsfähige Infrastruktur ist ein erfolgreiches Arbeiten mit den derivativen Finanzprodukten auf Dauer nicht möglich. Es gibt mittlerweile zwar Konfektionsware im Systembereich. Wer aber Konfektionsware nutzt, kann diese bei einer Änderung von Produkten oder Strategien in der Regel nur schwer an die spezifischen neuen Erfordernisse anpassen.
Gefordert ist daher ein flexibles Frontsystem zur Ermittlung der Preise und zum Management der Risiken, das sich variieren läßt. Notwendig sind ferner ein den Ansprüchen des Frontsystems angepaßtes Abrechnungs-, Bestandserfassungs- und Bewertungssystem sowie letztlich eine entsprechende Software im Rechnungswesen, im Risikocontrolling.
Denn im Umgang mit den derivativen Instrumenten ist besondere Vorsicht geboten. Nur dann, wenn die Systeme durch-

gängig gestaltet sind, können die im Geschäft mit den Derivaten erforderlichen Vorsichtsmaßnahmen auch umgesetzt werden.

Anpassung an Produktveränderungen

Neben den unterschiedlichen Verfahren zur Abbildung von Adressenausfall- und Marktpreisrisiken erfolgt die Risikosteuerung sowohl durch Volumen- als auch durch Ergebnislimite.
Notwendig ist aber auch, daß die Risikomeß- und -steuerungssysteme jederzeit an Produktveränderungen angepaßt werden können. Darüber hinaus müssen die relevanten Informationen so zeitnah verfügbar sein, daß die in den meisten Modellen unterstellte Reaktionszeit auf Marktveränderungen eingehalten werden kann.

Crash-Szenarien simulieren

Neben der von der G 30-Gruppe empfohlenen Messung des Kredit- und Marktrisikos nach dem »Value-at-Risk«-Konzept sollten ergänzend Simulationen in Form von Crash-Szenarien durchgeführt werden. Denn es bleibt im Value-at-Risk immer eine Restwahrscheinlichkeit (97,5 %), daß der tatsächliche Verlust den erwarteten Verlust übersteigt.
Dabei sind die Ergebnisse solcher Crash-Simulationen natürlich abhängig von den gewählten Parametern. Daher sollten bei Einsatz dieser Analysemethode u. a. nachfolgende Punkte geklärt werden:
- Wie hoch ist die erwartete Preisveränderung?
- Wie wirkt sich eine solche Veränderung auf die Liquidität des Marktes aus?
- Wie lange kann ein solcher Zustand andauern?
- Sind die Annahmen über verwendete theoretische Modelle (insbesondere bei Optionen) in Krisen überhaupt gültig?

– Ist die Bewertungsgrundlage Mark-to-Market in einem Crash noch sinnvoll?

Hinzu sollten Fragen kommen, die im Zusammenhang mit grundsätzlichen Überlegungen zur unternehmensspezifischen Geschäftspolitik in Krisenzeiten stehen.

Kontrollen für Nichtbanken

Die bankinternen Risiko-Managementsysteme sind äußerst kompliziert. Derzeit wird weltweit bei nationalen Aufsichtsbehörden und internationalen Gremien an verschärften Kontrollsystemen gearbeitet, um die im Markt mit den derivativen Finanzinstrumenten arbeitenden Banken stärker in den Griff zu bekommen.
Gleichzeitig wird von diesen Institutionen aber nichts unternommen, um auch die sogenannten Nichtbanken bzw. sonstigen Marktteilnehmer für die Erlaubnis zur Teilnahme am Derivativgeschäft unter Aufsicht zu stellen. Hier hinken die Aufsichtsbehörden der aktuellen Marktentwicklung hinterher. Denn Kontrollen sind in diesem Bereich unerläßlich.
Abhilfe schaffen sollen hier neue Forderungen des Bundesaufsichtsamtes für das Kreditwesen zur Organisation der Handelsgeschäfte mit den Derivaten, u. a.:

– Funktionelle Trennung von Handel, Abwicklung und Kontrolle. Rechnungswesen sowie Überwachung gilt als oberstes Gebot der Handelstätigkeit.
– Beim Einsatz von EDV-Anlagen muß die Funktionstrennung durch entsprechende Schutzmaßnahmen sichergestellt sein.
– Für den Handel gilt, daß jedes Geschäft sofort nach Abschluß mit allen maßgeblichen Abschlußdaten zu erfassen und an die Abwicklung weitergeleitet werden soll.
– Händler dürfen nur mehr unter ihrer eigenen Identifikation Geschäfte eingehen.
– Geschäftsabschlüsse sind, auch wenn Nettingvereinbarun-

gen vorliegen, einzeln zu dokumentieren und im Rechnungswesen zu erfassen.
- Ein Mitglied der Unternehmensleitung oder ein von ihm Beauftragter muß täglich über die Risikopositionen und die Handelsergebnisse unterrichtet werden.
- Über schwebende Geschäfte soll mindestens monatlich berichtet werden.

Kriterien für die Aufsicht

Wenn man davon ausgeht, daß das Geschäft mit den derivativen Finanzinstrumenten wegen seiner einzigartigen Wesensmerkmale eine Gefahrenerhöhung für den Ausbruch von Systemkrisen auf den internationalen Finanzmärkten darstellt, dann kann dies nicht ohne Folgen für den Umfang des Gegensteuerns der Aufsichtsorgane bleiben. Dabei ist schon aus Wettbewerbsgründen ein weltweit koordiniertes Vorgehen aller Behörden anzustreben. Die vom Baseler Ausschuß 1994 veröffentlichten »Richtlinien für das Risikomanagement im Derivativgeschäft« sind eine im Bankenbereich von allen Marktteilnehmern akzeptierte Basis.
Neben den dort festgelegten quantitativen Kriterien zur Risiko- und Marktpreismessung, Eigenkapitalanforderung oder zu Rückvergleichs-Verfahren (back-testing), sind qualitative Kriterien für die Bewertung der von den im Derivativgeschäft tätigen Institutionen und Unternehmen eingesetzten Modelle von gleicher Wichtigkeit. Hier sind die Aufsichtsbehörden gefordert, denen damit eine tragende Rolle zukommt.
Es gilt, die jeweils nationale Aufsichtsbehörde – in Deutschland das Bundesaufsichtsamt für das Kreditwesen – in der Funktion einer »Modell-TüV« zu installieren. Mit der Aufgabe, die von den einzelnen Marktteilnehmern entwickelten und eingesetzten Risikoanalyse-Modelle nicht nur auf ihre quantitativen Merkmale hin, sondern auch auf ihre Modellqualität zu überwachen.
Zeigt ein Modell Schwächen, kann die Aufsichtsbehörde

dann beispielsweise höhere Eigenkapitalunterlegungen fordern oder, in besonders gravierenden Fällen, die »Zulassung« zum Geschäft mit den Derivaten auch entziehen.
Neben der Forderung nach einer grundsätzlich höheren Kapitalbelegung, um die Kreditrisiken im Geschäft mit den derivativen Instrumenten abzudecken, ist es zunehmend wichtig, auch die damit einhergehenden Marktpreisrisiken mit entsprechendem Kapital zu unterlegen.
Entsprechen die internen Kontrollen bei einem Marktteilnehmer nicht den empfohlenen internationalen Standards, besteht ein höheres Verlustrisiko. Dieses Verlustrisiko muß sinnvollerweise auch mit mehr Kapital unterlegt werden.
Angenommen, es käme an den Märkten für Derivativprodukte zu crashartigen Turbulenzen, so wäre es derzeit für die zuständigen Aufsichtsorgane nicht leicht, in weltweit koordiniertem Zusammenwirken ein schnelles, effektives Krisenmanagement aufzuziehen. Denn die für Gegenmaßnahmen erforderliche globale Transparenz der Geschäftsverbindungen im Derivativsektor ist heute nicht einmal ansatzweise gegeben, da in diesem Markt auch viele aufsichtsfreie Großunternehmen über ihre bankmäßig arbeitenden Treasury-Abteilungen erhebliche Aktivitäten entfalten.
Da aber nationale Alleingänge angesichts der Globalisierung der Märkte keinen überzeugenden Ansatz mehr für Kontrollen bieten können, ist die Schaffung einer internationalen Evidenzzentrale für Derivativgeschäfte, der gegenüber weltweit alle bedeutenden Marktteilnehmer meldepflichtig sein müßten, zwingend erforderlich.

Das ist sicherlich eine unvollständige Auflistung von Problemen und Lösungsansätzen. Sie soll aber zeigen, daß die Konzeption und die sich daran anschließende EDV-technische Umsetzung die meisten an diesem Geschäft Beteiligten noch einige Jahre beschäftigen wird. Nicht zuletzt auch deshalb, weil die rasante Entwicklung im Bereich der neuen Finanzinstrumente erhebliche Anstrengungen im finanziellen Bereich zur Aufrüstung neuer Soft- und Hardware sowie intensivster

Mitarbeiterschulung erfordert, um überhaupt in diesem Konzert mit den Derivaten mitspielen zu können. Da werden sich reine Investment- oder Privatbanken noch schwer tun. Wer mit den Investitionen aber nicht Schritt halten kann, verliert in diesem dynamischen Markt sehr schnell den Anschluß.

Und da die Macher im Derivativgeschäft gezwungen sind, weltweit zu operieren, da sie sonst auf Dauer in diesem Markt nicht erfolgreich bestehen können, was mit weiteren finanziellen Anstrengungen verbunden ist, kann man davon ausgehen, daß sich der Markt innerhalb kürzester Zeit auf einige wenige Finanzhäuser konzentrieren wird, die global die gesamte Produktpalette anbieten.

Daneben werden sich jedoch auch Anbieter herauskristallisieren, die sich innerhalb des Derivativgeschäfts mit wesentlich geringerem finanziellen Aufwand auf einige wenige Produkte konzentrieren. Denn man muß nicht groß sein, um auch in diesem Geschäft Erfolg zu haben. Aber man muß die knappen Ressourcen fokussieren.

Die Angst vor dem großen Knall – auf dem Weg zum Super-GAU?

Montag, 19. Oktober ... Aktien-GAU.
Aufgeschreckte Banker können die Aktien-Apokalypse nicht fassen. Wider aller Erwartung ist der größte anzunehmende Unfall (GAU) eingetreten. Der Kursrutsch von 508 Punkten oder 23 Prozent vernichtet binner weniger Stunden nicht nur Aktienkapital von Privatanlegern im Wert von 800 Milliarden Dollar, er bringt das globale Finanzsystem an den Abgrund.
Kein Szenario aus dem Krisenhandbuch angehender Banker, sondern 1987 Realität. Ort der damaligen Schreckenshandlung: New York.
Nur durch den Einsatz aller, vor allem barer, Mittel gelang es der US-amerikanischen Notenbank Federal Research Board (FED), den Worst-case-Finanzkollaps abzuwenden.
1995, im Jahre Barings und nur acht Börsenjahre später, ist die Erinnerung an diese Katastrophe weitgehend verblaßt – vor allem bei Banken. Nur Notenbanker scheinen sich noch an Ursachen, die damals mitverantwortlich für das Kursdebakel waren, zu erinnern. Denn derivative Finanzinstrumente, die 1987 fast zum Exitus des Bankensystems geführt hätten, boomen wie nie zuvor.
Während im Kasino eine Tischmannschaft den Akteuren auf die Finger schaut, bewegen sich die Marktteilnehmer auf den Aktien-, Renten-, Zins- oder Devisenmärkten freier, da die globalen Kontrollen zu wünschen übrig lassen. Sie setzen Summen, gegen die selbst Notenbanken hilflos sind.
Noch größer sind die Räder, die mit den derivativen Produkten an den Finanzmärkten gedreht werden. Die Volumina

gehen schlicht über die Vorstellungskraft Nichtbeteiligter hinaus. Denn hinter einem Kontrakt stehen schnell 100 000 Dollar oder mehr. Werden eine Million dieser Kontrakte gehandelt, geht es schon um 100 Billionen Dollar. Und die sind im Vergleich zur Realität noch bescheiden.

Denn tatsächlich wurden allein 1994 über 340 Billionen Dollar an den Finanzmärkten mit den Exoten umgesetzt. Statistisch heißt das bei rund 200 Arbeitstagen, tägliche Wetteinsätze von 1 700 Milliarden Dollar.

Eine Entwicklung, deren Konsequenzen für die Finanzmärkte, die geldpolitischen Steuerungsmöglichkeiten und die Weltwirtschaft nicht annähernd überschaubar ist.

Darüber hinaus bestimmen zunehmend kurzfristige Anlageformen und spekulatives Gewinnstreben das Handeln der Akteure. Sie sind Quelle exzessiver Volatilitäten. Das alles vollzieht sich unter Einsatz modernster Computer- und Kommunikationstechniken auf nahezu vollständig globalisierten Märkten.

Hinter den riesigen Transaktionen an Derivativgeschäften zeichnet sich schemenhaft eine gefährlich gesteigerte Spielart des Systemrisikos ab, das seine wesentliche Ursache in dem hohen Vernetzungsgrad der Derivativmärkte untereinander und der starken Konzentration des Derivativhandels auf eine verhältnismäßig geringe Zahl an Teilnehmern hat. Beim Ausfall eines der führenden ›global player‹, der im Rahmen von Derivativkontrakten mit hohen Beträgen gegenüber anderen Marktteilnehmern engagiert ist, – was bei Barings glücklicherweise nicht der Fall war –, »würde«, so Jochen Sanio, Vizepräsident des Bundesaufsichtsamtes für das Kreditwesen, »das Netz der nur über relativ wenige Produkte miteinander verwobenen Derivativbeziehungen schlagartig einer harten Belastungsprobe unterworfen werden, die es schlimmstenfalls zum Zerreißen bringen kann.«

Denn der Großteil des Volumens im Handel mit den neuen Finanzprodukten konzentriert sich auf einige wenige große Derivat-Player. Die Geschwindigkeit, mit der eine grundlegende Wandlung der Geschäftsstrukturen bei diesen Institu-

ten eingetreten ist, zeugt von einer Brachialgewalt, mit der die Derivat-Idee über die Finanzwelt hereingebrochen ist.
Der als Metapher so gern bemühte unselige Geist, der aus der Flasche entwichen ist, hat im Markt der derivativen Finanzinstrumente seine Freiheit längst gewonnen. Nach nur so kurzer Zeit kann man ihn heute bereits weder einfangen noch bannen. Aufgrund des weltweit rasanten Wachstums der Derivativgeschäfte kann man heute nur noch versuchen, ihn zu domestizieren.
Auch nur die entfernteste Möglichkeit, daß es bei einem extrem negativen Verlauf der Dinge auf den internationalen Derivativmärkten trotz aller bereits installierten Kontrollmechanismen blitzartig zu einer sich selbstverstärkenden Kettenreaktion kommen könnte, die sich nicht durch eine Notabschaltung unterbrechen läßt, muß nicht nur in Bankenkreisen Anlaß für tiefes Nachdenken geben. Denn was passiert, wenn eine beispielsweise fünfmal so große Bank wie Barings ein fünfmal so großes Rad dreht und damit schief liegt? Dann ist ein Dominoeffekt, also die Gefahr, daß eine Bankpleite weitere Bankenpleiten auslöst und das gesamte Finanzsystem durcheinanderschüttelt, keineswegs auszuschließen. Denn mit den herkömmlichen Instrumenten der Bankenaufsicht lassen sich die exotischen Finanzprodukte nun mal nicht mehr zähmen.
Erschwerend kommt hinzu, daß sich die Finanzmärkte zu einem »global market« entwickelt haben. Das hat zur Folge, daß die nationalen Bankenaufsichten, die in der Vergangenheit zuallererst für die Bewahrung der Stabilität ihres jeweiligen nationalen Bankensystems verantwortlich waren, heute in zunehmendem Maße gefordert sind, ihr Risikobewußtsein auch für die Sicherung des internationalen Finanzgefüges zu schärfen.
Denn würde es zu crashartigen Turbulenzen an den Finanzmärkten für Derivativprodukte kommen, was sich nicht ausschließen läßt, so wäre es aus heutiger Sicht sicherlich für die zuständigen Aufsichtsorgane nicht leicht, in weltweit koordiniertem Zusammenwirken ein schnelles, effektives Krisen-

management aufzuziehen. Dazu trägt bei, daß eine für Gegenmaßnahmen erforderliche globale Transparenz aller Geschäftsaktivitäten und Verbindungen im Derivativsektor derzeit nicht einmal ansatzweise hergestellt ist. Denn im Markt mit den Exoten tummeln sich weltweit auch viele aufsichtsfreie Großunternehmen über ihre bankmäßig arbeitenden Treasury-Abteilungen, die hier bedeutende Aktivitäten entfalten. Und – wie oben aufgeführt – für Schieflagen im Geschäft mit den Derivaten besonders anfällig sind.

Die von den Marktpartnern im Umgang mit den Exoten geforderte Verantwortung ist eine Sache, die der hausinternen Kontrollmechanismen und die Kontrollen der Aufsichtsorgane eine andere. Die Möglichkeiten der Derivate-Mathematik aber, der viele der am Geschäft Beteiligten schon fast magische Qualitäten zusprechen, sind schon einer Risikobetrachtung wert.

Die Derivate-Mathematik ist sicherlich die unverzichtbare Basis für ein sorgfältig durchgeführtes Risikomanagement. Nur sollten sich die Beteiligten immer vergegenwärtigen, daß sie auch ihre Grenzen hat. Die Annahmen der den »in-house-models« zugrundeliegenden Wahrscheinlichkeitsrechnungen sind nicht auf extreme Bedingungen eingestellt. Wären sie das, würden sie jede Geschäftstätigkeit zum Erliegen bringen. Die Vertrauenswürdigkeit dieser Modelle, die dem Derivat-Player die maximale Verlustmöglichkeit prognostizieren sollen, endet in Situationen, deren Gegebenheiten sich zu weit von den Erfahrungen der Vergangenheit entfernen. So werden Preisbewegungen, deren Schwankungsintensität bestimmte Grenzen übersteigt, und illequide Marktverhältnisse von den Modellen nicht mehr verkraftet.

Die jüngere Vergangenheit hat mehr als einmal den Beweis dafür geliefert, daß schon mittelschwere Marktverwerfungen die Derivate-Mathematik, die die komplizierten Steuerungssysteme regiert, zur Abdankung zwingen können. Da der massive Einsatz der heute gängigen Finanzderivate wegen der hohen Komplexität nicht mehr per Handsteuerung möglich ist, führen plötzlich auftretende Funktionsdefizite der computergestützten Rechenverfahren die Mitarbeiter im Risikomanagement zu schweißtreibenden Blindflügen. Wichtig ist, daß sich die Derivat-Player dabei über die Grenzen der von ihnen eingesetzten Maschinerie im klaren sind.

Man kann in diesem brisanten Geschäft nicht unbekümmert auf die Prognosekraft von noch so komplizierten Modellen in allen Wetterlagen vertrauen und andauernd gute Flugbedingungen unterstellen. Stattdessen müssen Vorkehrungen getroffen werden, daß auch beim Ausfall der gewohnten Hilfsmittel eine Notlandung mit Aussicht auf Erfolg durchgeführt werden kann.

Es geht nicht darum, überdimensionale Schutzgebilde für den Ernstfall zu konstruieren. Zudem waren die in letzter Zeit bei einigen Marktteilnehmern zu verzeichnenden spektakulären Verluste im Derivativbereich, auch wenn sie manche Fragen nach geschäftlichem Können und Solidität aufgeworfen haben, weit davon entfernt, akut systemstabilisierende Wirkung zu zeigen. Andererseits lassen sich diese für die internationalen Finanzmärkte glimpflich verlaufenen Fälle aber auch nicht als erfolgreich bestandene Tests für die Widerstandsfähigkeit der internationalen Derivativmärkte ausgeben.

Hinzu kommt, daß die von den Derivativgeschäften verursachten und von den neuen Finanztechniken ausgelösten Veränderungen der internationalen Finanzmärkte mit einer schier atemberaubenden Geschwindigkeit erfolgen. Es bereitet den Bankenaufsehern daher große Mühe, sich die zur effektiven Überwachung des Geschäfts notwendige Organkraft anzutrainieren, um das scharfe Tempo überhaupt mitgehen zu können.

Man muß ja nicht gleich das Menetekel eines GAUs des internationalen Finanzsystems heraufbeschwören. Doch »worst case«-Szenarien haben ihre Berechtigung, da sie das Risikobewußtsein schärfen und deutlich machen, wogegen man sich im Ernstfall im Umgang und im Einsatz derivativer Finanzprodukte zu wappnen hat.

Damit den Finanzmärkten der GAU erspart bleibt, wird der Ruf nach effektiveren hausinternen Kontrollen bei den

Marktteilnehmern im Derivativgeschäft und nach Kontrollen der zuständigen nationalen und internationalen Aufsichtsgremien immer stärker. Ungeachtet dessen, daß die Ursachen der derivativen Unfälle der letzten Zeit nicht bei den Finanzprodukten selbst, sondern bei Management-Fehlern zu suchen waren. Es geht für die Beteiligten also auch darum, den Markt künftig besser vor schwarzen Schafen zu schützen.

Das erfordert eine globale Transparenz der Geschäftsverbindungen im Derivativsektor. Die ist für Gegenmaßnahmen im Ernstfall unabdingbar. Transparenz in diesem Markt ist derzeit aber nicht einmal ansatzweise hergestellt.

Da nationale Alleingänge angesichts der Globalisierung der Märkte keinen überzeugenden Ansatz mehr bieten können, steht ganz oben auf der Forderungsliste des deutschen Bundesaufsichtsamtes für das Kreditwesen die Schaffung einer internationalen Evidenzzentrale für Derivativgeschäfte, der gegenüber weltweit alle bedeutenden Marktteilnehmer meldepflichtig sein sollen. »Die Aussichten, daß diese Evidenzzentrale noch in diesem Jahrhundert verwirklicht wird«, sind aus der Sicht von Jochen Sanio, »leider nicht übermäßig groß.«

Umso größer ist also angesichts der beschränkten aufsichtlichen Möglichkeiten die Pflicht der einzelnen Marktteilnehmer zu verantwortungsvollem Handeln. Das heißt, Risiken in sorgfältigster Weise zu messen und zu kontrollieren und sie mit größtmöglicher Vorsicht zu begrenzen. Dabei steht die Begrenzung des aus offenen Positionen resultierenden Marktrisikos an erster Stelle. Wer mit den Derivaten handelt, kann diesen Ansprüchen nur gerecht werden, wenn er dies auf der Basis mathematisch fundierter Steuerungssysteme, die EDV-gestützt betrieben werden, durchführt.

Da der Derivativsektor wegen seiner einzigartigen Wesensmerkmale eine Gefahrenerhöhung für den Ausbruch von Krisen im Finanzsystem darstellt, kann das nicht ohne Folgen für die Regelungsdichte des Gegensteuerns der Aufsichtsorgane bleiben. Dabei ist schon aus Wettbewerbsgründen ein weltweit koordiniertes Vorgehen all jener nationaler Aufsichtsbehörden anzustreben, die am Marktgeschehen beteiligte Unternehmen beaufsichtigen. Das war bis heute nicht möglich, da sich die Aufseher der drei Hauptarten von beaufsichtigten Finanzunternehmen (Banken, Wertpapierfirmen und Versicherungsunternehmen) nicht zu einem gemeinsamen systematischen Vorgehen zusammenfinden konnten.

Dennoch muß es Ziel der Aufsichtsorgane sein, die Risiken der aufsichtsunterworfenen Unternehmen nicht ausufern zu lassen und diese, so Jochen Sanio, »einer Grundimmunisierung gegen eine Ansteckung mit den tödlichen Krankheiten zu unterziehen, die von ihren Kontrahenten auf sie übertragen werden können.« Die Verwirklichung dieser vom Prinzp her einfachen Zielsetzung, die sich durchaus im Rahmen der traditionellen Aufsichtsaufgaben hält, stellt die Bankenaufsicht derzeit immer noch vor schwierigste Probleme, da dem Hexen-Einmaleins der Derivativgeschäfte nur mit komplizierten Regelungen der Bankenaufsicht beizukommen ist.

Bei diesem Bemühen standen in den letzten Jahren Vorschriften zur Eigenkapitalunterlegung der Adressenausfallrisiken aus Finanzderivaten im Vordergrund. Hier wurde in der Eigenkapital-Übereinkunft des Baseler Ausschusses für Bankenaufsicht von 1988 und in ihrem Gefolge in der EG-Solvabilitätsrichtlinie ein erster Ansatz gefunden, bei dem allerdings die vorgeschriebenen Eigenkapitaldeckungssätze sehr niedrig ausgefallen sind. So niedrig, daß dadurch ein mögliches »Ansteckungs-Risiko« der Partner untereinander nicht wirksam ausgeschlossen ist.

Erst in letzter Zeit hat man sich im Derivativgeschäft verstärkt auch den möglichen und gefährlichen Marktrisiken gewidmet. Und das, obwohl gerade hier potentielle und epedemieauslösende Gefahren lauern. Mittlerweile häufen sich die Fälle – sie sind wie oben ausgeführt meistens außerhalb des Bankensektors angesiedelt –, bei denen aus dem Einsatz von Derivaten zur Ertragsverbesserung hohe Verluste entstanden sind. Gliedert man die Derivativpositionen wichtiger internationaler Marktpartner auf, zeigt sich, daß diese in großem Umfang nicht der Risikosicherung dienen, sondern pures

Gewinnstreben darstellen. Diese Geschäftsart, die sich für viele Banken bis Anfang 1994 als hochprofitabel erwiesen hat, darf wegen ihres besonders hohen Risikos nicht grenzenlos betrieben werden. Deshalb ist es heute in einer Situation expandierender geschäftlicher Transaktionen im Derivativbereich an der Zeit, mit der weltweiten Einführung von Eigenkapitalanforderungen für die offenen Marktpositionen von Banken schnellstmöglich zu beginnen und hier Ausuferungen nicht zuzulassen. Denn Vorschriften über die Eigenkapitaldeckung von offenen Marktrisiko-Positionen sind das Mittel, einen möglicherweise übersteigerten Appetit einzelner Marktteilnehmer auf die Erfolgschancen und Risiken aus Preisschwankungen zu bändigen.

Dazu müssen von den Aufsichtsorganen bestimmte quantitative und qualitative Mindestkriterien vorgeschrieben werden, die von den am Geschäft beteiligten Marktpartnern bei der Festlegung der grundlegenden Modellparameter zur Risikomessung eingehalten werden müssen. Hierdurch wird von vornherein verhindert, daß die Marktteilnehmer in die Versuchung geraten, durch ungerechtfertigte günstige Annahmen bei den Modellparametern die Eigenkapitalanforderungen gezielt zu senken.

Zu den quantitativen Kriterien zählen u. a. die zugrundeliegende Haltedauer der Positionen, während der Preisänderungen eintreten können (der Baseler Ausschuß hat eine Haltedauer von 10 Geschäftstagen vorgegeben, in der das Modell offene Positionen als nicht schließbar betrachten muß), und der Grad der Vertrauenswürdigkeit, der für das Modell-Ergebnis gelten soll. Dieser sogenannte »confidence level« muß nach dem Willen des Baseler Ausschusses 99 Prozent erreichen. Damit würde auf der Basis historischer Erfahrungswerte nur eine Wahrscheinlichkeit von 1 Prozent bestehen, daß der Gesamtverlust aus allen offenen Marktrisikopositionen einer Bank oder sonstigem Derivat-Geschäftspartner den vom Modell insoweit gemessenen Risikowert, den sogenannten »value-at-risk«, übersteigt. Offen bleibt in dem Baseler Regelwerk, da nicht durch detaillierte amtliche Vor-

gaben fixierbar, welche Positionen eines Portfolios miteinander positiv oder negativ korreliert werden dürfen.
»Nun sind«, so Jochen Sanio, »Bankaufseher vorsichtige Menschen, die gewöhnlich nur mit doppelter Schwimmweste zu neuen Ufern aufbrechen«. Deshalb ist in dem Konsultationspapier vorgesehen, daß sich die Eigenkapitalanforderungen nicht einfach nach dem »value-at-risk« des jeweiligen Vortages bestimmen. Denn ein derartiges Vorgehen könnte in Zeiten niedriger Volatilität zu unangemessenen niedrigen Eigenkapitalanforderungen führen. Vielmehr ist gleichzeitig auch der Durchschnitt der »value-at-risk«-Werte der letzten 60 Geschäftstage zu berechnen. Maßgebend für die Eigenkapitalanforderung ist dann der jeweils größere der beiden Werte. Ein noch höherer Sicherheitsgrad soll schließlich dadurch gewonnen werden, daß der 60 Tage-Durchschnittswert mit einem Sicherheitsfaktor -»scaling-factor«- zu multiplizieren ist, der mindestens »3« betragen muß. Die Prognosegüte soll dann im Wege des Rückvergleichsverfahrens – »back-testing« – ermittelt werden. Dabei wird die Risikoprognose des Modells täglich oder an bestimmten Tagen mit den »ex post« für das Portfolio ermittelten tatsächlichen Wertveränderungen verglichen.
Von Bedeutung sind auch die qualitativen Kriterien für die eingesetzten Modelle. Wichtig ist, daß Eigenkapitalanforderungen nur mit Modellen berechnet werden, die von der jeweiligen Bank in gleicher Weise auch zum internen Risikomanagement eingesetzt werden. Banken, die interne Modelle zur Eigenkapitalberechnung einsetzen, müssen außerdem auf ungewöhnliche negative zukünftige Entwicklungen vorbereitet sein, die außerhalb des Konfidenzniveaus von 99 Prozent liegen. Dafür sind regelmäßig umfangreiche »Stresstests« durchzuführen.
Die Einhaltung aller Vorraussetzungen muß von einem außenstehenden Prüfer bestätigt werden, bevor eine Bank die »Zulassung« zum Modellverfahren erhält, die dann – so der Baseler Ausschuß – in Folge die Aufrechterhaltung der Modellqualität überwacht. Zu Tage tretende Schwächen des

Modells müssen mit einer Erhöhung des »scaling-factors« sanktioniert werden. In besonders gravierenden Fällen ist die »Zulassung« zurückzunehmen.
Der nationalen Aufsichtsbehörde kommt damit eine wichtige Rolle zu, da sich der Einsatz eines Modells in einem dynamischen Prozeß vollzieht. Es werden laufend Änderungen und Verfeinerungen an den Modellparametern erfolgen, die von der Aufsicht abgenommen werden müssen. Die Aufsichtsbehörde wird somit zum »Modell- TÜV«.
Zum »Modell-TÜV« auch für die Richtigkeit der Modellrechnungen. Damit ist ein erster Schritt zu einer quantitativen Aufsicht getan. Ein fast revolutionärer Schritt zur Kontrolle und Eingrenzung der Risiken aus Derivativgeschäften.

Feuersbrünste sind nicht auszuschließen

Es sollte nicht darum gehen, diesen noch jungen Finanzbereich »überzuregulieren«. Die Marktteilnehmer und ihre Aufsichtsorgane sollten aber gleichermaßen daran interessiert sein, daß für die neuen Märkte Bedingungen geschaffen werden,

- die ihr Funktionieren sicherstellen,
- exzessive Aktivitäten schwarzer Schafe unterbinden,
- die global gesehen nicht unbeträchtlichen Risiken überzeugend kanalisieren und
- das Finanzsystem und die Finanzmärkte gegen die Folgen größerer Unfälle stabilisieren.

Denn Schieflagen im Geschäft mit den derivativen Finanzinstrumenten werden trotz noch so intensiver interner und externer Kontrollmechanismen auch künftig nicht auszuschließen sein.
Daß dem so ist, bestätigen beispielsweise die Unfälle bei Procter & Gamble, Orange County oder der Metallgesellschaft. Hier hätten auch strengere Aufsichtskontrollen nichts genutzt. Die derivativen Produkte wurden einfach falsch eingesetzt.
Hinzu kommt, daß eine Anzahl von Unternehmen und Institutionen Derivate eher für spekulative Zwecke als zur Absicherung von Risiken eingesetzt hat und auch künftig – trotz verstärkter Kontrollen – wohl weiter einsetzen wird.
Natürlich wird an den Finanzmärkten übertrieben. Teilnehmer verspekulieren sich wie eh und je. Dank neuer Techniken und

Handelsformen sowie der Abschaffung von Kapitalverkehrskontrollen sind die Reaktionen der Märkte auch schneller, die Umsätze größer und die Kursausschläge heftiger geworden. Nicht jede einzelne Kursbewegung läßt sich rational und ökonomisch erklären. So bleibt auch künftig vieles irrational an den Märkten, die Zukunftserwartungen handeln.

Die Akteure, die mit den Derivaten handeln, werden immer weniger. Gleichzeitig aber bewegen diese wenigen Spezialisten immer größere Volumina jener Produkte, mit denen eigentlich Risiken abgesichert werden können, die jedoch selbst nicht frei von Risiken sind. Kommen dann undiszipliniertes Handeln im Umgang mit den Instrumenten und mangelhafte Kontrollmechanismen hinzu, ist der GAU durchaus möglich. Denn im Einzelfall brechen nicht nur die Terminmärkte zusammen. Auch Aktienbörsen und einzelne Devisenmärkte würden kollabieren. Eine gigantische Vermögensvernichtung wäre die Folge.

Die nächste Zeitbombe nach der Schuldenkrise in Lateinamerika?

Natürlich sind die Nominalvolumina im Derivativgeschäft nicht gleichzusetzen mit einem Risikogehalt. Es geht aber darum, das Macht-Risiko aus diesen Transaktionen mit Eigenkapital zu unterlegen, um für den Ernstfall gerüstet zu sein. Denn letztlich gibt es nur einen wirklichen Schutz gegen den Kollaps des Billionen-Roulettes mit den derivativen Finanzprodukten:

Dicke Kapitalpolster der Marktteilnehmer.

Die Geschäfte mit den Derivaten taugen, von wenigen Ausnahmen abgesehen, nicht für Privatanleger. Sie sollten grundsätzlich einen großen Bogen um diese Finanzinstrumente und ihre Märkte machen. Denn Derivate sind Profisache. Wer dennoch unbedingt den Nervenkitzel will, muß wissen, auf was er sich einläßt:

Auf eine Wette gegen viele ausgebuffte Profis.

Letztlich hängt es von den Akteuren selbst ab, wie sich der noch junge Markt innovativer Finanzprodukte weiterentwikkelt. Denn sind sich die Marktteilnehmer der Brisanz der

Derivate bewußt, braucht es nur etwas Zeit, bis sich der Markt festigt und sich dann schon selbst reguliert. Denn der makroökonomische Nutzen, den die neuen Instrumente bei der Minimierung und Transformation von Risiken leisten, und ihr Beitrag zum effizienten Funktionieren der Kapitalmärkte werden heute, bereits nach so wenigen Jahren, kaum noch bestritten.

Privaten Anlegern, die sich trotz allem jetzt immer noch oder jetzt erst recht am spekulativen Geschäft mit Devisen, Obligationen, Zinsen oder ähnlichen Finanzpapieren beteiligen wollen, bieten Banken verlockende Spekulationsrahmen-Angebote an. Sie sollten bei all ihren Überlegungen nicht vergessen, daß sie in diesem Geschäft gegenüber den Profis vor den Bildschirmen und Nachrichtentickern an der Front bei den für einen erfolgreichen Umgang mit den Produkten so wichtigen Hintergrundinformationen meist bis zu 24 Stunden zeitlich zurückhängen.

Hinzu kommt, daß man neben all den Gewinnerwartungen und -möglichkeiten gleichzeitig in diesem Geschäft auch immer mit Risiken handelt. Dessen sollte sich der Investor stets bewußt sein. Im einzelnen muß dabei mit folgenden Verlustrisiken gerechnet werden:

Worauf private Anleger im Handel mit Derivaten achten sollten

---

Verfall oder Wertminderung
Die Rechte, die Sie aus Optionsscheinen erwerben, können verfallen oder an Wert verlieren, weil diese Wertpapiere stets nur befristete Rechte verbriefen. Je kürzer die Frist ist, desto größer kann Ihr Risiko sein.

Risiko eines Totalverlusts
Ein Kauf von Optionsscheinen kann unabhängig von der finanziellen Leistungsfähigkeit Ihres Emittenten allein aufgrund ungünstiger Marktentwicklungen und Zeitablaufs zu einem Totalverlust des von Ihnen eingesetzten Betrages (insbesondere des Kaufpreises für den Optionsschein) führen.

Fehlende Absicherungsmöglichkeiten
Geschäfte, mit denen Verlustrisiken aus Optionsscheinkäufen ausgeschlossen oder eingeschränkt werden sollen (Absicherungsgeschäfte), können möglicherweise nicht oder nur zu einem für Sie verlustbringenden Preis getätigt werden.

Zusätzliches Verlustpotential bei Kreditaufnahme oder aus Wechselkursschwankungen
Ihr Verlustrisiko steigt, wenn Sie für den Erwerb von Optionsscheinen einen Kredit in Anspruch nehmen. Dasselbe ist bei Optionsscheinen der Fall, bei denen Ihre Ansprüche auf ausländische Währung oder eine Rechnungseinheit (z. B. ECU) lauten.

Typische Risiken beim Kauf von Optionsscheinen

Kauf von Optionsscheinen auf Wertpapiere, Devisen, Indizes oder Rohstoffe
Wenn Sie Optionsscheine auf Wertpapiere, Devisen, Indizes oder Rohstoffe kaufen, erwerben Sie den Anspruch auf Lieferung oder Abnahme der genannten Basiswerte zu dem im Optionsschein festgelegten Preis. Bei vielen Optionsscheinen findet statt Lieferung

oder Abnahme ein Barausgleich in Höhe der Differenz zwischen dem bei Emission des Optionsscheins zugrunde gelegten Kurs des Basiswerts und dessen aktuellem Marktkurs bei Ausübung Ihres Rechts aus dem Optionsschein statt.

Eine Kursveränderung des Basiswerts, also z. B. der Aktie, die Ihrem Optionsschein als Liefergegenstand oder Berechnungsmaßstab für einen Barausgleich zugrundeliegt, kann den Wert Ihres Anspruchs mindern.

Zu einer Wertminderung kommt es im Fall einer Kaufoption (Call) bei Kursverlusten, im Fall einer Verkaufsoption (Put) bei Kursgewinnen des Basiswerts.

Tritt eine Wertminderung ein, so erfolgt diese stets überproportional zur Kursveränderung des Basiswerts, sogar bis hin zur Wertlosigkeit Ihres Anspruchs. Eine Wertminderung Ihres Anspruchs kann aber auch dann eintreten, wenn der Kurs des Basiswerts sich nicht ändert, weil der Wert Ihrer Option von weiteren Preisbildungsfaktoren (z. B. Laufzeit oder Häufigkeit und Intensität der Schwankung des Basiswerts) mitbestimmt wird.

Wegen der begrenzten Laufzeit des Optionsscheins können Sie dann nicht darauf vertrauen, daß sich der Preis des Optionsscheins rechtzeitig wieder erholen wird. Am Ende der Laufzeit können die von Ihnen erworbenen Rechte wertlos verfallen. Damit liegt Ihr möglicher Verlust in dem für den Optionsschein gezahlten Preis zuzüglich der Ihnen entstandenen Kosten.

Kauf von Optionsscheinen auf Finanzterminkontrakte

Beim Kauf von Optionsscheinen auf einen Finanzterminkontrakt erwerben Sie das Recht, zu im vorhinein fixierten Bedingungen einen Vertrag abzuschließen, durch den Sie sich zum Kauf oder Verkauf per Termin von z. B. Wertpapieren, Devisen oder Edelmetallen verpflichten, oder stattdessen Barausgleich zu erhalten.

Auch ein solcher Kauf unterliegt zunächst den oben beschriebenen Risiken. Nach Ausübung Ihres Rechts gehen Sie allerdings, außer im Fall des bloßen Barausgleichs, neue Risiken ein: Diese richten sich nach dem dann zustande kommenden Finanzterminkontrakt und können weit über ihrem ursprünglichen Einsatz – das ist vor allem der für den Optionsschein gezahlte Preis – liegen.

Weitere Risikoaspekte sind:

Währungsrisiko

Wenn Sie Optionsscheine kaufen, bei denen die von Ihnen zu beanspruchende Gegenleistung auf ausländische Währung oder eine Rechnungseinheit (z. B. ECU) lautet oder sich der Preis des Basiswerts hiernach bestimmt (z. B. bei Gold), sind Sie einem zusätzlichen Risiko ausgesetzt. In diesem Fall ist Ihr Verlustrisiko nicht nur an die Kurs- oder Preisentwicklung des zugrundeliegenden Basiswerts gekoppelt. Vielmehr können Entwicklungen am Devisenmarkt die Ursache für zusätzliche unkalkulierbare Verluste sein: Wechselkursschwankungen können

- den Wert der erworbenen Ansprüche verringern,
- den Basiswert, den Sie im Fall eines Put-Optionsscheins bei Ausübung zu liefern haben, verteuern, wenn der Basiswert in ausländischer Währung oder einer Rechnungseinheit zu bezahlen ist,
- den Wert oder den Verkaufserlös des Ihnen gelieferten Gegenstandes oder den Wert der erhaltenen Zahlung vermindern.

Risikoausschließende oder -einschränkende Geschäfte

Vertrauen Sie nicht darauf, daß Sie während der Laufzeit jederzeit Geschäfte abschließen können, durch die Sie Ihre Risiken aus Optionsscheinen ausschließen oder einschränken können. Ob diese Möglichkeit besteht, hängt von den Marktverhältnissen und auch von der Ausgestaltung des jeweiligen Optionsscheins ab. Unter Umständen können Sie ein entsprechendes Geschäft nicht oder nur zu einem ungünstigen Marktpreis tätigen, so daß Ihnen ein Verlust entsteht.

Inanspruchnahme von Kredit

Ihr Risiko erhöht sich, wenn Sie den Erwerb von Optionsscheinen über Kredit finanzieren. In diesem Fall müssen Sie, wenn sich der Markt entgegen Ihren Erwartungen entwickelt, nicht nur den eingetretenen Verlust hinnehmen, sondern auch den Kredit verzinsen und zurückzahlen. Setzen Sie daher nie darauf, den Kredit aus Gewinnen eines Optionsscheins verzinsen und zurückzahlen zu können, sondern prüfen Sie vor Erwerb des Optionsscheins und Aufnahme des Kredits Ihre wirtschaftlichen Verhältnisse daraufhin, ob Sie zur Verzinsung und gegebenenfalls kurzfristigen Tilgung des Kredits auch dann in der Lage sind, wenn statt der erwarteten Gewinne Verluste eintreten.

Bei einem solch umfangreichen Verlustpotential sollten Investoren, die sich am Geschäft mit den innovativen Finanzinstrumenten engagieren wollen, in jedem Fall vor ihrer Investitionsentscheidung eine intensive Beratung ihrer Hausbank einholen.
Marktführende Finanzhäuser kommen daher nicht umhin, ihr Geschäft mit den derivativen Instrumenten weiter auszubauen und global auszurichten. Nur so können sie künftig in ihrem Heimatmarkt als Marktmacher und erste Adresse für ihre Unternehmens- und institutionelle Kundschaft bestehen.
Gleichzeitig wird sich eine Reihe kleinerer Banken und Investmenthäuser auf bestimmte Produkte und Teilmärkte konzentrieren, um wegen des mit diesem Geschäft einhergehenden hohen Kapitaleinsatzes auf den weltweiten Finanzmärkten überhaupt mithalten zu können.
Daneben sind jene Großunternehmen, die sich mit eigenen Finanzspezialisten auf den Devisen- und Zinsmärkten tummeln, gefordert, ihre Aktivitäten unter gleichen Sicherheits- und Kontrollkriterien zu praktizieren, wie es derzeit noch nur von den Banken gefordert wird.
Sie alle aber sollten sich einmal fragen, ob sie ihren Spezialisten für den spekulativen An- und Verkauf von Dingen, die gemäß der Theorie von den effizienten Märkten ohnehin ein Nullsummenspiel bedeuten, also jedem Gewinner auch einen Verlierer gegenüberstellen, nicht zuviel Geld zahlen.
Und die Börsenverwaltungen selbst sollten sich fragen, ob sie sich angesichts des pekuniären Auf und Abs ihrer Mitglieder überhaupt die Rieseninvestitionen für die Zukunft leisten sollten – in immer schnellere Elektroniksysteme und in die Globalisierung ihrer Märkte.
Vielleicht erweisen sich die Ereignisse der Jahre 1994 und 1995 einmal als Wendepunkt für die Derivativmärkte. Zum einen kam der Zinsumschwung im ersten Halbjahr 94 für zahlreiche Marktteilnehmer überraschend und führte zu beträchtlichen Verlusten sowohl bei den Endverwendern dieser Produkte als auch bei den Händlern. Gleichzeitig führten negative Schlagzeilen zu geringeren Margen und einer erhöhten Volatilität

der Erträge etlicher großer Händler dazu, weniger Ressourcen für Aktivitäten in die Geschäfte mit den derivativen Instrumenten einzusetzen.
So reichten schon die Schwankungen des Handelsvolumens aus, um die Gewinn- und Verlustrechnungen der Händler zu ruinieren. Welche Dimension das innerhalb nur eines Jahres annehmen kann, zeigt der Finanzplatz London. Erwirtschafteten die Mitgliedsfirmen der Londoner Börse 1993 noch einen Provisions-Gewinn von 2,67 Milliarden Mark, standen dem im abgelaufenen Jahr 1994 Verluste von 285 Millionen Mark entgegen. Daran waren die Barings, Warburgs oder Goldman Sachses, die ihren Händlern für den spekulativen An- und verkauf derivativer Finanzinstrumente fürstliche Honorare zahlen, nicht unschuldig.
In der Vergangenheit waren die von den Derivaten herrührenden Verluste immer auf unzulängliche Kontrollen, einen unangemessenen oder falschen Einsatz oder auf ein waghalsiges Eingehen von Risiken zurückzuführen. Sie illustrierten damit einmal mehr die in Zentralbank-, Aufsichts- und Marktkreisen geäußerte Besorgnis, über die Gefahren in diesen Bereichen. Bislang aber haben die Finanzmärkte die Ereignisse einigermaßen überstanden. In jedem Fall positiv ist dabei, daß durch die negativen Transaktionen der letzten Zeit das Risikobewußtsein bei den Marktteilnehmern für diese Geschäfte deutlich geschärft und die Aufmerksamkeit verstärkt auf die internen Kontrollen gelenkt wurden. Mit der Zeit dürfte dies zu einem besseren Funktionieren der Märkte führen. Auch dürften die Aussichten steigen, daß nicht nur die Risiken, sondern vermehrt auch die Vorzüge der Derivativmärkte gesehen werden. Denn Optionen und Futures bewegen zunehmend das strategische Denken der Banker und spielen so im Gesamtkapitalmarkt eine immer wichtigere Rolle. Bis es jedoch zu einem wirklich stabilen Markt kommt, sind auch künftig Feuersbrünste nicht auszuschließen.
Denn nachdem die Finanzingenieure das derivative Feuer nun mal entfacht haben, ist es von den weltweiten Finanzmärkten und aus dem Leben der Banker auch nicht mehr fort-

zudenken. Und daß Banker bei jedem einzelnen Geschäft mit den Derivaten den GAU mit berücksichtigen ist so wenig wahrscheinlich, wie die Einwohner Kaliforniens oder Tokios das finale Beben dauernd vor Augen haben.

Glossar

AFBD Association of Futures Brokers and Dealers

AIBD Association of International Bond Dealers, Organisation der Euroemissionshäuser

Aktivmanagement Steuerung von aktivischen Bilanzpositionen, z. B. zur Reduzierung des Zinsrisikos

American option Amerikanische Option, Ausübung während der gesamten Laufzeit möglich

AMEX American Stock Exchange, New York

Arbitrage Risikofreie Ausnutzung von komparativen Kostenvorteilen von zwei oder mehr Parteien durch Inanspruchnahme unterschiedlicher Märkte oder Instrumente

asked price Ausgabepreis

assets Vermögenswerte

Assignment Abtretung aller Rechte und Pflichten aus einem Swapvertrag an eine dritte Partei

at the market Kauf-/Verkaufsauftrag ohne Limit

at the money option Der Basispreis der Option/des Optionsscheins liegt nahe am aktuellen Kurs.

Ausübungspreis Auch Basispreis, Bezugspreis oder Strike Preis genannt. Der Ausübungspreis ist beim Call der Preis, zu dem der Optionsinhaber den Basiswert kaufen kann. Beim Put ist es der Preis, zu dem der Optionsinhaber diesen Wert an den Stillhalter oder – bei Optionsscheinen – an den Emittenten veräußern kann.

Aufgeld Agio, Preisaufschlag insbesondere auf den Nennwert eines Wertpapiers oder den Paritätskurs einer Devise. Im Optionsgeschäft gibt diese Kennzahl den Prozentsatz an, um den der Kauf (Call) bzw. Verkauf (Put) eines Basiswertes über die Option teurer ist als der Erwerb direkt am Kassamarkt.

Aus dem Geld Auch am Geld. Der Kassakurs liegt gleichauf mit oder unter dem Ausübungskurs.

average rate option Eine im Ausland vorkommende Art der Optionsscheine, bei der der Ausübungspreis erst am Verfalltag festgesetzt wird.

Back-to-Back-Loans Gegenseitige Kreditgewährung zweier Vertragsparteien in verschiedenen Währungen. Währungsswaps haben eine vergleichbare Struktur, sind jedoch bilanzneutral.

Baisse Sinken der Börsenkurse

Baissier Spekulant, der auf ein Sinken der Börsenkurse setzt.

balloon Restbetrag einer Anleihe, der zum vereinbarten Termin noch nicht zurückgezahlt ist.

ballooning künstliches Hinauftreiben der Kurse

basis point Ein Basispunkt ist ein hundertstel Prozent, bei vielen Finanzkontrakten der kleinstmögliche Zuwachs durch eine Kursveränderung des Kontrakts.

basket warrant Der Optionsschein berechtigt gleichzeitig zum Bezug mehrerer Aktien verschiedener Unternehmen.

BBA British Bankers' Association

bear oder Baissier bezeichnet denjenigen, der den Wert einer Ware/Aktie für überhöht hält und einen Preisverfall voraussagt.

bear market Baissemarkt mit sinkenden Kursen

bear warrant Indexoptionsscheine auf sinkende Tendenz, steigt bei fallendem Kurs

bearer Inhaber eines Wertpapiers

bearish Ein Markt, dessen Preise einen fallenden Trend aufweisen.

Benchmark-Bond Richtungsweisende Anleihen

bid Preis, den ein Käufer zu zahlen bereit ist.

bid price Rücknahmepreis

Black-Scholes Modell zur Preisfindung von Optionen

blue chips Erstklassige, ertragstarke Aktien

bond Anleihe mit längerer Laufzeit, festverzinsliches Wertpapier

bond cum warrant Optionsanleihe plus Optionsschein

bond warrant Optionsschein zum Bezug weiterer Anleihen

broker Wertpapiermakler

Bretton Woods Ein Luftkurort im amerikanischen Bundesstaat New Hampshire. In Bretton Woods wurde 1944 ein Wechselkurssystem gegründet, das feste ⇨ Wechselkurse gegenüber dem US-Dollar ⇨ als Leitwährung vorsah. Die Mitgliedsstaaten verpflichteten sich, die Kursschwankungen innerhalb von ±1 Prozent der ⇨ Parität zu haben. Das »Bretton-Woods-System« sollte die die internationalen Wirtschaftsbeziehungen störenden Wechselkursschwankungen unterbinden. Das starre System verhinderte aber gleichzeitig das freie Spiel der Marktkräfte und wurde damit seinerseits zur Ursache von Verzerrungen. Anfang der 70er Jahre hörte es auf zu existieren. An der Konferenz in Bretton Woods (United Nations Monetary and Financial Conference) wurde auch der Internationale Währungsfonds (IWF) und die Bank für den Wiederaufbau geschaffen.

bull Hält den Preis einer Ware/Aktie für zu niedrig und nimmt daher den Standpunkt eines Haussiers ein.

bull market Bezeichnung für Hausse

bull warrant Optionsschein auf steigende Kurse
bullish Ein Markt, dessen Preise einen Aufwärtstrend haben.
Bund Futures Standardisierte Termingeschäfte auf eine Anleihe der Bundesrepublik Deutschland, werden an der DTB und an der LIFFE gehandelt.
bunny bonds Eurobond mit Option auf Wiederanlage der Zinsen

Call Kauf
Call-Option Kaufoption auf steigende Preise
callable swap Swap mit einer Option zur Verlängerung der Laufzeit
call buyer Käufer einer Option
call exercise price Basispreis einer Kaufoption
call premium Prämie einer Kaufoption
call price Basispreis einer Kaufoption
call warrant Optionsschein, der zum Kauf einer Aktie zu vorher festgelegten Bedingungen berechtigt.
cap Obergrenze für variable Zinsen
capital gain Kursgewinn
capital less Kursverlust
capital stock Grundkapital einer Aktiengesellschaft
capped warrant Optionsschein mit Gewinnbegrenzung. Der Schuldner verpflichtet sich zum Ausgleich der Differenz zwischen einem vereinbarten Maximal- bzw. Minimalzins und dem jeweiligen Marktzins in der entsprechenden Zinsperiode in bar. Der Käufer zahlt für diese Zinsabsicherung eine Prämie als Entgelt, da das Risiko zu seinen Gunsten verschoben ist. Bis zu diesem Cap verdient der Käufer eines Optionsscheines an einem steigenden Marktpreis.
Cash commodity Kassa-Ware, die unmittelbar verfügbar ist und nicht auf Termin, sondern physisch gehandelt wird.
Cash-Settlement Abwicklungsmodalität bei Futures-Kontrakten mit einer Ausgleichszahlung anstelle der Lieferung von Finanztiteln.
CBOE Chicago Board Options Exchange
CBOT Chicago Board of Trade
CFTC Commodity Futures Trading Commission, hat die Aufsicht über den Futures- und Options-Handel.
chart graphische Darstellung der Börsenkurse.
chartist Spekulant, der seine Kauf- und Verkaufsentscheidungen ausschließlich aufgrund von Chart-Analysen trifft.
circus swap Kombination verschiedener Swaps
claim Bezugsrecht
Clearing House Verrechnungsstelle einer oder mehrerer Terminbörsen. Für die strikte Einhaltung der Börsenregeln beim Futures-Handel sind die Clearing Members dem Clearing House verantwortlich. Diese zentrale Abrechnungsstelle übernimmt die Mittlerrolle beim Ausgleich der Positionen und tritt nach Abschluß der Transaktion als eigentlicher Marktpartner für jeden Käufer und Verkäufer auf.

Chaosforschung Konzentriert sich im ökonomischen Bereich auf die Finanzmärkte, insbesondere auf die Devisen- und Aktienmärkte. Sie untersucht z. B. das Umkippen negativer in positive Regelkreise um den Kurssturz.

CLOU Currency Linked Out-Performance Unit, Währungs-Optionsscheine

close Schlußphase eines Markttages, die durch den offiziellen Schlußkurs abgeschlossen wird.

cocktail swap Verbindung verschiedener Swaps

collar Zinsbandbreite, Gewinnober- und -untergrenze eines cap

collateral Besonders gesichertes Wertpapier

Commercial Paper Kurzfristige Geldmarktpapiere, die Banken und Unternehmen i.d.R. als Inhaberpapiere mit festen Fälligkeiten begeben. Sie sind i.d.R. nicht börsenfähig.

Commission-House Anderer Begriff für Broker.

commodities Im Termingeschäft versteht man darunter Rohstoffe, Waren, Devisen, Finanzinstrumente, Edel- und Industriemetalle, Getreide, Aktienindizes.

Commodity Exchange Act Gesetz über Warentermingeschäfte

commodity option Option, eine bestimmte Warenmenge zu liefern oder zu kaufen.

commodity warrant Waren-Optionsschein

contango Aufpreis der Terminware gegenüber der Kassaware.

contingent option Der Optionspreis wird erst am Verfalltag geschuldet, und nur dann, wenn die Option »im Geld« ist.

contract Verpflichtung von Käufer und Verkäufer, geschlossen durch eine gemeinsame Transaktion, auch Handelseinheit einer Commodity an der Terminbörse.

cover Schließen einer offenen Position, eindecken.

conversion Umwandlung

convertible bond Wandelschuldverschreibung

corporate bond Anleihe eines privaten Schuldners

coupon bond Anleihe, die auf den Inhaber lautet.

covered option Gedeckte Option

covered warrant Von Banken ausgegebener Optionsschein

COTO Cash oder Titel-Option. Der Aktionär kann entweder Dividende oder neue Aktien beziehen oder die Option an der Börse verkaufen.

cross rate Wechselkursparität, die nicht gegen den Dollar kotiert ist (z. B. £/DM).

cum Wertpapier mit Zins-, Dividenden- oder Bezugsrecht

cum warrant Wertpapier mit Optionsschein

currency exposure Währungsrisiko

currency warrant Währungs-Optionsschein

Current Yield Methode zur Ermittlung der Rendite, das Verhältnis von Normalzins zum aktuellen Börsenwert.

Datenanbieter In Deutschland u. a. BIS, Bloomberg, Bridge Information Systems, Datastream, EAG, Fides Informatik, ICV, Knight Ridder, Pont Data, Reuters, Telekurs, Telerate, Track, Data, VWD.

Day-Order Auftrag mit beschränkter Gültigkeit für einen bestimmten Tag. Kann die Order während der Börsenzeit nicht ausgeführt werden, erlischt sie.

DAX Deutscher Aktienindex, gewogener Durchschnitt von 30 Aktien: Allianz Holding + BASF + Bayer + Bay. Hypo-Bank + BMW St. + Commerzbank + Continental + Daimler-Benz + Degussa + Dt. Babcock St. + Deutsche Bank + Dresdner Bank + Henkel + Hoechst + Karstadt + Kaufhof St. + Linde + Lufthansa St. + MAN St. + Mannesmann + Metallgesellschaft + Preussag + RWE St. + Schering + Siemens + Thyssen + VEBA + Vereinsbank + VIAG + Volkswagen St.

dealer Händler

Delivery Month Liefermonat-, Terminmonat, auf den ein Kontrakt lautet und in dem zu einem bestimmten Zeitpunkt das Termin- zum Kassageschäft wird.

Delta Der Deltafaktor beschreibt die absolute Veränderung des Optionspreises bei einer Kursverändeurng des Basiswertes um eine Einheit.

Deutscher Swap-Rahmenvertrag Von deutschen Banken gemeinsam entwickelter Swapvertrag, der Standard bei Swaps mit in der Bundesrepublik ansässigen Swappartnern ist.

Devisen Auf ausländische Währung lautende und im Ausland zahlbare Forderungen wie Schecks, Wechsel und Guthaben bei ausländischen Banken. Münz- und Notengeld wird nicht den Devisen zugeordnet. Devisen sind handelbar und Gegenstand eines Handelsvolumens, das heute im Jahresdurchschnitt global etwa 2 Billionen US-Dollar pro Tag erreicht. Das Devisengeschäft macht wertmäßig etwa das 40fache des gesamten übrigen Welthandels aus.

Devisenswap Verbindung eines Devisenkassa- mit einem Devisentermingeschäft

differential swap switch swap

discount bond Anleihe mit niedrigerem Zins, die zu einem niedrigeren Kurs angegeben wird.

Direkte Kotierung ⇨ *Kotierung* Im internationalen Devisenhandel die Angabe darüber, wieviel 1 US-Dollar in Einheiten einer anderen Währung kostet.

Dow Jones (Firma) Im 19. Jahrhundert von Charles W. Dow gegr. New Yorker Verlagshaus Dow Jones & Co.

dollar bond warrant Optionsschein auf Dollar-Anleihen

domestic bond Im Heimatland und Heimatwährung ausgegebene Anleihe

domestic exchange Heimatbörse

double currency warrant Doppel-Währungs-Optionsschein

Dow Jones Equity Market Index Aktienindex der US- Unternehmensaktien

Dow Jones Index DJI – enthält die Aktienkurse von 30 Industrie-, 20 Eisenbahn- und 15 Versorgungswerten.

Dow Jones Industrial Index DJII – bekanntester und ältester Aktien-Index für 30 führende US-amerikanische Aktien, sog. blue chips .

DTB Deutsche Terminbörse, Frankfurt

EBK Eidgenössische Bankenkommission, Bern

ECOFEX European Community Options and Futures Exchange

ECU European Currency Unit – Europäische Währungseinheit, die auf einem Währungskorb basiert, der aus bestimmten Beträgen der Währungen der EWS-Mitgliedsländer zusammengesetzt ist.

Emission Ausgabe von Wertpapieren

EOE European Options Exchange, Amsterdam

equity-linked-issue Anleihe mit Optionsschein auf Aktien

equity sweeteners Optionsrecht auf Aktien

equity warrants Optionsscheine auf Aktien, die vom Unternehmen selbst ausgegeben werden und für die ein bedingtes Kapital besteht. Sie werden mit Anleihen oder Aktien ausgegeben, später abgetrennt und selbständig gehandelt.

Euromärkte Internationale Geld- und Kapitalmärkte, an denen Bankeinlagen und Anleihen in konvertiblen Währungen außerhalb ihrer Ursprungsländer gehandelt werden.

eurobonds Quellensteuerfreie Anleihen am Euromarkt

European option Die Ausübung des Optionsrechts ist nur bei Fälligkeit möglich.

Evening up Glattstellen, das Eingehen von Gegengeschäften um vorher eingegangene Positionen zu liquidieren.

Evidenzzentrale Eine Organisation, Institution oder ein Verfahren, die/das im Bankenbereich für das Erkennen bestimmter Risiken, z. B. Zahlungsschwierigkeiten, zuständig ist. Im Bereich der derivativen Finanzinstrumente bemühen sich derzeit Banken und Aufsichtsgremien, eine solche Evidenzzentrale ins Leben zu rufen.

EWR Europäischer Währungsfonds

EWS Europäisches Währungssystem. Kern des EWS ist der Wechselkursmechanismus. Für die daran teilnehmenden EG-Länder wurde ein Rahmen bilateraler Leitkurse festgesetzt, um den die Wechselkurse in Extremfällen innerhalb einer Bandbreite von +/− 2,5 Prozent schwanken können.

exchange Börse

Exercise Style Ausübungsmodalität, hier wird unterschieden in:

American Style Optionen, die zu jeder Zeit ausübbar sind und in

European Style Optionen, die nur zu einem bestimmten Zeitpunkt ausübbar sind.

ex warrant Ohne Optionsschein

face amount Nennwert
face value Nominalwert
FDD first delivery day
FED Federal Reserve Bank, US-Notenbank
Festzinssatzempfänger Die Vertragspartei beim Zinsswap, die Empfänger des Festszinssatzes und Zahler des variablen Zinssatzes ist.
Festzinssatzzahler Der Partner beim Zinsswap, der den Festzinssatz zahlt und den variablen Zinssatz erhält.
Fibor (Frankfurt interbank offered rate) Referenzzinssatz am deutschen Geldmarkt. Er wird seit 1985 als Durchschnitt der Zinssätze, zu dem führende deutsche Banken bereit sind, anderen ersten Adressen unter den Banken DM-Kredite zu gewähren, ermittelt.
Fill-or-Kill (FOK) Sofortige Gesamtausführung oder Löschung des Auftrages.
Financial Engeneering Maßgeschneiderte, auf die spezielle Situation eines Kunden zugeschnittene Problemlösung.
First Notice Day Erster Tag, an dem der Verkäufer seine Absicht zur effektiven Warenlieferung mitteilen kann.
fixed dept option Option auf Umwandlung eines zinsvariablen Titels in einen Festzins-Bond.
Flat Yield Laufende Verzinsung
flip-flop floating rate note Der Anleger kann diese variabel verzinsliche Anleihe in ein kürzerlaufendes, aber niedriger verzinsliches Papier tauschen.
float-float swap Zahlungsverpflichtungen aus zwei unterschiedlich variabel verzinslichen Anleihen werden ausgetauscht.
Floating Auf der Grundlage von Angebot und Nachfrage freie Wechselkursbildung.
Floating Rates Notes Anleihe mit variablem Zinssatz auf der Basis FIBOR/LIBOR
floor Zinsuntergrenze
Floor Broker Makler, der durch seine Börsen-Mitgliedschaft zum direkten Handel an der entsprechenden Börse berechtigt ist.
flop option Eine Option auf die erneute Umwandlung einer Anleihe
FND first notice day
Force Majeure Höhere Gewalt, Einflüsse wie Streik, Wetterkatastrophen etc., die einen Vertragspartner darin hindern, seinen vertraglichen Verpflichtungen nachzukommen.
Forex Kürzel für »Foreign Exchange«
Forward Vertrag über Preis und künftigen Erfüllungstermin eines Kaufs beziehungsweise Verkaufs von Assets (wie Aktien, Währungen, Anleihen, Zinssätze, Indizes oder Rohstoffe).
FRABBA Von der BBA entwickelter Standardvertrag für Forward Rate Agreements
Fungibilität Sachen und Rechte, die fungibel sein sollen, müssen von so hochgradig gleichartiger Beschaffenheit sein, daß jede einzelne von

ihnen ohne weiteres gegen jede andere austauschbar ist. Auch Finanzterminkontrakte und Optionen sind fungibel, doch muß bei diesen Produkten diese Fungibilität erst durch die hochgradige Standardisierung hergestellt werden.

Future Börsengehandelter Forward-Kontrakt

Future Rate Agreement Andere Bezeichnung für ein Forward Rate Agreement

gain Gewinn

Gamma Mit den Kursbewegungen des Basiswertes verändert sich auch der Wert für Delta. Diese Veränderung, die sich währungsweise bestimmen läßt, wird mit Gamma bezeichnet.

Geldmarkt Markt für kurzfristige Einlagen und Kredite

G.I.R.O. Guaranted Investment Return Options der West LB – Index-Optionsscheine und Währungsoptionsscheine

Glattstellen Ein Terminkontrakt wird zum Ende der Laufzeit verkauft. Die Differenz zwischen dem im Terminkontrakt vereinbarten Kaufpreis für die betreffende Warenmenge einerseits und dem zum Glattstellungstermin geltenden Marktpreis für die betreffende Warenmenge andererseits wird ohne physische Lieferung der Ware durch einen Zahlungsvorgang ausgeglichen.

Going-Public-Optionsanleihe Anleihen solcher Unternehmen, die noch während der Laufzeit der Anleihe den Gang an die Börse planen.

Gold-Optionsscheine Indexoptionsscheine, die an die Goldpreisentwicklung gebunden sind.

Good-till-cancelled (GTC) gültig bis auf Widerrruf

Good-till-date (GTD) gültig bis Fristablauf

Group of Five (G-5) Setzt sich zusammen aus den Finanzministern und Notenbank-Chefs der USA, Japan, Frankreich, Großbritannien und Deutschland.

Group of Ten (G-10) Setzt sich zusammen aus der G-5-Gruppe sowie den Finanzministern und Notenbank-Chefs von Canada, Italien, Belgien, der Niederlande und Schweden.

growth Wachstum

guarantee Garantie, Bürgschaft

guaranted bond Anleihe einer Tochtergesellschaft, bei der die Mutter die Garantie übernimmt.

heavy Der Markt will nicht so recht in Gang kommen, es herrscht stärkerer Abgabedruck als Kauflust.

Hebelwirkung Gearing; mit diesem Verfahren wird die rechnerische Hebelwirkung des Optionsscheins gemessen und festgestellt, wie viele Optionsscheine der Anleger für den Preis einer Einheit des Basiswertes erhält.

Hedging Bezeichnet ein Gegengeschäft zu einer bestehenden Risikoposition mit dem Ziel, das Risiko der Ursprungsposition zu neutralisieren.

hot issues Eine mehrfach überzeichnete Wertpapier-Emission, von der kräftige Kurssteigerungen erwartet werden.

hybrid securities Wertpapiere, die sowohl den Dividendenpapieren, als auch den Festverzinslichen zugerechnet werden können, beispielsweise Vorzugsaktien oder Wandelanleihen.

IMF International Monetary Fund.

Im Geld Der Kassakurs liegt über dem Ausübungskurs.

Immediate-or-Cancel (IOC) Sofortige Ausführung so weit möglich. Löschung des unausgeführten Teils.

income Einkünfte

income debenture Obligation mit Gewinnbeteiligung

income tax Einkommensteuer

income Yield laufende Verzinsung.

Indirekte Kotierung ⇨ Kotierung. Im internationalen Devisenhandel die Angabe darüber, wieviel eine bestimmte Währung in US-Dollar kostet.

Initial Margin Als Sicherheitsleistung bei Kauf – oder Verkauf von Futures-Kontrakten ist ein sog. »Original-Einschuß« zu leisten.

Innerer Wert eines Call Eine Kaufoption (Call) besitzt einen inneren Wert, wenn der Kurswert des Basiswertes über dem Basispreis liegt.

INPUT Index-Optionsscheine

Interest Zinsen

interest cap Höchstzinssatz; der Zins wird für eine bestimmte Laufzeit nach oben begrenzt.

Interest Netting In den meisten Swapverträgen ist ein Netting der Zinszahlungsströme vorgesehen, d. h. an einem Roll-over-Termin werden variabler und Festzinszahlungsstrom gegeneinander aufgerechnet und nur die Differenz gezahlt.

interest rate Zinssatz

interest rate swap Zinstausch-Vereinbarung zweier Parteien, die Zinszahlungsströme zweier Währungen zu tauschen.

interest rate warrant Zins-Optionsschein

In the Money Werthaltige Option – der in einer Option festgelegte Preis für das Recht, beispielsweise Aktien kaufen zu können, ist niedriger als der Aktienkurs.

Inverted Market In den nahen Terminen herrscht wenig Abgabeneigung, die nahen Termine notieren daher höher als die durch höhere Kosten eigentlich höher notierenden späteren Termine.

IOSCO (International Organisation of Securities Commissioners) Internationale Vereinigung der Wertpapieraufsichtsorgane.

ISDA International Swap Dealers Association. Zusammenschluß der führenden, im Swapmarkt aktiven Banken.

Issuer Emittent

IWF International Monetary Fund, Internationaler Währungsfonds. Supranationale weltweit tätige Institution, die 1994 im Bretton-Woods-Abkommen beschlossen und 1945 errichtet wurde. Ihr gehören heute über 160 Staaten an. Hauptaufgabe des IWF ist die Förderung des weltweiten Handels und der internationalen wirtschaftlichen Zusammenarbeit.

junk bond Schuldanleihen von Emittenten mit geringer Bonität

Kapitalmarkt Markt für langfristige Wertpapiere

Kassamarkt An den Börsen wird zur gleichen Zeit der Kaufpreis gezahlt und die Ware dem Käufer übergeben.

knock out bond Anleihe mit Rückzahlungswahlrecht; die Tilgung erfolgt entweder zu pari oder durch Lieferung von Aktien.

Komplexität Vielschichtigkeit, Zusammengesetztheit

Kotierung Zulassung eines Wertpapiers zum Börsenhandel

Last Trading Day Letzter Handelstag eines Terminkontraktes

LDD last delivery day

leaps long-term-Equity Anticipation Securities – langfristige Optionen auf Aktien der Chicago Board options Exchange

Leerverkauf (short gehen) Im Devisenhandel der Verkauf von Devisen die man (noch) nicht besitzt bzw. sich später zu einem günstigeren Preis beschaffen will. Der Erlös aus diesem Verkauf wird in der Zwischenzeit auf einem Sparkonto sichergestellt.

Leitwährung Weltpolitisch bedeutende Währung. Seit dem Abkommen von Bretton Woods im Jahr 1944 werden alle Währungen der IWF-Länder (IWF = Internationaler Währungsfonds) gegenüber dem US-Dollar kotiert. Allgemein gilt der US-Dollar als Leitwährung für alle (im westlichen Währungssystem) frei konvertierbaren Währungen.

letter stocks Neu ausgegebene Aktien, die noch nicht an der Börse zugelassen sind

leverage Hebelwirkung

LIBID London International Bid Rate, Referenzzinssatz für Eurogeld-Einlagen

LIBOR London Interbank Offered Rate, Referenzzinssatz für variabel verzinsliche Eurogeld-Kredite. Im Swapmarkt ist der LIBOR von besonderer Bedeutung für die Berechnung variabler Zinszahlungsströme .

LIFFE London International Financial Futures Exchange

Liquidation Glattstellung durch Kauf bei einer short Position und durch Verkauf bei einer long Position.

long ist man, wenn man eine Kauf-Position hält und höhere Preise erwartet.

long-call Die Anleihe ist vorzeitig kündbar.

long-call-Option Kauf einer Kaufoption
long-futures-Kontrakt Kauf von an der Börse notierten Terminkontrakten
long-hedge Absicherung eines Verlustrisikos
long-position Hausseposition im Terminhandel
long-put-option gekaufte Verkaufsoption
long run langfristig
long-term langfristiges Kapitalmarktpapier mit einer Laufzeit von mindestens acht Jahren
Lot Standardisierte Handelseinheit einer Ware
LTD last trading day

margin Differenz, Spanne, Einschuß
Market-Maker Händler, der für eigene Rechnung Wertpapiere oder Finanzinstrumente handelt. Seine Handelsbereitschaft bringt er dadurch zum Ausdruck, daß er anderen Marktteilnehmern grundsätzlich zwei Kurse nennt: einen Geldkurs, zu dem er kaufen, und einen Briefkurs, zu dem er verkaufen will.
market order Unlimitierter Börsenauftrag
market value Kurswert
Mark-to Market Bewertung von Finanzinstrumenten auf der Basis aktueller Parameter (Zinssätze, Devisenkurse).
matching Kauf- und Verkaufsaufträge werden zusammengeführt, elektronisch erfaßt und automatisch nach den Kriterien Art, Preis und Zeit sortiert. Dabei haben unlimitierte Aufträge höchste Priorität.
MATIF Marché à la Terme d'Instruments, Paris
minimax floater Variabel verzinsliche Papiere mit Zinsober- und -untergrenze
MONEP Marché des Options Negociables de Paris
Money-back-warrants Optionsscheine mit »Geld-Zurück-Garantie«

naked option Ungedeckte Option
naked warrant Optionsschein, der ohne Verbindung zu einer Anleihe ausgegeben wird.
near the market option Option, deren Basispreis etwa dem aktuellen Marktpreis entspricht.
nominal bond Eine synthetische Anleihe
Nominalbetrag auch Nominalwert, der nominale Kapitalbetrag eines verzinslichen oder unverzinslichen Titels, der auf Wertpapier, Banknoten oder Scheidemünzen aufgedruckte bzw. geprägte Geldbetrag
Nullkupon-Swap ⇨ s. Zero-Coupon-Swap

ÖTOB Österreichische Termin- und Optionsbörse, Wien
Option Recht (aber nicht Pflicht), eine bestimmte Menge eines Assets zu einem vorher festgesetzten Preis und Zeitpunkt (europäisches Verfahren) oder Zeitraum (amerikanische Option) in der Zukunft kaufen

(Call) oder verkaufen (Put) zu können. Neuerdings werden Optionen auf Derivate, beispielsweise Swaptions, angeboten.

Off-Balance-Sheet Bilanzunwirksame Transakationen. Finanzinnovationen werden zumeist nicht in die Bilanz einbezogen.

off-balance sheet Außerhalb der Bilanz

off-balance sheet activities Nicht bilanzwirksame Geschäfte

offering-price Emissionspreis

OM Options Market, Stockholm

OPEC Organisation of the Petroleum Exporting Companies

open contracts Zahl der offenen Kontrakte, die gekauft oder verkauft wurden, ohne daß die Transaktionen durch den nachfolgenden Verkauf oder Kauf oder durch den Empfang oder die tatsächliche Lieferung einer Ware abgeschlossen worden ist.

open-end mortage Durch Grundpfandrechte gesicherte Anleihe

open-interest die Summe aller Open-Contracts

option bond Optionsanleihe

Out of the Money Der Ausübungspreis einer Option ist höher als der Marktpreis des Underlaying, die Option ist deshalb wertlos.

Out-Performance-Warrant Index-Optionsscheine

overbougt Ein überkaufter Markt, die Kurse sind zu schnell gestiegen, es muß mit Kurskorrekturen gerechnet werden.

overpriced Das Wertpapier wird über seinen theoretischen Wert gehandelt.

oversold Überverkaufter Markt, es wird eine Kurskorrektur nach oben erwartet.

Over-the-counter-market (OTC) In den USA Sammelbezeichnung für den Handel mit Effekten außerhalb der Börsen – in den USA von rund 300.000 Unternehmen. In England seit den 70er Jahren Sammelbegriff für den Handel von nicht börsennotierten Unternehmenstiteln, die von Effektenfirmen gehandelt werden, die nicht Börsenmitglied sind.

paid Zu dem Kurs wurden Abschlüsse getätigt.

Parität Austauschverhältnis einer Währung zu einer gesetzlich festgelegten Bezugsgröße, z. B. zu einer bestimmten Menge Gold oder zu einer anderen Währung.

Passivmanagement Ertrags- und liquiditätsorientierte Steuerung von passivischen Bilanzpositionen

payable Fällig

pay day Zahltag

participating bond Anleihe mit festem Zins und zusätzlichem Recht auf Beteiligung am Gewinn

partly paid bond Anleihe, die bei Ausgabe erst zu einem Teil bezahlt wird.

perpetual bond Anleihe ohne festgelegte Fälligkeit

perpetual Floater Anleihe ohne festen Rückzahlungstermin, mit variablem Zins

perpetual warrant Optionsschein zum Aktienbezug mit unbefristeter Laufzeit
Portefeuille Die Zusammensetzung eines Wertpapierdepots
Portfolio Andere Bezeichnung für Portefeuille, auch strategisches Geschäftsfeld, strategische Bankplanung
Portfolio-Management Entwicklung von Marktstrategien zur Sicherung und Verbesserung der Wettbewerbsposition einer Bank.
Portfolio-Planung Strategisches Planungsverfahren einer Bank, das innerhalb des Portfolio-Managements dazu dient, die strategische Ausrichtung des Bankleitungsprogramms und der Kundenstruktur nach strategischen Geschäftsfeldern zu ermitteln bzw. zu fixieren.
Position Eingegangenes Engagement. Man unterscheidet zwischen Longposition (entsteht durch Kaufen von Devisen) und Shortposition (entsteht durch Verkaufen von Devisen, in deren Besitz man sich erst später bringen will).
preference share Vorzugsaktie.
price-limit Die maximale Tagesschwankung eines Terminkontraktes.
prime rate Zinssatz, zu dem Banken erstklassigen Kunden Kredite gewähren.
put Verkaufsoption
put exercise Ausübung einer Verkaufsoption
put option Verkaufsoption
put warrant Optionsschein, der zum Verkauf berechtigt.

Quout People Bezeichnung für Physiker und Mathematiker in den Emissionsabteilungen der Banken – den Finanzingenieuren
Quotation Kursnotierung
quotation board Kursanzeigetafel
quotation for odd lots Einheitskurs
quoted Börsennotiert

Range Differenz zwischen dem Höchst und dem Tiefst während eines näher definierten Zeitabschnittes, z. B. Tages-Range
Rating Bewertung von Anleihen nach der Bonität
redeemable preference share kündbare Vorzugsaktie
Redeemable warrant Rückzahlbare Optionsscheine
Referenzzinssatz Vertraglich von zwei Parteien als verbindlich anerkannter Zinssatz, der durch dritte Parteien festgelegt wird.
Relative Performance Options (RPO) Warrants auf die Veränderung von zwei Kurskurven
repurchase Rückkauf
Restlaufzeit bei einer Verbindlichkeit bzw. Forderung der Zeitraum, der ab einem bestimmten Termin noch bis zur endgültigen Fälligkeit der Position verbleibt. Die Restlaufzeit ist ein wesentliches Kriterium beim Zinsänderungsrisiko.
retractable matenity bond Vorzeitig kündbare Anleihe

revenue Einkünfte, Ertrag
revenue bond Anleihe zur Finanzierung einer Anlage, die einer Kommune gehört und für deren Nutzung Gebühren erhoben werden, z. B. Maut für die Autobahn.
right Aktienbezugsrecht
rise Hausse
Risk Based Margin Jedes Clearing-Mitglied (Banken, Broker) hat zur Besicherung seiner gesamten Kontraktverpflichtungen börsentäglich in der von der jeweiligen Börse festgelegten Höhe Sicherheiten (in Geld oder Wertpapieren) zu leisten. Die Berechnung der Sicherheitsleistungen basiert auf dem Risk-Based-Margining-Verfahren.
Roll-over Regelmäßige Zinsneufestsetzung bei Transaktionen mit variablem Zinssatz.
round lot Aktientransaktion mit 100 Stück

sale Verkauf
sales charges Kauf-/Verkaufskosten
sales contract Kaufvertrag
sales note Schlußnote
savings bond Nicht marktfähige Schuldverschreibungen der öffentlichen Hand
SEC Securities and Exchange Commission, Wertpapieraufsichtsbehörde der USA
secundary market Umlaufmarkt
secured bond Durch Pfandrechte gesicherte Anleihe
securities Wertpapier
security dealer Wertpapierhändler
seller Verkäufer
selling price Briefkurs
share Aktie, Anteil, Anteilsschein
short call Verkaufte Kaufoption
short put Verkaufte Verkaufsoption
short sale – short gehen Leerverkauf
single quotation Einheitskurs
sinking fund Tilgungsfonds für die Rückzahlung einer Anleihe
SMI Swiss Market Index
SOFFEX Swiss Options and Financial Futures Exchange
Spotmarkt Dezentraler Markt (im Gegensatz zu nur über Börsen funktionierenden Märkten). Der Devisenmarkt ist ein Spotmarkt: etwa 200.000 Marktteilnehmer operieren von über die ganze Welt verteilten Orten (Spots) aus. Bedeutende Devisenbörsen existieren nur in Chicago und Singapur.
Spread Marge, gleichzeitiger Kauf und Verkauf einer Option mit abweichendem Basispreis und/oder Laufzeit. Auch Spanne zwischen Geld- und Briefkurs. Auf dem Euromarkt die Differenz zwischen Zinssätzen.

Standardisierung Vereinheitlichung von wesentlichen Eigenschaften, z. B. von Finanzkontrakten, um sie zum börsenmäßigen Handel geeignet zu machen

Stellage Der Handel mit dem Kursgefälle zwischen zwei Liefermonaten, i.d.R. im Handel mit Getreide o.a. unstabilen Waren.

step-down-warrants Index-Optionsscheine, bei denen sich der Basispreis automatisch ermäßigt, wenn ein bestimmter Kurs oder Indexstand unterschritten wird.

step-up-bond Anleihe mit treppenförmig ansteigendem Zins

step up swap Die dem swap zugrundeliegenden Zahlungsströme können während der Laufzeit vereinbarungsgemäß im Betrag erhöht werden.

Stillhalter Verkäufer einer Kauf- oder Verkaufsoption

stock Grundkapital einer AG, Gesamtbetrag einer Anleihe

stock exchange Wertpapierbörse

stock option Aktienbezugsrecht

stock warrant Optionsanleihe mit Aktienbezugsrecht

stop-less-order Wird ein bestimmtes Limit erreicht, wird aus dem limitierten Verkaufsauftrag ein bestens-Aufrag, der zum nächsten Kurs ausgeführt wird.

stop-order to buy Wird ein bestimmtes Limit erreicht, wird aus dem limitierten Kaufauftrag ein billigst-Auftrag, der zum nächsten Kurs ausgeführt wird.

Straddle Gleichzeitiger Kauf oder Verkauf je eines call oder eines put bei gleichem Basispreis und unterschiedlichem striking price.

strap Ein straddle mit einem extra call

striking price Basispreis

strip Ein straddle mit einem extra put

subscription right Bezugsrecht

swap Tausch von Zinsen, Währungen oder Kombination

swappen Tauschoperation am Devisenmarkt

switch swap Auch differential swap – bietet den Unternehmen Zinsalternativen.

tax Steuer

T-Bills US-Schatzwechsel mit kurzer Laufzeit von 90–360 Tagen

Terminhandel Beim Terminhandel verpflichtet sich der Verkäufer, zu einem bestimmten Zeitpunkt Waren einer bestimmten Menge und Qualität zu liefern. Gleichzeitig ist der Käufer verpflichtet, dieses Warenkontingent zu einem bei Vertragsabschluß festgesetzten Preis abzunehmen.

Theta Optionen werden als »Wastings Assets«, was soviel wie »sich verflüchtende Werte« bedeutet, bezeichnet. In der Tat wird der Zeitwert einer Option mit dem Herannahen des Verfalltages aufgezehrt. Der Wertverlust wird durch Theta gemessen.

TIBOR Tokyo Interbank Offered Rate

tick Kleinste Kursveränderung
time to maturity Die verbleibende Laufzeit des Optionsscheins
time value Zeitwert der Option, auch der Prozentsatz des Marktpreises, der nicht durch den inneren Wert abgedeckt ist.
T-Notes US-Schatzwechsel mit Laufzeiten von 2 bis 10 Jahren
TIFFE Tokyo International Financial Futures Exchange
total loss probality Die mathematische Wahrscheinlichkeit, einen Totalverlust zu erleiden
traded option Handelbare Option
trader Händler
trading Handel
Treasury Bill Schatzwechsel – Geldmarktpapier in den USA
Treasury Bond Festverzinsliche US-Staatsanleihe mit einer Laufzeit von 20 und 30 Jahren
Treasury Notes Festverzinsliche Staatsanleihen mit Laufzeiten von 2, 5, 7 und 10 Jahren
trigger rate Zinssatz auf dem Euromarkt, zu dem eine variabel verzinsliche Anleihe in eine mit Festzinssatz übergeht.
trust Treuhand, Trust

uncapped floating rate note Zinsvariabler Schuldtitel ohne Zinsbegrenzung nach oben
uncovered option Ungedeckte Option
undated floating rate note Zinsvariable Anleihe ohne feste Rückzahlung
underlying Deckungsbestand
Underlaying Asset Das einem Derivativgeschäft zugrundeliegende Gut, dessen Preisentwicklung den Wert eines davon abgeleiteten (derivativen) Produkts bestimmt. So ergibt sich etwa der Wert einer Aktienoption aus der Kursentwicklung der betreffenden Aktie.
underlying stock Basisaktie
underpriced Das Wertpapier wird unter dem theoretischen Wert gehandelt.
Underwriting Übernahme
unifunded option Eine Option, bei der keine Belieferung vorgesehen ist, sondern ein Differenzausgleich stattfindet.
unit Einzelstück, Stück, Leistungseinheit
unsecured loan stock Ungesicherte Anleihe
usable bond Wird das Bezugsrecht ausgeübt, wird statt der Zuzahlung von Bargeld gleich die ganze Optionsanleihe zum Nennwert in Zahlung gegeben.

value Wert, Währung
Variation-Margin Futures werden börsentäglich zum Tagesschlußkurs bewertet. Kursveränderungen führen entweder zu Gutschriften oder zu Nachschußverpflichtungen.

Vega Die Auswirkungen von Veränderungen in der Volatilität des Basiswertes auf den Optionspreis werden mit dem Wert Vega gemessen.

Volatilität Maß für die Veränderung von Zinssätzen oder Devisenkursen im Zeitverlauf. Mathematisch betrachtet, zum Beispiel die annualisierte Standardabweichung von Zinsen. Die erwartete Volatilität ist eine wichtige Variable der Optionspreisbildung.

Währungs-Optionsscheine Ausgegeben mit einer Währungsoptionsanleihe. Der Inhaber hat das Wahlrecht der Rückzahlungsgewährung, somit ein Schutz vor Wechselkursschwankungen. Der Optionsschein verbrieft das Recht, die Zinszahlungen in der Anleihewährung oder wahlweise in bestimmten anderen Währungen zu jeweils festgelegten Wechselkursen verlangen zu können.

Wandelgenußschein Kombiniert die Sicherheit einer Anleihe mit den Möglichkeiten der Kurssteigerung der Aktie.

warrant Standardisierte, börsengehandelte Form der Option, im deutschsprachigen Raum auch als Optionsschein geläufig.

warrant bond Optionsanleihe

warrant offering price Ausgabepreis nackter Optionsscheine

warrent strike price Zu diesem Preis kann der Erwerber die Option ausüben.

warranty guarantee Eine Erfüllungsgarantie

Weltbank International Bank of Reconstruction on Development, Internationale Bank für Wiederaufbau und Entwicklung, Washington. Wurde mit dem Bretton-Woods-Abkommen beschlossen und existiert seit 1945. Sie betreibt vorrangig die Förderung der wirtschaftlichen Entwicklung der armen Länder der Welt, vor allem der Entwicklungsländer.

window warrant Ein europäischer Optionsschein, Ausübung ist nur bei Fälligkeit möglich.

Yankee Bond Dollaranleihe eines nicht amerikanischen Emittenten

Yield Ertrag, Rendite

Yield-Papers Papiere, die auf Renditebasis gehandelt werden.

Yield-to-Maturity Methode der Renditermittlung, bei der alle Cash Flows diskontiert werden. Die Summe der Barwerte wird mit dem Kurs incl. aufgelaufener Stückzinsen gleichgesetzt.

Zeitwert Der Zeitwert drückt die Differenz zwischen dem Optionspreis und dem inneren Wert einer Option aus. Der Zeitwert ist der Preis, den ein Investor für die Hebelwirkung einer Option zu zahlen bereit ist.

Zentralbank Notenbank, in Deutschland die Deutsche Bundesbank, oder z. B. in England: Bank of England. Sie bestimmt im jeweiligen Land die nationale Geldpolitik.

Zero-Coupon-Swap Nullkupon-Swap, Swap, bei dem der Festsatzzahler nur eine Einmalzahlung (in aufgezinster Form) bei Vertragsende leistet.

Zero-Zinssätze Zero-Zinssätze und Zero-Diskontierungsfaktoren eliminieren das Wiederanlagerisiko bei zwischenzeitlichen Zinszahlungen und führen deshalb zu ökonomisch korrekten Ergebnissen.

Zinskurve Eine Zinskurve bringt die Fristigkeitsstruktur der Zinssätze am Kapitalmarkt zum Ausdruck. Man unterscheidet zwischen *inversen Zinskurven,* d. h. mit zunehmender Restlaufzeit nehmen die Renditen ab; *flachen Zinskurven,* d. h. die Renditen sind in allen Laufzeiten gleich; *normalen Zinskurven,* d. h. die Renditen wachsen mit steigender Restlaufzeit.

Zins-Optionsscheine Optionsscheine, Spekulation auf sinkende oder steigende Zinsen

Quellen und Literatur

Ausgewertet wurden Geschäfts- und Jahresberichte sowie Mitteilungen nachfolgender Banken, Institutionen und Unternehmen:

Bär Holding AG– Bank Austria – Bank für Internationalen Zahlungsausgleich (BIZ) – Bank Gesellschaft Berlin – Bankers Trust New York Corporation – Baseler Ausschuß für Bankenaufsicht – Bayer AG – Bayerische Hypotheken- und Wechselbank AG – Bundesaufsichtsamt für das Kreditwesen – Bundesverband deutscher Banken – Citibank AG – Citicorp – Commerzbank AG – Creditanstalt-Bankverein – Daimler Benz AG – DG Bank – Deutsche Bank AG – Deutsche Bundesbank – Deutsche Börse AG – Deutsche Terminbörse (DTB) – Deutscher Bundestag/ Finanzausschuß – Dresdner Bank AG – Group of Thirty – Hoechst AG – INSEAD – International Securities Market Association (ISMA) – International Swap Dealers Association (ISDA) – Internationaler Währungsfonds (IWF) – J. P. Morgan – Lehman Brothers – Merrill Lynch – Metallgesellschaft AG – Morgan Stanley – OPEC – Salomon Brothers – Sal. Oppenheim & Cie. – Sandoz AG – Schering AG – Schweizerische Bankgesellschaft – Schweizerische Nationalbank – Schweizerische Kreditanstalt – Schweizerischer Bankverein – Swissair AG – Siemens AG – Statistisches Bundesamt – The Institute of International Finance (IIF) – Trinkaus & Burkhardt – Vereinsbank AG – Vereins- und Westbank – Volkswagen AG

Darüber hinaus wurden Berichte und Mitteilungen folgender Informationsdienste, Zeitschriften sowie Zeitungen verarbeitet:

Bilanz – Börsen-Zeitung – Bulle & Bär – CAPITAL – Die Bank – Die Wirtschaftsprüfung – DER SPIEGEL – DIE ZEIT – Financial Times – Finanzwoche – FOCUS – FORBES – Frankfurter Allgemeine Zeitung (FAZ) – Handelsblatt (HB) – Futures & Options World – Herold International Tribune – IMPULSE – Investors Week – Manager Magazin (MM) – Münchner Merkur – REUTERS AG – STERN – Süddeutsche Zeitung

(SZ) – THE ECONOMIST – The Wall Street Journal – US TODAY – VWD – Wirtschaftswoche (WiWo)

Referate

Eberstadt, Gerhard: Derivate – das unbekannte Wesen – Spekulation oder Notwendigkeit – Frankfurt, 8. 3. 1995

Köhler, Horst: Deutsche Sparkassenorganisation: Verantwortung in Gesellschaft und Region – Hannover, 11. 5. 1995

Sanio, Jochen: Finanzinnovation – Illusion beherrschbarer Risiken? Derivative Märkte und finanzielles Risiko – Berlin, 12. 5. 1995

Willi, Rolf: Erscheinungsformen, Risikomanagement und Entwicklungstendenzen derivativer Finanzinstrumente – Düsseldorf, 24. 4. 1995

Literaturverzeichnis

Arnold, Wolfgang: Eine ganze Reihe internationaler Gremien bastelt an Regeln für Finanzkonglomerate, HB 96/1994

Ausschuß für Bilanzierung des Bundesverbandes deutscher Banken: Bilanzpublizität von Finanzderivaten, Die Wirtschaftsprüfung, 1/1995

Bank für Internationalen Zahlungsausgleich (BIZ):
- Macroeconomic and Monetary Policy Issues Raised by the Growth of Derivatives Markets, Basel 1994
- Public Disclosure of Market and Credit Risks by Financial Intermediaries, Basel 1994
- Issues of Measurement Related to Market Size and Macroprudential Risks in Derivativ Markets
- Jahresberichte 1991, 1992, 1993, 1994, 1995

Baseler Ausschuß für Bankenaufsicht: Richtlinien für das Risikomanagement im Derivativgeschäft, Basel 1994

Balzer, Arno, Angst vor dem Tag X, MM 5/1995

Balzer, Arno/Wilhelm, Winfried: Helfer auf Bewährung, MM 3/1995

Barbier, Hans D.: Vertrauen in die Mark, FAZ 20. 4. 1995

Baumann, Michael/Prandl, Paul: My Way – High Information, Forbes 10/1993

Birchler, Urs W./Hermann, Werner/Rime, Bertraud: Finanzderivate – volkswirtschaftliche Bedeutung und Auswirkungen auf das Finanzsystem, Schweizerische Nationalbank, Zürich, 4/1994

Bismarck, Stephan von/Haverkamp, Tom: Einsatz von Derivaten erfordert Risikokontrolle, Börsen-Zeitung 83/95

Blume, Georg: Hoch auf Leeson, Die Zeit, 1995

Brannberger, Gerald:
- Derivative Finanzgeschäfte klingen gefährlich und geheimnisvoll, FAZ 1995
- Das Urteil der Märkte, FAZ, 28. 2 1995
- Der Stoff, aus dem die Träume sind, ist längst entstofflicht, FAZ, 9. 3. 1995

Brestel, Heinz: Devisenhandel einig: G-7-Konferenz festigt den Dollarkurs kaum, FAZ, 95/1995

Buchholz, Angelika: Das Janusgesicht der Derivate, SZ, 3. 3. 1995

Büschgen, Prof. Dr. Hans E.: Das kleine Bank-Lexikon, Wirtschaft und Finanzen, Düsseldorf, 1992

Burgmaier, Stefanie/Seeger, Christoph: Rauhe Sitten, Wiwo 12/16. 3. 1995

Carpenter, Alex: Standard-Derivate erleichtern das Management, Börsen- Zeitung 83/1995

Carstensen, Meinhard: Weniger als eine Handvoll Institute wird in Deutschland die volle Produktpalette bis hin zur Marktreife führen, HB 96/1994

Claasen, Dieter: Neues Licht auf die Börsenrisiken, SZ, 9. 6. 1995

C&L Deutsche Revision, Hrsg.: Banken und Bankkonzerne in Deutschland. Jahresabschlüsse 1993, Düsseldorf 1995

Commerzbank: »Wer gehört zu wem«, Frankfurt 1994

Corrigan, Tracy: G 30 sets new benchmark for derivatives industry, Financial Times, 22 7. 1993

Crockett, Andrew D.:
- Entwarnung, Manager Magazin 5/1994
- Mißbrauch einer Idee, Der Spiegel 10/1995

Deutsche Börse AG: DAX – Deutscher Aktienindex, Frankfurt 1995

Deutsche Bundesbank:
- Die neuen Grundsätze I und I a über das Eigenkapital der Kreditinstitute, Sonderdruck Nr. 2 a, Frankfurt 1990
- Bilanzunwirksame Geschäfte deutscher Kreditinstitute, Frankfurt 1995

Deutsche Terminbörse (DTB):
- Option auf den langfristigen Bund-Future, Frankfurt 1991
- DAX-Future, 3. Aufl., Frankfurt 1992
- Option auf den DAX-Future, Frankfurt 1992
- Aktienoptionen, Frankfurt 1993, 2. Aufl.

Dichtl, Erwin, und Issing, Otmar, Hrsg.: Vahlens Großes Wirtschaftslexikon, München 1994

Dolak, Gregor: Graue Banker gesucht, Forbes 4/95

Dresdner Bank: Zinsmanagement 7. Aufl., Frankfurt 1994

Dunsch, Jürgen: Hauptversammlung im Schlachtenlärm, FAZ, 23.3.1995

Erlenbach, Erich: Geschäfte mit Derivaten taugen nur für wenige Privatkunden, FAZ, 3. 3. 1995

Filc, W.: Zinsarbitrage und Währungsspekulation, Berlin 1975
Fischer, Thomas: Risikomanagement im Investment Banking, Die Bank 11/94
Frey, Dieter: Die Sorglosen, MM 4/1995
Futures & Options World: Directory & Review 1994

Gaulke, Jürgen: Irres Spiel, MM 4/1995
Global Derivatives Study Group (Group of Thirty): Derivatives: Practices and Principles, Washington 1993

Hafner, Wolfgang/Trepp, Gian: Gefahr für das Image, Die Zeit, 18/1995
Hankel, Wilhelm: Eine neue Leitwährung wird gesucht, Handelsblatt, 26. 4. 1995
Henry, Andreas/Seeger, Christoph: Richtiges Näschen, Wiwo, 16/1995
Hirn, Wolfgang: Auf der Kippe, MM, Mai 1995
Hofmann, Norbert: Broker auf dem Sprung, Forbes 10/93
Holland, Stuart: Warum wir ein neues Bretton Woods brauchen, Focus 17/1995

International Securities Market Association (ISMA): Derivatives in the context of a Single European Securities Market, Zürich 1994

Knipp, Thomas: Miller fürchtet negative Folgen des Falls MG, HB 92/1995
Köhler, Rainer: Japan baut eine Megabank, SZ 29. 3. 1995
Korff, Morian von/Widow, Thorsten: Machtkampf um den Dollar, Focus 15/1995
Kostolany, André: Eine gute Idee, Capital 3/1992
Kratz, Wilfried: Der große Unbekannte, Die Zeit, 10/1995
Krönke, Gerd: Auf dem Schlachtfeld hinterm Komma, SZ 66/1995/20. 3. 1995
Krumnow, Jürgen/Jünemann, Bernhard: Wir sind besser, Wiwo 10/1995
Kutscher, Gerhard: Im Ausland lernen, HB 25. 4. 1995

Lerbinger, P.: Zins- und Währungsswaps, Wiesbaden 1988

Metallgesellschaft AG:
- Bericht über die Sonderprüfung, Frankfurt 1995
- Die Bewältigung einer Krise, Frankfurt 1995
- Die Krise als Chance begreifen, Frankfurt 1995

Merten, H.-Lothar: Die Pleitemacher, München 1975

Millmann, Gregory: The Vandals' Crown, New York 1995
Möckel, Alfred: Stillhalterstrategien bringen Zusatzerträge, Börsen-Zeitung 83/1995
Moxter, Adolf: Den Wirtschaftsprüfer nicht zum Sündenbock machen, FAZ, 73/1995
Müller, Mario: Geist aus der Flasche, Die Zeit, 1995
Munsberg, Hendrik: Eine ganze Branche atmet erleichtert auf, MM, 1995

Oberender, P.: Terminkontrakthandel in Marktökonomie, München 1989
OPEC: Annual Statistic Bulletin, Wien 1993

Peters J.: Swap-Finanzierung, Wiesbaden 1990
Prandl, Paul: Hyänen des Geldes, Forbes 10/1993
Prandl, Paul/Koch, Jürgen: Apokalyptische Visionen, Forbes 10/1993
Proudhon, P. J.: Handbuch der Börsen-Speculation, 1857

Räther, Frank: Denkmal gestürzt, Wiwo 12/1995
Rettberg, Udo/Zwätz, Dietrich: Das kleine Terminhandels-Lexikon, Düsseldorf 1992

Schmitt, J. H./Martin, C.: Härter als Granit, Forbes 4/1995
Schmitt, Thomas: Forscher nutzen die Fußstapfen wichtiger Ereignisse für bessere Vorhersagen, HB Nr. 96/1994
Schulz, H.: Erfolgreicher Terminhandel, Bankbetrieb, Wiesbaden 1984
Schweizerische Bankgesellschaft: Hybride Instrumente, Zürich 1992
Schweizerische Kreditanstalt: Handbuch über das Devisen- und Geldmarktgeschäft, Zürich 1991
Seeger, Christoph: Unverbesserlich, Wiwo 16/1995
Steltzner, Holger: Zur Steuerung eines Derivatportfolios ist eine hervorragende Ausbildung nötig, FAZ 1995

The Institute of International Finance (IIF): A preliminary Framework for Public Disclosure of Derivatives Activities and related Credit Exposures, Washington 1994
Tobin, James/Köhler, Wolfgang: Große Leute, kleine Spiele, Die Zeit 1995
Trinkaus & Burkhardt Research: Portfolio-Strategien, Deutsche Aktien-Optionsscheine, Düsseldorf 1992

Ungern-Sternberg, Alexander von: Entmystifizierung des derivativen Geschäfts, Börsen-Zeitung, 173/1994
United States General Accounting Office: Financial Derivatives-Actions Needed to Protect the Financial System, Washington 1994

Wagener, Hans: Risikosteuerungsmodelle noch nicht wasserdicht, Börsen- Zeitung 67/1995
Waters, Richard: Easy option or unnecessary risk, Financial Times, 22 7. 1993
Weigel, Hanns-Jürgen: Versicherer brauchen keine Derivate, Börsen-Zeitung, 78/1995
Weiler, Bernd: Propheten des Dollar: Millionenspiele auf Zeit, FAZ-Magazin, Heft 788/1995
Weissenfeld, Horst: Das große Buch der Optionen, Ebmatingen, 1994
Welcker, J./Klag, J. W./Schindler, K.: Professionelles Optionsgeschäft – alles über Optionen auf Aktien, Renten, Devisen, Terminkontrakte, 3. Aufl., Zürich 1992
Wolff, Volker: Geruhsamer Schlaf, Wiwo 16/1995
Wolf-Doettinchen, Lorenz:
- Genau wissen, Wiwo 12/1995
- Durch die Hintertür, Wiwo 12/1995

Zehle, Sybille: Der große Bluff, MM 12/1993